대박 내세요~ ^^

대박행복

전은지.

대박땅꾼 전은규의
집 없어도 **땅**은 **사라**

대박땅꾼 전은규의
집 없어도 땅은 사라(개정증보판)

초　판 1쇄 발행 · 2016년 3월 16일
개정판 5쇄 발행 · 2021년 1월 21일

지은이 · 전은규
펴낸이 · 이종문(李從聞)
펴낸곳 · 국일증권경제연구소

등록 · 제406-2005-000029호
주소 · 경기도 파주시 광인사길 121 파주출판문화정보산업단지(문발동)
영업부 · Tel 031)955-6050 | Fax 031)955-6051
편집부 · Tel 031)955-6070 | Fax 031)955-6071

평생전화번호 · 0502-237-9101~3

홈페이지 · www.ekugil.com
블 로 그 · blog.naver.com/kugilmedia
페이스북 · www.facebook.com/kugilmedia
E -mail · kugil@ekugil.com

• 값은 표지 뒷면에 표기되어 있습니다.
• 잘못된 책은 구입하신 서점에서 바꿔드립니다.

ISBN 978-89-5782-125-1 (13320)

개정
증보판

대박땅꾼
전은규의

집 없어도 땅은 사라

전은규 지음

국일증권경제연구소

머리말

"대한민국에서 부자가 되고 싶다면 땅을 사라!"

공감하는 말이다. 대한민국에서 타고난 경제 환경과 상관없이 부자가 될 수 있는 방법은 필자의 그리 오래되지 않은 삶을 돌아보았을 때 '부동산'이었다. 쥐뿔도 없는 맨몸으로 서울에 상경해 아버지가 읽어보라며 건네주신 책 한 권으로 부동산을 접했다. 그 시작은 토지였고, 지금도 역시 토지 투자를 하고 있다.

토지 투자를 하면서 가장 기쁜 일은 역시 내 토지의 가격이 올랐을 때다. 가치 있는 땅에 투자했다는 만족감과 그 가치를 인정받아 마침내 몇 배의 수익을 얻었을 때의 희열은 겪어보지 않은 사람들은 절대 알 수 없다.

《그래도 땅을 사라》를 출간하고 나서 많은 사람이 나에게 물었다. "이런 노하우는 혼자서 알고 있지, 어째서 알려주는 겁니까?" 필자는 생각보다 오지랖이 넓은 사람이다. 내가 알려주고 추천해준 토지가 몇 배 올라 상대가 놀라워하는 모습을 보는 것에서 큰 만족을 느낀다.

그러나 동시에 토지 투자에 관한 노하우를 말해줄 때는 늘 조심스럽다. 누군가의 한마디가 인생을 바꾸는 것처럼, 나의 말로 누군가의 인생을 변화시킬 수 있다는 사실을 알고 있기 때문이다. 그래서 언젠가부터는 대박보다는 적어도 손해 보지 않을 수 있도록 내가 알고 있는 지식을 전달하기 위해 노력해왔다.

필자의 과거는 굴곡이 심했다. 충남 서산에서 태어나 일찍이 서울 강동구에 정착해 가난하지만 성실하신 부모님 밑에서 자랐다. 아버지는 사진관을 40년 넘게 경영하고 계신다. 사진관은 80~90년대 전성시대였고 졸업·입학사진, 가족사진,

애기사진 등 원가대비 고마진의 몇몇 안 되는 촉망받는 사업이었다. 아버지는 꾸준히 사업을 하시어 집도 사고 상가도 두 채 가지게 되었다. 하지만 잘나가던 사진관을 무리하게 확장하시고 우유대리점까지 차리시면서 무리한 대출과 매출 하락으로 집안이 급격하게 기울게 되었다.

결국 집과 상가를 다 팔고 부모님과 동생과 함께 지하 단칸방, 거기다가 화장실도 옆집과 공동으로 쓰는 집으로 이사했다. 지하방이라 곰팡이가 너무 많이 생겨서 집안 식구 모두의 건강도 악화되었다. 급기야 연탄가스에까지 노출되어 필자와 동생이 가스를 마시고 응급실로 직행하기도 했다. 조금만 늦었어도 생명이 위험했을 거라고 했던 의사의 말은 지금 생각해도 아찔하다.

내가 고등학생이 되었을 때 아버지의 사진관이 잘 운영된 덕에 작지만 조그만 아파트를 사서 입주하게 됐다. 그런데 몇 년 지나자 아파트를 재건축한다고 했다. 그때 부동산 중개인이 가격이 올랐으니 지금 팔고 목돈을 챙기라고 권유하였다. 당시 필자는 어렸고 부모님도 부동산에 대해 감이 없으셨기 때문에 2003년 당시 암사시영아파트를 1억 원대로 팔고 나왔다. 하지만 팔자마자 몇 개월이 안 돼서 가격이 급상승하더니 2년 동안 3~4억까지 치솟았다. 그걸 보면서 나는 절망감에 빠졌다. 이렇게까지 치솟을 줄 모르고 그곳에 살던 대부분의 주민들은 당장의 목돈에 유혹되어 팔고 나왔다.

이걸 보면서 20대였던 필자는 많은 것을 느꼈고 앞으로 절대 이런 어리석은 행동은 하지 않겠다고 다짐하면서 부동산에 관심을 갖기 시작했다.

필자가 땅 투자를 한 지 벌써 10년이 넘었다. 29세부터 토지 공부를 시작해 30세부터 차근차근 한 필지 한 필지 사기 시작했다. 그 이후 나의 인생은 180도로 바뀌었다. 무엇 하나에 꽂히면 빠른 결단력으로 밀고 나가는 성격이 토지 투자와 찰떡궁합으로 맞았다. 그리고 전형적인 충청도 부모님께 배운대로 인내심을 갖고 조급해하지 않고 기다린 덕이다.

필자가 초기에 투자했던 기억에 남는 땅 투자 사례를 몇 개 소개하겠다.

첫 번째로 매입한 보령의 땅은 역발상 자체였다. 철길 옆 땅이라 아무도 거들떠보지 않았고 시세의 반값으로 나왔는데, 이상하게 필자는 이 땅이 끌려 일주일 동안 현장을 매일 가보고 1박 2일 동안 밤낮으로 주변을 탐색하였다. 그 결과 그곳에 산업단지가 들어선다는 정보를 입수했다. 이 땅을 창고부지로 활용할 수 있을 거란 생각이 들어 계약을 서둘렀다. 2년 후, 이 땅은 사고 싶다는 사람이 줄을 설 정도로 인기가 있게 되었다. 대표적인 역발상 성공 사례라 할 수 있다.

두 번째로 2011년에 매입한 합덕땅을 들 수 있다. 그때 약 3만㎡(1만 평) 정도를 우리 카페 회원끼리 공동투자로 3.3㎡(평)당 10~20만 원대에 투자했는데, 착공되면서 최소 30~40만 원대까지 올라갔다. 하지만 여기서 만족하지 않고 2020년 준공 전까지 충분히 매도 타이밍이 만들어지기 때문에 기분 좋게 지켜볼 예정이다.

최근에 필자도 제주도 땅을 회원들과 매입하고 있는데 시간이 가면 갈수록 제주도에 투자가 과열되면서 좋은 땅은 바로바로 사라져 경쟁이 치열해지고 있고, 규제도 점점 심해져 분할조차 못 하도록 조치를 취하는 지역도 생겨났다. 다행히 분할 과정에서 노하우가 생겨 안 되는 지역도 되게끔 하는 노하우까지 만들었다.

최근에 즐거운 소식이 들려왔다. 2015년 제주도 표선리 토지 투자에 도움을 드린 바 있던 회원의 소식이었다. 그 회원은 당시 595㎡(180평) 땅을 3.3㎡(평)당 50만 원 정도에 투자했는데, 주변에 펜션 형성이 많이 되어 있어 적극적으로 추천했던 땅이었다. 회원은 내가 추천한 땅에 투자한 후 1년이 채 되지 않아 한 통의 편지를 받았다고 한다. 누군가가 보내온 편지는 해당 토지가 목이 좋으니 원하는 값에 자신에게 팔라는 내용이었다.

회원의 입장에서는 온몸에 전율이 흐를 만큼 즐거운 일이었고, 필자 역시 매우 뿌듯하고 기쁜 일이었다. 그동안 '적어도 손해는 보지 않는 방법을 알려주자'라는 나의 신념이 좋은 결과를 보여준 것 같아 스스로를 칭찬해주었다. 그리고 앞으로도 이런 기쁨을 많은 사람이 느낄 수 있도록 하자고 다짐했다.

이런 일이 누구 한 사람만의 일처럼 보이는가? 지역적인 대형 호재가 있고, 목이 좋은 곳에 해당하는 곳이라면 생각보다 쉽게 겪을 수 있는 일이다. 토지 투자는 망하는 지름길이 아니라 내 인생을 바꿀 수 있는 지름길인 셈이다. 생각해보면 토지는 오랜 세월 그 가치를 인정받으며 고고하게 존재했다. 제도가 바뀌고, 규제가 심해져도 땅의 가치는 영원하다.

《집 없어도 땅은 사라》는 필자가 현장에서 겪은 일, 수백 명의 사람을 만났을 때 그들이 제일 어렵게 느꼈던 부분에 대해서 설명한 책이다. 이 한 권의 책이 토지 투자의 안내서가 될 수 있기를, 그래서 정말 모두가 토지 투자의 무한한 매력을 느낄 수 있기를 진심으로 바란다.

최근 전문가 포럼에서 강의할 때 어떤 전문가가 필자에게 도대체 좋은 땅은 어떻게 잡아야 하느냐고 물어보기에 이렇게 대답했다.

"일반인들이 접하는 매물은 급매가 아닙니다. 실제 급매는 현지에서 정리됩니다. 급매까지는 아니더라도 좋은 매물을 잡으려면 일주일에서 한 달 동안 현지에 자리 잡고 현지인처럼 행동해야 합니다. 이장, 동네 주민들, 슈퍼마켓 주인, 식당 주인, 공무원들을 다양하게 만나면 기회가 반드시 옵니다"라고 대답하니 다들 감동하셨다며 기립박수를 쳐주셨다. 독자들도 이 책을 접해 필자와 같은 열의와 열정을 가지고 임장활동에 임했으면 한다. 그래서 개개인의 꿈을 구체화시켜 목표 달성을 해나가길 바란다.

　필자의 꿈은 부동산전문가로서 500억대 부자가 되는 것이다. 이를 위하여 세부 계획을 세우고 실행하고 있다. 필자의 부자 목표는 아래와 같다.

★ 대박땅꾼 부자 비전 ★

현재
– 대박땅꾼 부동산연구소(회원 7만 명) 운영
– 대박땅꾼 부동산 재테크 세미나 및 답사 매주 개최
– 부동산인터넷신문 '토지뉴스' 발행

2020년 (44세)
– 부동산전문경제지 '토지뉴스' 배포(경제 분야 Top6 안에 들기)
– 대박땅꾼 부동산 도서 시리즈 중국어 번역 출간
– 수익의 5%, 대박땅꾼 장학기금 설립(매년 중·고등학생 및 대학생 지원)

2025년 (49세)
– 부동산 및 재테크, 자기계발 교육 훈련 학원사업 오픈
– 수익의 7%, 대박땅꾼 장학기금 운용
– 대박땅꾼 꿈나무 골프교실 설립

2030년 (54세)
– 부동산 및 재테크, 자기계발 교육 수료생 1천 명 확보
– 수익의 10%, 대박땅꾼 장학기금 운용
– 대박땅꾼 꿈나무 축구교실 설립

2035년 (59세)
– 대박땅꾼 셰어오피스 운영
– 대박땅꾼 재테크 스터디카페 체인사업 운영
– 대박땅꾼 장학기금 운용 및 부동산전문가 취업센터 지원
– 대박땅꾼 컨트리클럽 개관 및 운영

2016년 《집 없어도 땅은 사라》를 출간하고 지금까지 짧지 않은 시간이 흘렀다. 많은 분이 필자를 찾아와 "감사하다"고 인사를 전하기도 했고, 알고싶은 것들이 더 많이 생겼다며 도움을 청하기도 했다. 약 2년간 집필한 노력을 인정받는 것 같아 코끝이 찡해왔다.

《집 없어도 땅은 사라》는 토지 투자의 기본에 초점을 맞추어 필자가 발로 뛰고, 몸으로 겪은 노하우를 담은 책이다. 하지만 시간이 흐름에 따라 좀 더 변화된 지역적 전망에 대하여 궁금해 하는 이들이 늘어났다. 그래서 2018년 이후 투자전망이 높은 몇몇 지역을 추가로 공개하기 위해 다시 한 번 컴퓨터 앞에 앉았다. 그것이 이번 개정증보판이 나온 배경이다.

책을 통해 간접적으로라도 각 지역의 호재를 알고자 하는 이들을 위해 시간이 허락하는 한 최선을 다해 현장으로 달려가 확인하고 거기서 알게 된 새로운 정보를 아낌없이 담았다. 이 노력이 독자들에게 작은 도움이 되길 바란다.

필자의 책을 잘 만들기 위해 한결같이 애쓰는 국일출판사 관계자분들, 곳곳에서 조언을 아끼지 않는 전문가분들, 제야의 고수 회원님들, 대박땅꾼 부동산 연구소 운영진들, 매책 마다 많은 정보와 이야기를 함께 풀어나가고 기획하는 토지뉴스 김하나 기자에게 이 자리를 빌려 감사의 말을 전한다.

2018년 모든 것이 풍성하고 감사한 한가위에
대박땅꾼 전은규

차례

2장 중수 땅꾼,
노하우에 창의력을 더하다

3장 고수 땅꾼, 상위 1% 그들만의 비기

부록

특별 부록 1

특별 부록 2

초보 땅꾼, 싸게 사서 비싸게 파는 기술

1

농지를 사면 좋은 이유 01

이것은 논! 바로 농지다.
농지에 투자해야 할까,
하지 말아야 할까?

농지는 땅 투자의 첫걸음이다.
땅 부자가 되고 싶다면
농지 투자법을 꼭 알아야 한다.

매년 10~11월이 되면 내 전화통은 불이 난다. 대부분 "고마워, 잘 먹을게", "쌀 저렴하게 살 수 있다는 소개받고 연락드렸는데요"라는 내용이 담긴 문자메시지다. 또, 몇 해 전부터는 많은 양은 아니지만 일부 쌀을 보육원이나 양로원에 보내는 일도 하고 있다.

나는 쌀장사를 하는 것도 아니고, 농사꾼도 아니다. 그런데도 내가 이런 연락을 받는 이유는 모두 논 투자
로 인한 '쌀' 덕분이다. 내가 받는
쌀은 모두 내 소유의 농지에서 보
내준 것이다. 농사도 짓지 않는 내
가 이렇게 쌀을 모으는 것을 보고,
주변에서는 "그게 가능해?"라고 묻
는다. 그럴 때마다 나는 "그렇다"
라고 항상 답해왔다.

고덕 양로원 행사에 참여한
대박땅꾼 부동산연구소 스텝과 관계자

농지 투자는 저평가되어 있는 땅을 살 수 있는 좋은 방법이다. 나도 토지
투자 초반에는 자금이 많지 않다 보니 수도권이나 대도시보다는 지방의 계
획관리지역, 특히 농지에 많이 투자했다. 그렇게 투자 후 몇 년 동안 지가가
형성되길 기다리면서 얻는 것이 한 가지 있다면, 은행의 저축 이자처럼 불어
나는 쌀자루였다.

이따금씩 쌀 대신 돈으로 받는 경우도 있다. 5년 전까지만 하더라도 쌀 한
가마니당 20만 원 정도를 임대료 명목으로 받았는데, 최근 FTA 등의 영향으
로 쌀값이 15만 원선까지 떨어졌다고 한다. 그래서일까? 돈으로 받을 수도
있지만 나는 쌀을 받는 것을 좋아한다. 그 이유는 지주라는 자각이 생기기
도 하고, 기부를 하며 뿌듯함을 느끼고, 친척과 지인들에게 쌀을 돌리며 가
끔 생색을 낼 수 있기 때문이다.

대부분의 사람들은 농지 투자가 어렵다고 생각하는데 전에는 농지 소유에
대한 제재가 많았으나 현재 농지법 개정으로 농지 소유에 대한 규제가 완화

되었고, 농민이 아니어도 농지를 구할 수 있게 되었다. 즉, 농사에 '농' 자도 모르는 도시민도 농지의 주인이 될 수 있게 되었다. 물론 아직 우리나라 농지법상 농지를 소유한 사람은 농지를 경작해야 하는 것은 사실이다. 이 부분이 농지 투자에 있어 가장 큰 단점이지만 해결하기 어려운 문제도 아니다.

농취증을 받아내다

농지 투자를 고려하는 독자들이라면, 이 부분을 잘 읽어보기를 권한다. 특히 경매를 통한 농지 낙찰로 기쁨에 취해 있을 때는 더더욱 그렇다. 농지를 소유하기 위해서는 농지취득자격증이 필요하다. 농취증은 농지를 경작해야 하는 자격을 갖춘 사람이 농지를 소유하는데 필요한 일종의 자격증이다. 왠지 자격증이라는 어감 때문에 어렵다는 생각이 들기도 하고, "나는 농사를 짓지 못하기 때문에 아예 엄두가 나지 않아" 라고 생각할 수도 있지만, 농취증은 생각보다 발급받기가 수월

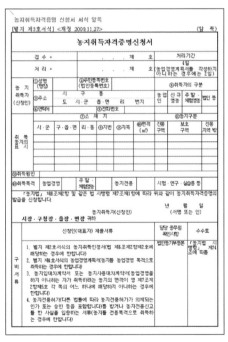

농취증 신청서 양식

하다.

오래전에 농지법이 개정되기 전까지만 하더라도, 해당 부지의 읍·면사무소에 가서 농취증 발급을 요청하면 고까운 시선으로 사람을 아래위로 훑기 바빴다. 당시에는 재테크 개념보다 투기 성향이 더욱 강하다 보니 생긴 현상이었다. 또, 그때는 농취증을 발급받을 때 동네 이장의 허락도 받아야 했을 정도로 굉장히 까다로웠지만 최근에는 크게 달라져 쉽게 발급해주는 편이다.

보통 농취증은 농업경영계획서가 첨부된 농지취득자격증명 신청서를 작성해 관할 지자체에 신청해야 하지만, 주말농장이나 체험농장의 경우에는 농업경영계획서를 제출하지 않아도 된다. 이때는 처리 기간이 단축되기도 한다. 실제로 많이 듣는 질문이 "도시민이 농지를 살 때 주말농장용 991㎡(300평)만을 사야 하느냐"는 것이다. 아직도 991㎡(300평) 이상의 농지를 못 사는 줄 아는 사람이 많은데, 전혀 상관없으니 걱정하지 말고 투자하자.

때때로 농취증 발급을 위해 찾아간 지자체에서 행정관이 농취증을 내주지 않겠다며 버틸 때가 있다. 그럴 때는 당황하지 말고 농림축산식품부 농취증 담당자에게 전화해보자. 생각보다 일이 일사천리로 해결될 것이다. 왜냐하면 정부가 농지 구매를 독려하는 분위기이기 때문이다. 이렇게 농취증 접수가 되면 발급까지 3~5일 정도가 걸리지만, 최근에는 외지에서 왔다고 말하면 당일에 발급해주기도 한다. 정 머물 시간도, 기다릴 시간도 없는 사람들을 위해서 법무사가 농취증을 대신 받아줄 수도 있다.

그런데도 이 농취증은 항상 주의해야 할 대상이다. 특히 경매를 통해 농지를 취득할 때는 농취증을 미리 챙겨야 한다. 농취증 때문에 손해보는 사례가 종종 있기 때문이다.

필자의 지인 중 지금은 과수원 사업을 하는 대훈 씨는 과거 농취증으로 고생한 적이 있다. 당시 대훈 씨는 경매를 통해 280㎡(84평) 규모의 밭을 낙찰받았다. 처음 경매에 임하고, 바로 낙찰되었기 때문에 그는 매각허가결정이 날 때까지 기쁨에 취해 있었다. 그런데 불현듯 잊고 있던 사실을 깨닫고 말았다. 매각허가가 나기 3일 전에 농취증을 제출해야 한다는 사실을 까맣게 잊고 있다가 알게 된 것이다.

경매로 농지를 낙찰받는 경우 매각허가결정까지 7일 정도의 시간이 주어지는데, 그 사이 농취증을 포함한 서류를 해당 경매계에 제출해야 하는 것이 관례다. 하지만 보통 농취증은 신청일로부터 4일 이내 발급 여부가 결정된다. 대훈 씨는 거의 다 잡은 낙찰권은 물론이고 입찰 보증금마저 날아가게 될 판이었다. 결국, 부랴부랴 해당 지자체로 달려가 통사정하며 예상보다 일찍 농취증을 발급받기는 했다. 다만 대훈 씨는 농취증을 경매계에 제출할 수 없었다. 매각허가 결정일이 하루가 지난 뒤에 농취증이 나왔기 때문이다. 대훈 씨는 그때만 생각하면 지금도 속이 쓰리다고 말한다.

경매는 융통성이 발휘되기 힘든 공공기관과의 거래다. 따라서 경매를 통해 농지를 낙찰받는 경우에는 농취증 발급에 문제가 생길 수 있다. 그래서 농지를 경매로 취득하려는 경우에는 미리 농취증을 꼼꼼하게 챙겨야 한다.

농지를 쉬지 않게 만들어야 한다

이제 농취증도 받고, 농지도 얻었다. 그런데 내 몸은 서울에 있고 내 땅은 저 멀리 전라북도에 묶여 있다면 농지 소유주의 필수 항목인 '재촌자경'의 원칙은 먼 이야기가 될 것이다. 재촌자경(在村自耕)은 말 그대로 '농촌에 거주하면서 스스로 농사지어야 한다'라는 뜻이다. '재촌'은 소유 농지가 있는 곳으로부터 20㎞ 이내에 거주해야 한다는 원칙이고, '자경'은 소유주가 농사를 짓거나 전체 농작업의 반 이상을 스스로 경작해야 한다는 원칙이다. 게다가 농지는 비사업용토지로서 아무것도 하지 않고 놀게 내버려두면 양도세가 중과된다(10% 중과, 2016년 개정안). 또 농지전용허가라는 것을 통해 농지를 취득한 사람이 2년 이내에 농업계획서에 따라 농사를 짓지 않으면 이행강제금을 부과해야 하는 강제 처분을 당하게 된다. 어찌 보면 이는 말 그대로 '농지(農地)'에서 농업을 하지 않으니 당연한 일이다.

　그러면 도시에 살고, 당분간 농사지을 일도 없는 사람은 농지 투자를 하지 말아야 할까? 해법은 있다. 그 첫 번째 방법은 농지를 주말농장처럼 영농화하는 것이다. 이 경우에는 농지 1,000㎡(300평) 미만의 범위를 소유해야 하

주말농장용으로 좋은 땅

고, 농취증을 발급받을 때 주말·체험영농 목적으로 발급받아야 한다. 이 방법은 최근 주말농장을 즐기는 사람이 많아지면서 더욱 인기를 끌고 있다.

이마저도 힘들다면, 나라에서 지원하는 농지임대수탁사업을 이용해보자. 농지임대수탁사업은 직접 경작이 어려운 농지 소유자가 한국농어촌공사를 통해 농지를 임대위탁하고, 전업농에게 5년 이상 장기임대를 해주는 사업이다. 이를 통해 땅 주인은 위탁 기간 동안 농지 소유가 가능하고, 안정적인 임대 수입도 얻을 수 있다. 또 8년 이상 임대를 하면 비사업용 토지가 아닌 사업용 토지로 양도소득세가 부과돼 절세도 가능하다. 보통 임대차료는 지역 시세에 맞춰 임차인과 협의해 결정되고, 약정 임대차료에서 수수료 5%가 공제돼 지급되지만 액수가 그렇게 높지 않다.

농지를 소유할 때는 농지를 쉬지 않게 만들어야 한다. 필자도 소유하고 있는 모든 농지에 농사를 짓고 있다가도 어느 순간부터 농사를 안 짓는 땅이 생겨났다. 나도 모르는 사이에 휴경지화된 것이다. 다행히도 아직까지 이행강제금을 부과받은 적은 없다. 실제로 지자체 관계자가 매일 돌아다니며 모든 휴경지를 단속하기는 쉽지 않다.

보통은 휴경지가 안 되도록 현지의 농부에게 농사를 맡기는데, 요즘 들어 농사를 안 지으려는 경우도 많다 보니 지주로서 돈이나 곡식을 받으려는 마음보다는 그냥 농사를 지을 수 있도록 배려해주는 것이 낫다. 이때 정식 계약서는 작성하지는 않는 게 좋다. 농지는 농지법상 자경이 원칙이라 임대차 계약서 자체가 불법이다. 보통 구두로 계약하고, 계약 기간에는 제한이 없다. 또, 지주가 바뀌는 경우에도 임대차 관계를 그대로 승계하기도 한다.

농지에 무허가 건축물이 있는 경우도 주의해야 한다. 무허가 건물이 있으면 농취증 자체가 발급이 안 된다. 30~40년 전에는 농지에다가 우후죽순 농가주택을 짓는 붐이 일었다. 이때 지어진 건물이 건축물대장에 등재되지 않은 채 남아 있다면 곤란하지만 이런 무허가 건물이 있는 경우, 바로 없애면 농취증을 발급받을 수 있다.

가끔 지주라는 이유 하나로 당연한 것처럼 전업농에게 쌀을 요구하기도 하는데, 이는 굉장히 실례가 될 수도 있다는 점을 알려주고 싶다. 특히 작은 농지는 그만큼 수확량도 적기 때문에 지주가 당연한 것처럼 요구하면 전업농은 부담을 느낀다. 나는 토지 투자보다 중요한 것이 인간관계라고 생각한다. 먼저 그들과의 관계에 힘쓰면, 시간이 흐른 뒤에 반드시 더 좋은 보답으로 돌아올 것이다.

농지 투자는 적은 자금으로 투자해 지가상승을 기대할 수 있다는 큰 장점이 있다. 거기다가 덤으로 수확물까지 생긴다. 결국 땅 투자 고수가 되기 위해서라면 꼭 알아야 하는 것이 바로 농지 투자다.

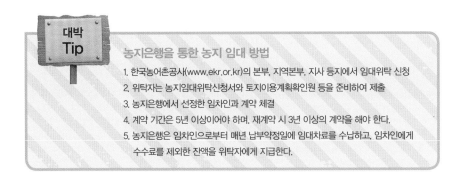

대박 Tip

농지은행을 통한 농지 임대 방법

1. 한국농어촌공사(www.ekr.or.kr)의 본부, 지역본부, 지사 등지에서 임대위탁 신청
2. 위탁자는 농지임대위탁신청서와 토지이용계획확인원 등을 준비하여 제출
3. 농지은행에서 선정한 임차인과 계약 체결
4. 계약 기간은 5년 이상이어야 하며, 재계약 시 3년 이상의 계약을 해야 한다.
5. 농지은행은 임차인으로부터 매년 납부약정일에 임대차료를 수납하고, 임차인에게 수수료를 제외한 잔액을 위탁자에게 지급한다.

논과 밭, 어디에
투자해야 하나?

논 투자가 좋을까,
밭 투자가 좋을까?

답은 항상 그렇듯이,
돈 되는 것이 더 좋다.

　지난 명절 오랜만에 가족들이 한자리에 모였다. 이제는 장성한 조카들 때문에 예전보다 집 안이 북적거렸다. 어색함도 잠시 사회생활에 찌들어버린 형제들은 어릴 적 콩밭에서 불을 피워 즉석에서 구워 먹던 콩 맛을 추억하며 화기애애했다. 어린 조카 녀석이 입을 열기 전까지는 말이다.

　"밭이랑 논이랑 무슨 차이야?"

세상에 아무리 그래도 어떻게 밭과 논을 구분하지 못한단 말인가. 어른들은 어린 조카의 무지를 꾸중하기도 하고 도시에 최적화된 조카의 삶을 안쓰러워하기도 했다.

이 책을 읽는 사람 중에도 한편으로 뜨끔해하는 사람이 더러 있을 것으로 생각된다. 그러나 생각보다 많은 도시인들이 논과 밭의 차이를 잘 모르는 경우가 있다. 특히 어려서부터 서울살이를 시작한 사람일수록 농촌 용어에 약하다.

혹시나 모를 수 있는 나이 어린 독자를 위해 간단히 설명하자면, '논'은 물이 채워져 있는 형태다. 흔히 모내기를 할 때 물이 가득한 논에 모종을 심는 모습을 떠올리면 된다. '밭'은 당연히 반대의 모습이다. 시골집에 가면 할머니가 직접 키운 고구마, 배추 등을 트렁크 가득 넣어주는데 이것이 재배되는 곳이 바로 밭이다.

토지 투자를 하는데 "이런 것까지 알아야 할 필요가 있느냐"라고 생각할 수 있지만, 토질의 성격이나 그 활용법을 잘 알고 있다면 투자에 큰 도움이 된다. 예를 들어 건축물을 건축할 때도 논과 밭은 차이가 있다. 결론부터 말하자면 밭이 논보다 건축하기가 쉽다. 밭은 논과 달리 땅이 많이 꺼져 있지 않아서 손이 많이 가지 않기 때문이다. 그래서 당연히 실수요자나 개발 투자자 모두가 선호하는 농지 1순위는 밭이다.

이렇게 이야기하면 대부분은 "농지에 투자할 때는 무조건 밭에 투자해야겠다"고 생각하기 쉽다. 그러나 모든 투자 선택에 절대적인 기준은 없다는 것도 알아야 한다.

밭이 논보다 투자가치가 높은 데에 이유가 하나 더 있다. 농지에는 절대농지가 많다는 점이다. 논은 농림지나 생산녹지일 가능성이 높다. 그나마 생산녹지는 투자가치가 있는데, 농업진흥구역인 경우는 가치가 낮아 주의해야 하는 부분이다. 생산녹지와 절대농지의 구분은 토지이용계획확인원을 떼봐야 확실하지만 현장에는 컴퓨터가 없기 때문에 직접 가서 눈으로 확인해야 한다.

도심이나 주거지에 붙어 있는 논은 생산녹지일 가능성이 높고, 도심에서 3㎞ 넘게 떨어지면 농림지일 가능성이 높다. 논 투자를 할 때는 주거지에 붙어 있는 곳인지 주의 깊게 살펴보자. 이런 논에는 구거라는 장점이 있다. 구거는 소규모 수로부지를 말한다. 쉽게 말해 '논도랑'이다. 대개 구거는 논에 붙어 있다. 땅 투자 고수들은 이런 구거를 무척 좋아한다. 구거를 이용하면 땅을 메워 진입로나 도로를 만들 수 있기 때문이다. 논에는 항상 물이 흐르는 도랑이 있기 때문에 일부러 구거를 활용하기 위해 논을 찾는 사람도 있다. 구거에 대한 활용법은 나중에 더 자세히 설명하겠다.

밭 투자를 할 때는 토질이 중요하다

밭 투자를 할 때도 주의해야 할 사항이 있다. 대표적인 주의 사항 중 하나가 바로 '토질'이다. 토질은 말 그대로 토양의 성질을 의미하는데, 토질이 건강하지 못하면 건축이든 작물이든지 간에 좋은 결과물이 나오지 못한다.

전문가들이 말하는 좋은 토질은 색이 밝고 윤기가 나며, 기름지고, 황토

밭은 건축할 경우에도 활용하기 쉽다.

빛을 띠는 것이라고 한다. 또 돌이 많지 않으며, 그렇다고 오로지 흙만 있는 것도 아니다. 만졌을 때 거칠지 않고, 건조해서도 안 된다. 더불어 축축하지도, 차지지도 않은 땅이 좋은 땅이라고 알려져 있다. 사실 이렇게 말해도 한 번에 못 알아듣는 것이 당연하다. 그런데도 배워야 할 필요성은 있다.

한 예로 임형택 씨는 시골 땅에 투자하면서 토질을 무시했다가 큰코다친 경험이 있다. 형택 씨는 강원도 평창에 저렴한 가격으로 나온 완만한 임야를 발견했다. 입지도 좋고 나름 여기저기서 주워들은 투자 노하우가 있었기에 임야를 구입해 밭으로 지목변경할 것을 계획했다.

지난 책에서도 말했듯이 임야가 전(田)이 되면 지가가 평균 30~100%까지 오르기도 한다. 그러나 어느 토지에나 해당되는 이야기는 아니다. 형택 씨는 이처럼 저렴한 가격을 놓칠 수 없다고 생각하고 급히 임야를 인수했다. 그리고 계획한 대로 임야를 밭으로 사용하는 데 필요한 경지정리를 하다가 그만 땅에 암반이 있다는 것을 알게 되었다. 형택 씨는 처음부터 임야를 밭으로 사용할 계획이었는데, 뒤늦게 조언을 구한 전문가에게서 해당 임야가 암반이 많아 나중에 건축하기가 힘들다는 사실을 듣게 됐다. 그래서 암반을 부수는 공사까지 추가하게 됐다. 결국 임야구입비와 공사비용을 합친 금액은 도로변 대지를 살 수 있을 만큼의 비용이 돼버렸다. 형택 씨는 저렴하다는 이유 하나로 성급하게 땅을 샀다가 토질을 고려하지 않는 바람에 배보다 배꼽이 커지는 결과를 초래하게 된 것이다.

이 이야기를 들은 후에 나는 토질검사를 더 중요하게 생각하기 시작했다. 토질은 투자자 중에서도 직접 농지를 가꿀 실수요자들이 중요하게 고려해야 할 기준이다. 그렇다면 토질은 어떻게 검사할 수 있을까? 토질검사를 의뢰하는 방법은 생각보다 간단하다. 자신이 알고 싶은 토지의 흙을 반 삽 정도 퍼서 해당 지역의 농업기술센터에 가져다주면 15일 후에 결과를 통보해준

건축물이 들어서기에 좋은 모양의 밭

다. 이때 검사비는 무료다. 검사를 통해 오염 정도와 유기질 함유량 등 자세한 토질의 상태를 알 수 있다.

지역마다 토질의 차이는 존재한다. 황토가 많이 나오는 서해안 등지에서는 인삼이나 관상목이 잘 자란다. 게다가 황토는 필요로 하는 곳이 많아 팔 수 있다는 장점이 있다. 반면, 강원도는 암반이 많다. 암반이 많다는 것은 그만큼 깨부숴야 하는 노력이 필요하다는 말이다. 그래서 비용이 추가될 수 있다.

수확물의 특성도 알아야 한다

밭 투자의 이점을 제대로 활용하면 더 많은 이익을 얻을 수도 있다. 평소 밭의 지목변경을 통해 시세차익을 즐기는 카페 회원 뚱땡(닉네임) 씨는 자칭 밭 투자 전문가다. 뚱땡 씨의 투자법은 의외로 간단했다. 밭을 구입해 그 위에 건물을 지어 지목변경하는 방식인데, 2년 전에는 평택에서 밭을 농지전용해 물류창고로 쓸 수 있는 창고용지로 만들었다. 덕분에 창고임대업을 하는 사람에게 처음 투자비용의 두 배 가격으로 되팔기도 했다.

그런 그가 2년 전 막대한 손해를 본 일이 있었다. 그는 모 지역의 괜찮은 인삼밭을 구입해 밭을 갈아 건축물을 짓는 방식을 계획하며 찬란한 미래를 떠올렸다고 한다. 그러나 문제는 인삼 수확이었다. 원래 농지에서 나는 수확물은 수확 전까지는 훼손할 수 없다. 특히나 인삼의 경우는 최소 5년 이상이 걸리는 수확물이었고, 뚱땡 씨는 단기성 투자로 대출까지 받은 터였다.

그는 1~2년 내에 승부를 보려 했지만 인삼의 수확 기간인 5년을 기다려야 한다는 사실을 놓치고 말았다. 결국 그는 더 버티지 못하고 헐값에 물건을 내놓아야만 했다. 이 예시를 통해 농지 투자를 진행할 때는 수확물의 특성을 잘 알아두어야 한다는 점을 독자들에게 꼭 전하고 싶다.

인삼밭 전경

뚱땡 씨는 이런 아픈(?) 상처를 뒤로 하고 귀농 준비를 하고 있다. 과거에 사놓았던 밭을 농지로 활용하고 있는데, 이번에는 돈이 별로 들지 않았다고 한다. 바로 지역특산물을 경작하면서 지자체의 지원을 받았기 때문이다.

예를 들어 전북 부안군의 경우 특산물인 뽕 재배농가 육성을 위해 힘을 쏟고 있다. 이를 위해 비닐하우스 시설 설치비의 70%와 묘목구입비의 절반을 무상 지원한다. 이처럼 특산물이나 육성 작물을 재배할 경우 개인투자비용이 다른 작물을 경작할 때보다 훨씬 적게 들어간다. 이런 점을 잘 알고 있으면 밭 투자를 할 때 실수요자들에게 큰 도움이 될 수 있다.

각 지역마다 귀농·귀촌인에 대한 많은 지원을 하고 있다. 전문적인 농업교육을 받으려면 전문 농업학교에 다녀야겠지만 지자체에서 운영하는 귀농 교육으로도 충분한 정보를 얻을 수 있다. 각 교육센터에서 100시간의 귀농 교육을 이수하면 지자체에서 더 많은 지원을 받을 수 있다. 정부에서 운영하는 농업인력포털(www.agriedu.net)을 이용하는 것도 좋다.

임야에 투자해도 괜찮아

대한민국 땅의 70%를 차지하는
산과 임야…

그런데 산에 투자해도 돈이 될까?

'외국에서 바라보는 한국인'이라는 유머 게시글을 본 적이 있다. 외국인들이 대다수 한국인을 전문등반가라고 생각하고 있었다. 그 근거로 한국에서는 어딜 가든 등산복 입은 사람들을 볼 수 있기 때문이라는 이유를 읽고, 나도 모르게 소리 내어 웃고 말았다.

그들의 말처럼 우리나라 사람들은 등산복을 자주 입는다. 아마도 국토의 많은 부분을 산과 임야가 차지하고 있기 때문일 것이다. 하지만 산과 임야가 많으면 뭐하나. 실제 투자용으로 추천을 해주어도 개발이 힘들다는 고정관념 때문에 선뜻 투자에 나서는 사람이 별로 없다. 마치 그 증거라도 되듯이 실제 땅값도 밭, 논, 임야 순서로 임야의 지가가 가장 낮다.

돈 되는 임야를 만드는 '지목변경'

임야의 정확한 뜻은 산림과 들판을 이루는 숲, 습지, 황무지 등의 토지를 의미한다. 임야에 투자할 때 우리는 '지목변경'이라는 방법을 활용해 그 가치를 높일 수 있다. 지목변경만 해도 보통 30~100% 이상의 지가상승효과를 볼 수 있다. 실제로 필자가 운영하는 카페 회원 대부분이 임야뿐만 아니라 논이나 밭을 구매해 대지 등으로 바꾸는 지목변경을 적극적으로 활용하고 있다.

물론 임야는 농지에 비하면 까다로운 규제로 개발하기 힘든 것이 사실이다. 이 말은 반대로 지목변경을 할 경우 더 큰 차익을 얻을 수 있다는 의미이기도 하다. 또 농지 및 산지전용부담금이 공시지가의 30%라면, 임야는 농지보다 3분의 1에서 5분의 1 정도로 저렴해 건축비용이 크게 절감되는 장점이 있다. 대신 벌목, 성토, 매립, 정지작업에 추가비용이 들기 때문에 견적을 잘 뽑아야 한다. 그리고 3,305㎡(1,000평) 이상 개발할 때 규제가 있었던 과거와 달리 연접개발 제한이 풀리면서 규제완화가 된 점도 희소식이다.

임야에서의 지목변경은 산지전용 또는 개발행위허가를 획득하고 허가 사항에 대한 준공 검사가 완료되어야만 한다. 또한 준공을 획득하려면 인허가 시 사업계획에 제시한 건물 신축 등의 목적사업이 완료되어야만 준공이 가능하다. 이때 허가를 획득하려면 지역별로 각종 설계비용과 대체산림자원조성비용 등 제반비용에 대한 예산이 필요하며, 허가 기간이 제한되어 있으니 참고해야 하겠다.

임야 투자를 진행할 때는 임야 그 자체를 활용한 사업을 계획하는 것도 좋다. 예를 들어 버섯이나 약초 재배, 조림(造林) 등을 하거나 수목원, 자연휴양림, 동물 축사 등으로 이용하는 사업을 할 수 있다.

임야는 보통 논이나 밭에 비해 덩어리가 크게 나오는 편이어서 일반인들은 쉽사리 다가가지 못하지만, 기업형 투자자들이라면 스키장이나 골프장을 짓기 위해 임야를 주로 구입하기도 한다. 이렇게 입지도 좋고 활용도도 높은 임야는 저렴한 가격에 구입해 큰 차익을 남길 수 있어 매력적이다.

카페 회원인 동대표 씨의 경우 지난 2010년에 당진에 있는 임야 5,000㎡

상대적으로 평평한 임야는 개발하기에 적합하다.

(1,512평)를 구입하고 싶다며 괜찮은 땅인지 봐달라고 나를 찾아왔다. 그는 아버지를 일찍 여의었는데, 돌아가시기 전 자식에게 땅 하나 남겨주지 못한 것에 대해 못내 미안해하셨다고 한다. 이런 이유로 동대표 씨는 여유가 생기면 땅을 사리라는 마음을 먹었고, 땅을 알아보던 중이라고 말했다. 당시 3.3㎡(1평)당 35만 원

선에 나온 그 임야는 주변에 4m 도로가 붙어 있었다. 임야라고 하기에는 완만한 경사도였기에 동대표 씨는 물건을 마음에 들어 했다.

하지만 문제는 언제나 그렇듯이 돈이었다. 임야는 상대적으로 가격은 낮지만 전체 면적이 거대하게 나오는 경우가 대부분이라 비교적 큰돈이 들어가게 된다. 나는 동대표 씨의 예산과는 차이가 있어서 포기해야 하나 싶었다. 그러다가 동대표 씨에게 지주를 찾아가 함께 부탁해보자고 제안했다.

땅 주인은 60대의 지역유지였다. 동대표 씨는 지주에게 저녁을 대접하며 아버지와 자신의 이야기를 시작했다. 지주는 처음에는 완강하게 거절했다. 하지만 아들뻘되는 동대표 씨가 홀로 자수성가하기 위해 노력하는 모습이 마음에 들었는지, 3.3㎡당 1만 원을 깎아주기로 선뜻 약속했다.

처음에는 무리일 것 같았던 협상이 직접 부딪히자 해결된 것이다. 임야의 전체 면적이 컸기 때문에 3.3㎡당 1만 원이면 매우 큰돈을 아낀 셈이었다. 동대표 씨는 대출금을 조금 더 보태어 땅을 샀는데 2년 정도가 지나자 근처에 골프장이 만들어진다는 소문이 돌았고, 실제로 골프장 관계자가 동대표 씨를 찾아왔다. 골프장 건설을 위해 동대표 씨의 땅이 필요했던 것이다. 그러고는 얼마 뒤, 동대표 씨는 가지고 있던 임야를 그들에게 두 배가량 올려진 가격에 팔았다고 한다.

동대표 씨처럼 시세차익을 얻는 투자가 있는가 하면, 실사용 목적으로 임야 투자를 하는 사람들도 존재한다.

오래전부터 알게 된 지인에게 재미있는 경험을 들었다. 그 사람은 주말마다 등산을 갔는데, 얼마 전에는 집 근처의 야산을 산책 삼아 슬슬 걸어 올라가다 보니 산나물이 드문드문 보였다고 한다. 반가운 마음에 나물을 조금씩 뜯다가 슬슬 재미가 붙어 쪼그려 앉아 눈앞에 있는 산나물을 신나게 캐고 있었는데, 알고 보니 그곳이 산나물 밭이었다고 한다. 엎친 데 덮친 격으로 주인과도 마주치게 되어 결국 미안한 마음에 돈을 지불하고 사왔다고 한다.

등산을 좋아하는 사람들이라면 어느 정도는 공감할 수 있는 일화다. 실제로 임산물 사업을 하는 사람 중에는 '유기농', '야생'이라는 프리미엄을 위해 경지정리를 하지 않고 경작하는 사업자들도 많다.

투자용으로 임야를 사는 사람도 있겠지만, 이렇게 실사용 목적으로 임야를 매입한 사람들에게는 이 같은 불청객들이 큰 골칫거리다. 오죽하면 지자체에서 단속반까지 두겠는가? 앞으로는 산에서 나물이나 버섯을 무작정 뜯기 전에 주변부터 살펴보는 게 신상에 이로울 것 같다. 산주의 허가 없이 산나물을 채취하면 절도죄에 해당돼 7년 이하의 징역 또는 2천만 원 이하의 벌금에 처해질 수도 있다. 요즘에는 버섯, 약초, 나무 열매 등의 임산물을 경작하는 사람들이 CCTV를 설치하거나 울타리 등으로 개인 사유지임을 표시하고 있으니 일반인들도 주의를 기울이면 충분히 알아차릴 수 있다.

임야 투자할 시, 이것만은 주의하자

정부의 규제완화 정책으로 최근에는 임야에 대한 규제도 많이 줄었다. 그러나 아무리 규제가 줄었다지만 주의해야 할 점은 존재한다. 그중에서 특히 눈여겨봐야 할 것이 산지의 종류다.

우리가 토지 투자를 할 때 절대농지를 피하는 것처럼, 임야에도 피해야 할 산지가 존재한다. 대표적인 것이 보전산지다. 보전산지는 절대농지와 같은 개념으로 개발이 엄격하게 제한되어 있다. 대개 백두대간보호지역, 문화재보호구역, 공원지역, 계곡보전지역, 관광지역, 희귀식물 및 천연기념물 보존지역, 상수원보호구역 등이다. 산림을 보전하기 위한 지역이기 때문에 공익의 목적 같은 특별

임야 모습

한 경우가 아니면 개발허가가 나지 않는다.

따라서 초보자라면 임야, 농지 할 것 없이 '보전'이 붙은 곳은 일단 주의하고 보자. 비슷한 종류로 산림보호구역이 있다. 산림보호구역 또한 개발허가를 받기가 정말 힘들기 때문에 투자용도로는 위험하다.

또, 산지의 종류만큼 중요한 것이 경사도와 수목의 울창함을 나타내는 입목축적이다. 임야의 경사도가 25도 이상으로 가파르고 나무가 울창한 산은 보호해야 하는 산으로 분류돼 개발허가를 받기가 매우 어렵다.

마지막으로 사방사업으로 지정된 땅인지도 확인해야 한다. 사방사업은 황폐화된 땅을 복구하거나 붕괴된 산의 모래날림을 방지하기 위해 공작물을 설치는 사업이다. 사방사업으로 지정된 임야는 10년 이상 경과된 후에나 전용이 가능하다는 점을 반드시 명심해야 한다.

나대지, 원하는 대로 만들면 대지(垈地)

04

나대지는 텅 빈 공터다.

하지만 무시하지 말자.
나대지도 금싸라기 땅으로
변신할 수 있다.

나의 지인 마파랑 씨에 대한 이야기로 시작해보자. 마파랑 씨는 오래전부터 알고 지냈던 분으로 가평에서 관광객들을 대상으로 농원형 식당을 운영하고 있었다. 그는 가평 지역에서 식당을 운영하다가 오산 지역으로 옮겨 사업을 확장할 예정이라고 했다. 아무래도 사업 확장과 더불어 지역까지 옮기다 보니 고려해야 할 점이 많았는데, 그가 그중 오산 지역을 낙점한 데에는 이유가 있었다. 오산에는 여유로운 분위기의 농원 음식점을 선호하는 인구가 많다는 이야기를 들었기 때문이다.

오산은 동탄, 수원 지역과 인접해 있어 지리적으로도 이점이 있는 곳이다. 마파랑 씨는 오산 지역 곳곳을 발품 팔아 최근 세교신도시 지역 1,520㎡(460평)의 나대지를 21억8천만 원에 매입해 일부를 사업용으로 개발하기로 했다.

'21억….' 이 금액을 듣고 다른 세상 이야기라고 생각했는지도 모르겠다. 토지 투자를 하면서 나는 물론이고 주변에서도 큰돈이 움직이는 것을 자주 보다 보니 돈의 단위가 쉽게 느껴질 때도 있다. 그러나 '나대지'는 조금 다르다. 다른 지목들에 비해 금액의 단위가 크기 때문이다.

땅에는 다양한 이름들이 있지만 이제부터 '나대지'를 잘 기억해두기 바란다. 나대지는 실제로 가장 활용하기 편하지만 돈도 많이 드는 지목이다. 나대지는 나지라고도 불리며, 지목에는 '대지'로 작성한다.

나대지는 쉽게 말해 건물이 없는 대지다. 지상에 건물이 세워지지도 않고 이용도 되지 않은 빈터를 말하는데, 소유자의 의사에 따라 자유롭게 사용하고 수익을 창출할 수 있는 장점이 있다.

나대지는 크게 갱지와 저지로 구분하기도 하는데, 여기서 갱지는 건물이 없고 사법상 제한도 없으나 공법·행정상 규제를 받는 토지다. 또 주거지역, 상공업지역 등에 건축물을 세울 수 있어 사용수익이 매우 높은 대지가 될 수 있다. 대부분의 나대지는 이 갱지를 의미하기도 한다.

반면, 저지는 지상권이나 임차권 등이 설정되어 있어서 사법상의 제한을 받아 투자 인기가 낮다. 기본적으로 나대지는 아무것도 들어서지 않은 쉬는 땅으로 일반 사람들도 주변에서 쉽게 발견할 수 있다는 특징을 가지고 있으니 참고하면 좋겠다.

나대지, 이런 점은 주의하자

나는 나대지를 '도화지'로 생각한다. 도화지에 그림을 그릴 수도 있고 종이접기를 할 수도 있는 것처럼 나대지는 가능성이 무궁무진하기 때문에 찾는 사람도 많으나 주의할 부분도 존재한다.

김훈일 씨는 826㎡(250평) 정도의 나대지를 소유하고 있었다. 어느 날 자신의 땅과 인접한 곳에서 공사를 하던 아파트 개발사가 땅을 매입하고 싶다고 연락해왔다. 평소 아파트 개발을 하든 말든 관심이 없었던 김훈일 씨였지만, 개발사에서 먼저 찾아오자 자신의 땅이 얼마나 가치가 있는지 알게 되었

건축하기 좋은 입지의 나대지

다며 기뻐했다. 하지만 그는 일단 개발사의 매입 제안을 거절했다. 김훈일 씨의 땅은 아파트 개발로 수혜를 입는 거리였고, 그때부터 부동산 부자가 될 수도 있다는 생각에 들떠 근처에 있는 330㎡(100평) 정도의 건물과 합쳐 땅을 개발하려 했다. 그런데 이게 웬일인가. 주변 사람들에게 자기 땅의 가치를 떵떵거리며 자랑했는데, 매입자금이 만만치가 않은 것은 물론이고 근처에 진입로가 없어 개발조차 어렵다는 사실을 뒤늦게 알았다. 그는 몇 달 전과는 달리 지금이라도 아파트 개발사를 찾아가야 하는 건 아닌지 고민하게 되었다.

위의 일화를 통해 김훈일 씨가 가지고 있는 땅은 나대지일지도 모르나 진입로가 없는 맹지임을 알 수 있다. 즉, 나대지가 모두 좋은 조건을 가지고 있는 것이 아님을 주의해야 한다. 특히 도심지역에 있는 나대지라면 더욱 그렇다.

도심의 나대지는 건물이라는 숲에 가려져 맹지가 되는 경우가 허다하다. 이런 경우는 주위의 대지와 합필하는 방법을 고려해볼 만하다. 합필은 토지등기부상 2필지 이상의 토지를 합쳐서 하나의 필지로 만드는 것인데, 이 합필을 통해 부지 주변의 도로와 인접하게 된다면 땅의 가치는 배 이상이 될 수도 있다.

도심에 자리 잡은 나대지의 경우, 한 건축물에 부속된 토지일 때가 많다. 이런 경우에는 건축물에 부속된 토지와 다른 토지 간의 경계를 살핀 후 나대지로 판정한다. 경계가 불분명할 때는 부속 토지가 일정 면적을 넘으면 나대지로 분류된다. 실제 공장이나 주택 등에 딸린 부속 토지도 건물 바닥 면적의 열 배가 넘으면 나대지로 본다.

제주도 나대지

　도심에서 조금 벗어난 지역의 경우는 나대지에 주택을 짓기 위해 농지 등을 대지로 형질변경을 해놓는다. 물론 과세 기준일이 넘어서도 착공하지 않으면 나대지로 분류돼 종합부동산세 대상이 될 수 있다.

　또, 나대지는 세금을 주의해야 한다. 대부분 땅을 샀다는 기쁨 때문에 잊어버리거나 등한시하게 된다. 우리나라는 나대지 소유자에 대해서 종합부동산세와 양도소득세를 무겁게 부과하고 있다(건물을 멸실한 후 2년 이내에는 사업용 토지로 구별되나 2년 이후에는 비사업용 토지로 구분된다). 따라서 나대지는 보유할수록 세 부담이 가중된다. 물론, 기본적으로 2016년부터 장기보유특별공제 대상에 속하긴 하지만 나대지와 같은 비사업용 토지를 단시간에 팔면 상당한 양도소득세를 내야 한다. 그러나 사업자등록을 하고, 보유한 나대지에 주택이나 건물 등을 지으면 종합부동산세 등 각종 세금의 중과대상에서 제외된다. 더불어 건물로 인한 고정수익도 기대할 수 있으니 나대지를 영리하게 이용해보자.

제대로 관리하면 큰돈되는 나대지

최근에 농가주택이나 폐가가 딸린 땅이 나오면 멸실신고를 하고 나대지로 만드는 것이 유행하고 있다. 그러나 나대지는 공터가 된 후에도 관리가 반드시 필요하다. 예를 들어 지인 중 한 명은 지방에 작은 폐가가 있는 땅을 구입한 뒤에 멸실신고까지 했지만 이후에 전혀 신경을 쓰지 않았다. 그렇게 6개월이 지나 건축을 다시 하기 위해 땅을 찾았을 때는 악취가 가득한 쓰레기장으로 변해 있었다. 결국 집을 허물었던 비용보다 쓰레기 치우는 비용이 더 많이 들었다고 한다.

이 사례처럼 어처구니없는 손해를 입고 싶지 않다면 나대지가 공터가 된 후에 울타리를 세우거나 밭으로 사용하는 등 다른 용도로 활용해야 한다.

나대지는 지목상 대지이기 때문에 형질변경 등의 절차를 거치지 않아도 건축물을 짓는 것이 자유롭다. 수익을 기대하며 건축물에 투자할 때는 규모나 주변 토지의 이용현황 등을 고려해야 한다.

예를 들어 근린생활시설 주변의 나대지는 주차장으로 활용되는 것을 의외로 많이 볼 수 있다. 그 이유는 주차장의 경우 연간 수입금액 비율이 땅값의 3%가 넘으면 종합부동산세를 내지 않기 때문이다. 이에 비해 조경작물 식재용 토지는 7%, 자동차학원용 토지는 10%, 농업교습학원용 토지는 7% 이상이어야 사업용 토지로 인정받아 종합부동산세 과세를 피할 수 있다.

따라서 나대지의 활용도와 보유 희망기간을 잘 따져서 적합한 투자를 하는 것이 중요하다. 나대지는 제대로 투자하고 제대로 관리하면 금싸라기 땅이 될 수 있다는 것을 명심하자.

함께하는 투자, 공동투자 | 05

ⓒ네이버

백지장도 여럿이서 맞들면 낫다.
하지만 사공이 많으면
배가 산으로 가기도 한다.

토지에 투자할 때
함께하는 공동투자는
과연 괜찮을까?

　나는 10년 가까이 토지 투자를 하면서 많은 수익 사례를 남겼다. 그중에서 최고의 수익 사례를 꼽으라고 한다면 단연 공동투자를 빼놓을 수가 없다. 공동투자로 큰 수익을 남길 수 있었던 것은 나를 믿고 함께한 3만여 명의 카페 회원들이 있었기 때문에 가능했다. 그 성공 사례는 지금도 현재진행형이다.

약도 되고 독도 되는 공동투자

몇 년 전, 회원들과 제주도 답사를 다니면서 공동투자를 한 사례가 있다. 답사를 통해 바다조망권을 가진 4차선 대로변의 땅이 매물로 나와 있는 것을 발견했다. 5억 원대에 나온 2,600㎡(800평)짜리 땅이었다. 혼자 투자하려면 다소 부담스러운 액수였으나 나는 이 땅을 카페 회원 4명과 함께 각각 1억여 원을 들여 매입했다. 현재 시세는 비슷한 입지의 330㎡(100평)대 땅이 1억5천만 원에서 2억 원 정도에 형성되어 있다. 그러니까 시세가 세 배가 올라 12억 원에서 16억 원 정도까지 거래 금액이 오른 것이다. 참고로 제주도는 내륙과 달리 토지분할법이 강화되었는데, 제주도의 토지는 용도별로 최저 분할 면적이 다르기 때문에 반드시 확인해야 한다.

부동산 투자에서 '공동투자'라는 단어의 이미지는 그다지 좋은 편이 아니다. 각종 드라마와 범죄 관련 방송프로그램에서 기획부동산 때문에 패가망신했다는 이야기가 자주 등장하는 소재일 정도다. 그래서 공동투자를 한다고 하면 주위에서 은근히 말리는 분위기가 형성된다. 그러나 기회는 모두가 안 된다고 할 때 얻어지는 경우가 많다.

공동투자는 주로 소액의 투자자가 자신의 자금보다 큰 규모의 부동산을 다른 투자자들과 함께 투자해 저렴하게 매수하는 방식이다. 인터넷상에서 흔히 볼 수 있는 '공동구매'가 토지를 대상으로 이루어지는 것과 같은 이치다. 대부분 주변 사람들 중에서 공동 투자자를 찾으려 하는데, 부동산 컨설팅이나 재테크 동호회, 부동산 투자 동호회를 중심으로 공동투자가 이루어질 수도 있다. 이 방법은 경계할 점들이 많지만 서로 뜻이 맞는다는 점에서 원하는 땅을 싸게 얻을 수 있어 도움이 된다.

부안 지역의 땅을 살펴보다가 2,776㎡(840평)의 밭이 3.3㎡당 21만 원이라는 저렴한 가격으로 1억8천만 원에 나온 적이 있었다. 저렴하긴 했지만 덩어리가 크다 보니 한번에 구입하기에는 부담스러운 땅이었다. 그러나 이 땅은 2차선 도로에 직사각형 모양으로 붙어나온 땅으로, 분할하기에도 매우 좋아서 놓치기 아까웠다. 가치 있는 땅이 싸게 나왔는데 투자금 규모가 부담스러운 상황이었다. 결국 이 땅은 세 명의 투자자가 각각 925㎡(280평), 6천만 원씩 공동투자했다.

얼마 후 이 땅은 제2종 일반주거지역이 되면서 지가가 크게 올랐다. 혼자투자했다면 엄두도 나지 않았을 땅을 세 명이 힘을 합쳐 저렴하게 구입할 수 있었고, 필지를 나눠서 내 땅을 정식으로 가지게 되는 결과를 얻게 되었다.

무모한 도전이 될까, 위대한 도전이 될까?

나는 방송프로그램 〈무한도전〉을 좋아하는데, 〈무한도전〉 멤버들이 무모하게 들이대는 도전정신은 가끔씩 나를 돌아보게 만드는 힘이 있다.

10년 동안 〈무한도전〉이 시청자의 사랑을 받은 이유는 구성원들의 목표가 한곳을 향하고 있기 때문이다. 반면에 공동투자를 하는 사람들은 백이면 백, 서로 다른 꿈을 꾼다. 〈무한도전〉 멤버들처럼 똘똘 뭉쳐서 도전한다면 좋겠지만 사업계획이나 동시매도 등을 철저하게 약속하지 않는 이상 잡음이 생기기 마련이다.

처음 토지 투자를 시작했을 때 알게 된 지인인 나한방 님은 공동투자를 즐겨했다. 입지 좋은 대규모의 땅을 공동투자로 저렴하게 구매하고, 시세차익을 얻는 모습을 보며 묘하게 배가 아프기도 해서 하루 날을 잡고 살짝 비꼬듯이 물었다.

"남들은 공동투자하면서 돈도 잃고 사람도 잃던데, 형님은 돈도 얻고 사람도 얻네요."

나의 질문에 나한방 님은 아주 호탕하게 웃었다. 사실 그의 첫 번째 공동투자는 대실패였다고 한다. 동창회에서 만난 고향 친구의 소액으로 땅을 가질 수 있다는 말에, 그 자리에서 아홉 명의 친구들이 모였다고 한다. 처음에는 다들 기쁜 마음으로 돈을 모았는데, 투자한 뒤가 문제였다. 다들 토지 투자에 대해서는 수박 겉 핥기식 지식밖에 없었고, 필지분할과 지분분할의 의미도 모른 채 투자를 했다고 한다.

그렇게 처음 2~3년간은 서로 같은 배를 탔다는 생각에 더 친밀한 관계를 가졌다. 문제는 3년 뒤 친구 한 명이 사업 확장을 위해 땅을 팔고자 하면서 시작되었다. 지분 투자로 묶여 있던 그들은 환금성에 어려움을 느끼게 되었고, 결국 매도 시점에 대한 의견 차이로 의만 상하게 되었다는 것이다. 나중에야 겨우겨우 땅을 팔았지만 차익도 높지 않았고, 오히려 서로 민망한 상황에 처하게 되었다. 지인은 다행히도 큰 손해는 보지 않았지만 같은 실수를 반복하지 않기 위해 노력하게 되었고, 아래와 같은 자신만의 규칙을 만들었다.

첫 번째, 반드시 필지분할이 가능한 땅을 산다. 지분분할은 결국 환금성에 어려움을 느끼기 때문에 애초에 싹을 없애버려야 한다.

두 번째, 공동투자는 4∼5명 이하의 사람들이 모여 투자한다. 사람이 많으면 많을수록 말이 많아지므로 조심해야 한다.

세 번째, 어쩔 수 없이 지분 투자를 할 경우에는 정확한 매도시기 등의 조건을 만들어 변호사에게 공증을 받아놓고, 신뢰할 수 있는 전문가에게 꾸준히 컨설팅을 받는다.

이렇게 규칙을 세우고 나니 그는 공동투자에 있어서는 손해를 보지 않게 되었다고 한다. 그의 경험에서 우러나오는 노하우를 듣고 나니 질투의 배아픔은 사라지고 그를 존경하게 되었다. 그리고 그와 함께 생애 첫 공동투자를 진행하기로 마음먹었다.

이 형님이라면 〈무한도전〉을 이끄는 '유재석'처럼 투자의 기준을 정확히 세워줄 수 있을 것이라는 믿음에서 였고, 3년 후 투자의 결실을 얻으며 나의 선택이 옳았다는 것을 깨달았다.

공동투자는 4∼5명 정도가 적합하다.

기획부동산을 조심하자

앞에서 말했듯이 공동투자는 자칫 안 좋은 상황으로 넘어갈 수도 있다. 그래서 반드시 필요한 것이 필지분할이다. 필지는 구분된 토지를 하나의 단위로 보는 것이다. 만약 2,975㎡(900평)의 땅이 있다면, 필지분할을 통해 991㎡(300평)씩 3필지로 나눌 수 있다. 이렇게 필지가 분할되면 덩치가 큰 땅도 조각으로 나누어 나만의 땅으로 만들 수 있다는 장점이 있다. 반대로 조각난 땅을 하나의 필지로 묶어 건축을 올릴 때 역시 땅의 활용이 쉬워진다.

기획부동산의 경우가 이런 공동투자의 장점을 역이용해 만들어진다. 즉, 커다란 땅을 싸게 사서 여러 개로 조각내 투자자들에게 되파는 것이다. 기획부동산의 땅 조각은 대부분 맹지를 만들어내는 경우가 많아 이 사실을 모른 채 기획부동산의 사탕발림에 속아 시세보다 몇 배 이상에 매수하는 일이 빈번하고, 구입을 했다 하더라도 개발조차 어려울 때가 대부분이다.

최근에 만난 최중진 씨는 가평에 땅을 알아보려던 차에 3.3㎡당 50만 원 하는 역세권 땅에 투자할 기회가 생겼다. 지인이 알려준 정보이기도 했고, 세 배 이상의 수익을 장담한다는 설명을 듣자 이 기회를 놓칠 수 없다고 생각해 당일에 구두계약을 했다. 그리고 입금일 당일, 최중진 씨는 우연한 기회에 나와 만남을 갖게 되었다.

그는 나에게 혹시 몰라서 투자건에 대해 이야기해주었다. 그런데 내가 확인해본 그 땅의 위치는 누가 봐도 기획부동산이 도로 인접과 상관없이 조각내놓은 땅이었다. 매입가도 시세와 두 배 이상 차이 나는 가격이었다. 나는 솔직하게 그에게 계약을 다시 한번 생각해보라고 말했다. 최중진 씨도 내 이야기에 계약금을 넣지 않고 취소하기에 이르렀다. 그는 나에게 조금만 늦었어도 터무니없는 가격에 땅을 구입할 뻔 했다면서 몇 번이고 고마움을 표현했다.

당연히 정직하게 활동하는 기획부동산도 있다. 그들이 해주는 이야기가 모두 거짓이란 것은 아니지만 투자를 하기 전에 반드시 경계심을 가지고 알아볼 필요가 있다. 전형적인 기획부동산은 토지에 대해 설명하면서 시세차익으로 떼돈을 벌 수 있을 것 같은 환상을 불러일으킨다. 그리고 계약을 서두르라고 재촉하고 확실한 정보라며 강압적인 태도를 보이기도 한다. 이런 경우는 한 발자국 뒤로 물러나 한번 더 고심해봐야 한다. 계속 의문이 든다면 현장에 방문해서 사실 여부를 확인하고, 다른 전문가의 컨설팅도 받아봐야 한다. 돌다리도 두드려보고 진짜 돌다리가 맞는지 확인하고 또 확인하는 자세가 필요하다.

국도를 따라
돈이 흐른다

06

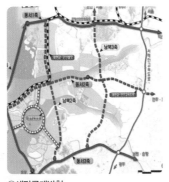

ⓒ새만금개발청

사람이 가는 곳에 길이 있다.
도로가 있는 곳에 사람이 모여든다.
그리고 돈도 모여든다.
그래서 도로는 토지 투자의 꽃이다.

　　최근 나온 우리나라의 국토개발지도를 살펴보자. 그중 기존도로와 개발 예정도로만을 유심히 살펴보면 특이한 점을 발견할 수 있다. 위에서 아래로, 동에서 서로 이어지는 모습이 마치 바둑판 같다는 생각이 든다. 우리나라의 도로는 이렇게 바둑판처럼 얽히고설켜 지역과 지역을 이어주는 연결망 역할을 하고 있다. 이번에는 이 '도로'에 대해서 알아보자.

대한민국의 핏줄, 국도

　보통 도로는 고속국도와 일반국도로 나누어 구분한다. 그러나 보통 '국도'로 불리는 곳은 국토교통부가 관리, 운영하는 일반국도를 의미한다. 일반국도는 주요 도시와 항만, 중요 비행장, 관광지 등을 연결한다. 그래서인지 국도 주변에는 유명 여행지나 드라이브 코스가 많다. 그중에서도 부산에서 경상남도, 경상북도, 강원도를 거쳐 휴전선까지 이어지는 동해안 7번 국도는 산과 바다를 동시에 즐길 수 있다. 그래서 많은 사람들이 찾는 최고의 해안도로로 유명하다.

　나는 서해안 지역에 투자하는 것을 선호한다. 그러다 보니 자연스럽게 태안-서산-당진을 연결하는 32번 국도, 당진 현대제철을 지나는 38번 국도, 태안반도를 지나는 77번 국도, 새만금을 지나는 23번 국도와 30번 국도 주변을 항상 눈여겨본다.

일반국도 모습

나는 도로가 닿는 곳은 돈이 흐르는 곳이라고 생각한다. 그만큼 국도변 투자에 대해서는 긍정적으로 생각한다.

고속도로와는 달리 주변 자연경관을 보고 느낄 수 있는 곳이 많은 일반국도를 따라 드라이브를 하다 보면, 파란색 타원 속에 흰색으로 적힌 1부터 99까지의 국도번호를 만날 수 있다. 이 번호는 국도의 고유번호로 홀수와 짝수에 따라 국도의 특성이 달라진다. 홀수 국도번호는 남에서 북으로 이어지는 횡단도로다. 1번 국도의 경우 목포에서 출발해 나주, 광주, 전주를 지나 천안, 수원, 서울을 거쳐 판문점에 이른다. 짝수 국도번호는 동서 횡단도로다. 2번 국도는 서쪽의 목포에서 출발해 강진, 순천, 진주, 마산을 거쳐 부산에서 끝난다. 국도번호를 알면 내가 어느 방향으로 달리고 있는지 알 수 있다.

국도 다음으로 중요한 도로인 지방도에도 고유번호가 있다. 400번대가 강원도, 600번대가 충청도, 700번대가 전라도, 1100번대가 제주도다. 지방도도 알아두면 좋다. 왜냐하면 국도처럼 지방의 메인도로가 되기 때문에 그 주변을 따라가다 보면 좋은 투자대상을 찾을 수 있기 때문이다.

눈으로도 구별할 수 있는 국도의 또 다른 특징은 도로에 이륜차, 농기계, 사람 등의 통행이 가능하다는 점이다. 자동차만 전용으로 달리는 고속도로와는 확연히 다른 모습이다. 고속도로는 최저속도의 제한이 있는 반면, 국도는 최저속도의 제한이 없다. 그리고 국도는 차선이 넓고 제한속도가 비교적 높아 장거리 통행 수송이 쉽다는 장점이 있다.

도로는 토지 투자의 꽃

평택 오성−팽성간 도로공사 모습

부동산 호재는 도로개발 예정지를 따라다닌다. 실제로 대다수의 개발은 교통망과 연계되어 있어 도로개발계획이 발표되면 그 지역의 지가는 이미 오른 상태인 경우가 허다하다. 2010년 12월 발표된 지가동향 자료에 따르면 경남 함안군의 경우 2010년 10월에 땅값 오름세가 0.34%로 가팔라지더니, 3개월 만에 0.47%로 상승해 전국 지가상승률 상위권을 기록했다. 그 이유를 살펴봤더니 함안군 여항면과 가야읍을 관통하는 79번 국도가 4차선으로 확장 개통되면서 급격한 지가상승이 이루어진 것이다.

새만금의 경우도 최근 몇 년간 공시지가는 나날이 오름세였다. 당연히 여러 가지 요인들이 있겠지만, 그중 큰 요인이 바로 국도이다. 새만금 지역을 4번 국도와 연결하는 도로공사가 진행되면서 안정된 지가를 형성하는 데 큰 보탬이 됐다.

이렇다 보니 초보 투자자들에게 국도개발 지역은 실패하지 않는 투자처로 느껴질 수밖에 없다. 도로의 개통은 몸 안의 혈관이 생성되는 것처럼 사람들의 생활반경 확대로 이어진다. 이에 따라 도로를 통해 접근성이 좋아지면, 유동인구가 많아지고 투자 활성화가 이루어지는 것이다.

국도가 지나는 황금땅을 찾아라

내가 투자하는 곳이 국도가 지나가는 자리인지 궁금하다면 국토교통부의 홈페이지나 해당 지자체의 홈페이지에 접속해서 확인하자. 내가 매입할 땅의 도로계획을 알 수 있다. 가장 확실하게 알고 싶다면 해당 지자체에 직접 확인하거나 시청이나 군청에 확인해보면 해당 번지의 관통 여부도 자세히 알 수 있다.

길을 지나가면서 확인할 수 있는 경우는 시간이 좀 지나 측량이 끝나 말뚝으로 도로 예정지를 표시해놓은 경우다. 국도는 나들목 주변만 호재인 고속도로와는 달리 들어서기만 하면 주변의 땅값이 모두 오르는 편이다.

그러나 국도 투자에도 주의해야

국도 주변의 땅

할 점은 존재한다. 필자 지인의 경우, 땅 대부분을 도로용 부지로 매수당했다. 덕분에 남은 땅이 둘로 쪼개져버려 이도 저도 아닌 경우가 됐다. 물론 이런 경우에는 쪼개진 토지까지 수용하는 잔여지 수용을 신청할 수 있다.

　잔여지 수용의 기준은 잔여지가 대지로서 면적이 너무 적거나 혹은 건축물을 건축할 수 없는 경우, 농지로서도 경작이 힘든 경우, 공익사업으로 교통이 두절되어 경작이 불가능한 경우 그리고 잔여지가 원래의 목적대로 사용하는 것이 현저히 곤란하다고 인정되는 경우다. 단, 도로 용도로 땅이 매수되는 경우에는 토지보상비가 그다지 많지 않다는 점을 각오하기 바란다. 더불어 고가도로가 계획되는 경우도 존재하는데, 이때는 지가에 큰 영향을 주지 않는다는 점도 기억하자.

돈 되는 국도와 지방도 알아보기

제주도의 해안일주도로인 1132번 지방도는 제주도 투자에 있어 가장 핵심적인 도로다. 이 도로를 기준으로 도로 안쪽이냐, 바깥이냐에 따라 가격 차이가 상당히 난다. 도로 바깥쪽은 바다조망권이 있어 땅값이 평균 3.3㎡당 1백만 원대에 형성되어 있다. 또, 한라산과 가까운 도로 안쪽은 3.3㎡당 50만 원 내외로 형성되어 있다. 따라서 펜션부지를 얻고자 한다면 바다가 보이는 도로 바깥쪽을, 전원주택지는 도로 안쪽을 눈여겨보는 게 좋다. 현지업자를 통해 거래하게 되더라도 이런 기준을 미리 정해놔야 한다.

제주도의 1132번 지방도 ⓒ네이버

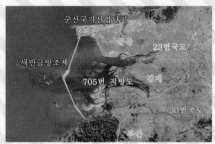

새만금의 주요 도로들 ⓒ네이버

새만금의 주요 국도는 23번 국도와 30번 국도라고 볼 수 있다. 23번은 홀수 국도로 부안의 남북을 이어준다. 30번 국도는 짝수 국도로 부안의 동서축을 잇는 역할을 담당한다. 7~8월 여름 성수기에는 30번 국도를 타고 새만금 방조제로 이동할 때 차가 막히기도 할 정도로 관광객이 많다. 또한 705번 지방도는 새만금 남북축이 경유하는 도로다. 앞으로 관광객들이 많이 찾는 도로가 될 수 있기 때문에 주목해야 한다.

평택의 38번 국도 ⓒ네이버

평택은 38번 국도가 메인도로다. 38번 국도는 안성IC, 평택시청, 고덕국제신도시, 서해안 복선전철이 지나가는 안중역, 평택항까지 이어진다. 이 때문에 38번 국도 주변은 계속해서 땅값이 상승할 확률이 높다.

당진의 38번 국도와 615번 지방도 ⓒ네이버

평택과 인접한 당진도 38번 국도를 주목해야 한다. 38번 국도는 아산국가산업단지, 송악IC, 송산일반산업단지, 석문방조제, 석문국가산업단지를 지나 대산산업단지까지 이어진다.

당진 지방도로의 경우에는 그동안 저평가되어 있던 615번 지방도를 주목해야 한다. 석문국가산업단지가 착공에 들어가면서 배후도시가 미니신도시급으로 커지고, 당진 시내와의 시너지효과가 일어나고 있다. 따라서 석문국가산업단지로 이어지는 615번 지방도 주변의 땅을 주목해야 한다. 앞으로 615번 지방도가 당진의 주요 남북도로가 될 예정이다. 이 도로는 현재 석문과 시내까지 이어지는 곳은 4차선이고, 시내와 합덕은 2차선이다. 그러나 앞으로 당진 시내와 합덕까지도 4차선으로 확장될 예정이다.

잡종지라고
얕보지 마라

07

잡종지? 잡스러운 땅?
쓸모없는 땅이라는 뜻일까?
아니다!
쓸모없는 땅이 아니라 쓸모 많은 땅!
귀하신 몸이 바로 잡종지다.

　학교 다닐 때 난 정말 수학이 싫었다. 사칙연산만 할 줄 알면 되는데 미분, 적분 따위는 왜 배우는지 도통 이해를 하지 못했다. 실제로 학교 밖 사회로 나와 보니 덧셈, 뺄셈, 곱셈, 나눗셈만 정확히 할 줄 안다면 나머지는 계산기와 엑셀이 모두 해결해주었다. 그래서 나는 강의를 할 때 필요 이상의 지식은 굳이 알려주지 않는다.

물론 알고 배워두면 좋은 지식들이다. 하지만 학자가 되지 않는 이상, 바로 사용할 수 있는 지식이 더 중요하다고 생각한다. 그래서 토지 투자를 할 때는 전(밭), 답(논), 임야, 대지, 잡종지 이렇게 5가지의 지목만 정확하게 알면 된다고 말한다. 잡종지는 그 5개의 지목 중 하나다.

나는 10년 이상의 시간 동안 30여 필지를 사들였고, 회원들에게 1,500필지 이상을 추천했다. 그러나 추천한 땅 중에서 잡종지는 손에 꼽을 정도로 귀하다. 대부분의 땅은 전, 답, 임야, 대지였다. 투자 대상이 될 수 있는 잡종지는 거의 찾기 힘들지만 만약 있다면 큰 관심을 기울여야 할 정도로 희소성이 높다.

잡종지라는 이름을 처음 들었을 때는 '잡종'만 귀에 들어와 별것 아닌 땅의 지목으로 느껴진다. 잡종지라는 뜻 자체는 특별히 정해진 용도가 없는 땅을 의미한다. 사회에서 통용되는 잡종이란 뜻에서 미루어볼 때, 특별한 용도가 정해지지 않았다는 뜻을 쓸모없는 땅으로 볼지도 모른다. 하지만 토지에 있어 용도가 정해지지 않았다는 것은 개발 용도가 무궁무진하다는 뜻이다. 그래서 잡종지는 오히려 대지보다 쓸모가 많은 땅으로 여겨지기도 한다.

잡종지 예시

보통 대지의 이용은 건축물 중에서도 주거나 사무실, 점포 등에 쓰이는 토지에 설정되는 지목이다. 반면 잡종지는 건축허가를 받아서 건축할 수도 있고, 주택을 지으면 대지, 공장을 지으면 공장용지가 된다. 간단한 지목변경으로 변신이 가능한 땅인 것이다. 그래서 건축업자나 개발업자에게는 가장 필요한 땅이고 농지법이나 산지관리법상 규제가 따르지 않아 여러 용도로 사용이 가능하다.

잡종지의 능력은 부지 조건에서 두각을 나타내는데, 대부분 도로와 인접해 있어 토목공사를 할 필요 없이 건축할 수 있다는 것이 장점이다. 원룸이나 주택을 짓기 위해 부지를 알아보는 투자자들에게 좋은 조건의 땅이다.

잡종지로 변신 가능한 땅을 찾아라

이처럼 다양한 장점을 가지고 있는 잡종지를 선호하는 투자자들이 적지 않다. 그래서 멀쩡한 밭이나 논을 잡종지로 지목변경하기 위해 고군분투하는 것을 종종 보게 된다. 어떤 사람들은 땅을 쓰레기장으로 변신시키기도 한다. 쓰레기가 방치되거나 매립돼서 해당 토지가 불모지가 되면, 해당 관청이 농지주의 요청에 의해 현장을 확인하고 잡종지로 지목을 변경해주기도 한다. 이렇게 잡종지로 변경된 땅은 일정 기간이 지나면 택지용 대지로 다시 지목이 변경되기도 한다. 택지용 대지로 지목이 변경되면 주택, 근린생활시설 등의 건축이 가능해지기 때문에 토지 소유주의 입장에서는 복잡한 절차 없이 지목변경만으로 큰 시세차익을 얻게 되는 것이다.

잡종지는 이처럼 매력적인 투자의 기회를 주고 지목이 쉽게 변경될 수 있는 땅이다. 그러나 잡종지로 쉽게 바뀔 수 있는 땅들은 따로 있다. 골재 채

취장, 물길이 바뀌어서 마른 땅이 된 하천, 물이 말라버린 저수지나 연못, 이른바 유지(溜池)가 그런 땅들이다. 그리고 도로, 주택, 상가와 인접해 오래전에 나무가 사라진 도시구역 내 임야도 잡종지로 변경하기가 쉽다. 그래서 도시구역 내 땅의 지목이 혹시 임야가 아닌지 항상 관심을 가지고 살펴봐야 한다. 나무가 없어진 지 한참 됐다면 잡종지가 될 수 있는 가능성이 크다.

잡종지는 지목변경이 쉬운 장점이 있는 만큼 대지와 함께 가장 땅값이 비싸기로도 유명하다. 그래서 상대적으로 저렴한 농지를 구입해 잡종지로 지목변경하는 경우도 많다. 잡종지 지목변경에 대한 대표적인 사례로 오랜 지인의 이야기를 하고자 한다.

땅 투자에 있어 고수로 알려진 지인은 분당 외곽에 위치한 밭을 경매로 구입했다. 그는 나대지 투자를 즐겨하는 사람으로, 경매로 저렴하게 구입한 밭 위에 쓸모없는 물건들을 모아두기 시작했다. 그렇게 한 달, 두 달이 지나

잡종지는 다세대주택 등을 짓기에도 용이하다.

니 그곳은 그 누구도 가까이 가고 싶어 하지 않는 야적장 같은 곳이 되었다. 그는 곧바로 그 땅을 잡종지로 지목변경했다. 1년 뒤 그 땅에는 330㎡(100평) 규모의 원룸이 지어졌고, 현재는 매달 6백만 원가량의 수익을 주는 수익형 부동산으로 재탄생했다.

잡종지가 무조건 황금알을 낳는 거위일까?

잡종지라고 해서 무조건 좋은 땅이라는 맹신은 위험할 수 있다. 잡종지가 항상 만족스러운 투자수익을 준다면 좋겠지만, 그렇지 않을 때도 종종 있다. 투자금 대비 수익률이 낮을 확률도 높기 때문이다. 잡종지는 땅의 지목변경을 통한 지가상승분에 대해 개발부담금을 납부하기도 한다. 지목변경을 하더라도 그에 대한 비용을 지불할 수도 있다는 의미다.

또한 잡종지는 원래부터 비싼 땅에 속하기 때문에 거래를 통한 수익 창출이 어려운 경우가 많다. 특히 토지를 처음 구매하는 초보 투자자에게는 자칫 부담스러운 투자가 될 수 있으니 초보자라면 잡종지에 대해 공부만 해두고 중수 정도가 된 다음, 개발을 목적으로 투자할 때 잡종지를 찾아보는 것이 좋겠다.

사람마다 땅을 사서 하고 싶은 일은 다를 것이다. 누군가는 귀농을 목적으로, 누군가는 지가상승으로 인한 시세차익을 목적으로 투자할 수 있다. 따라서 본인의 목적이 무엇인지를 잘 생각해보자. 귀농이 목적이라면 시골

어딘가의 맹지도 실수요자들에게는 좋은 땅이 될 수 있고, 지가상승만을 본다면 개발 예정지 주변의 농지로 시세차익을 노리는 것이 더 현명할 수 있기 때문이다. 자신의 목적에 맞는 땅을 전략적으로 투자하는 것이 바로 토지투자 고수가 되는 길이다.

절대농지로 착각하는 땅을 찾아라

08

절대! 절대로 안 된다!

부동산 투자에서
'절대'라는 단어와
마주하게 된다면
빨간 신호등이 켜진 것이다.
일단 멈추고 보자!

　'절대'라는 말에는 어떠한 경우에도 반드시 그렇다는 뜻이 담겨 있다. 그래서 흔히 우리는 "절대 아니야", "절대로 그렇다"라고 말하면서 강한 부정이나 강한 긍정을 표현한다. 부동산에서는 '절대'라는 단어를 마주하게 된다면 일단 멈추고 봐야 한다. 웬만해서는 투자하는 사람에게 좋은 의미는 아니니 말이다.

절대농지라는 말은 경작지가 잘 정리된 땅을 말한다. 보통 공공투자에 의해 조성된 농지이고, 지정된 목적 자체가 농지가 아닌 다른 용도로 사용되는 것을 막으려는 데 있다.

절대농지는 땅의 생김새가 네모반듯하고 예쁘게 생겼다. 초보 투자자들을 유혹하는 땅이다. 왜냐하면 가격도 일반적인 땅에 비해 현저히 싸고 소액으로 넓은 평수를 확보할 수 있기 때문이다. 초보자들이 이런 유혹에 넘어가 투자하는 경우가 적지 않다.

사실상 절대농지는 농업진흥구역에 속하는 땅이라서 농어민주택, 농어민 창고만 지을 수 있게 되어 있다. 그래서 투자용으로는 가치가 높지 않은 땅에 속한다. 그런데도 절대농지를 구매한 사람들의 말을 들어보면 "주변의 호재에 의해 개발될 가능성이 높다는 말을 들었다"고 하나같이 이야기한다. 안타깝게도 이 경우는 매우 낮은 개발 가능성에 투자한 것이다.

아무리 주변에 개발호재가 있어도, 대체로 절대농지만 제외하고 개발이 이루어진다. 그래서 절대농지는 하이리스크 투자대상이다. 초보 투자자일수록 이런 사실을 잘 모른다. 또, 국가에서 가끔 절대농지로 지정되어 피해를 본 농민들에게 보상 차원과 기업 투자, 부동산 경제 활성화를 노려 절대농지를 해제하는 경우가 있지만 이것 역시 흔한 일은 아니다.

나도 9년 전쯤에 태안기업도시 예정지 근처의 절대농지에 투자한 적이 있었다. 땅을 사놓고 저렴하게 구입했다고 좋아했는데 이후 6년간 한 푼도 안 올라서 고생한 기억이 있다. 그래서 절대농지에 투자해서 손해를 봤다는 사람들을 보면 남의 이야기 같지가 않다.

절대농지처럼 보이지만 절대농지가 아닌 땅

그러나 이러한 절대농지의 땅값도 주변에 역사 개통 등의 강력한 개발호재가 생기면 몇 배씩 오르기도 한다. 그러나 이런 경우는 절대 흔치 않다. 나는 이런 흔치 않은 기회가 아니라 실제로 도움이 될 수 있는 절대농지 투자법에 대해 이야기해보고자 한다. 사실은 절대농지에 투자하라는 말은 아니고, 절대농지처럼 생긴 다른 농지에 투자하는 방법이다. 이런 농지들은 대부분 생김새 때문에 절대농지로 오해받는다. 그래서 저평가되어 있기 때문에 소액투자가 가능하다.

예를 들어 도시지역 안의 생산녹지지역이 대표적인 사례다. 보통 아파트가 건설되는 경우에는 기존 주거지역보다는 생산녹지지역을 개발하는 경향이 있다. 건설사 입장에서는 땅값이 비싼 주거지역보다 3분의 1 이상 저평가되어 있는 생산녹지를 구입하는 게 비용을 아낄 수 있는 방법이기 때문이다.

도시지역 내 생산녹지지역

사실 절대농지라는 용어는 1996년 농지법이 개정되면서 농업진흥지역으로 명칭이 바뀌었다. 즉 개발을 위한 땅이 아니라 농업을 보호하고 농업 진흥에 힘써야 하는 땅이라는 의미다. 이런 땅에 투자해야 하는 사람이 있다면, 그는 농지를 경작하는 실제 사용자일 것이다.

절대농지

그런데 가끔 순진한 초보 투자자가 땅의 용도와 지목을 구분하지 못하고 상담을 요청하는 경우가 있다.

2년 전 쯤 지인과의 식사 자리에서 50대 주부 황숙자 씨를 만났다. 자영업을 하고 있는 황숙자 씨는 내가 토지 투자 전문가라는 이야기를 듣고는 땅에 대한 이야기를 늘어놓았는데, 경기도 화성에 495㎡(150평) 정도 되는 땅을 6천만 원대에 구입했고 그 땅에 식당 겸 집을 짓고 살 계획이라고 말했다.

당시에도 수도권 근방에서 5~6천만 원대의 자금으로 330㎡(100평) 이상의 투자가치가 있는 땅을 찾기가 쉽지 않았기 때문에 화성 땅 이야기는 나의 흥미를 끌었다. 그런데 이게 웬일인가? 이야기가 진행될수록 황숙자 씨의 투자 지식은 초보라는 생각이 들 정도로 얕았다.

혹시나 싶어서 "용도지역이 뭔가요?"라고 물었는데 "밭이요"라는 대답이 돌아왔다. 나는 황숙자 씨의 땅에 대해서 알아봐주었다. 그런데 그 땅은 농업진흥구역이었다. 순진한 초보 투자자에게 땅을 소개한 업자가 정보를 대충 알려준 것이다.

황숙자 씨는 과연 화성에 집을 짓고 살 수 있을까? 결론부터 말하자면 집을 지을 수 없다. 농림지역의 절대농지에 주택을 짓는 것 자체가 불가능하기 때문이다. 황숙자 씨는 농사를 업으로 하는 사람이 아니었고 농사지을 계획도 없었다. 하루 빨리 땅을 처분하고 자신의 목적에 맞는 땅을 찾아 재투자해야 한다. 절대농지는 농업인이 생계를 꾸려나가기 위해 필요한 집만 지을 수 있다.

용도지역을 알면 저평가된 땅을 찾을 수 있다

그런데 어설프게 토지의 지목이나 용도에 대해 아는 사람들은 절대농지처럼 보이는 땅에 절대로 투자해서는 안 된다는 고정관념을 가지고 있는 경우가 많다. 물론 절대농지에서 투자수익을 크게 기대하기는 어렵다. 그러나 절대농지처럼 보이지만 사실은 절대농지가 아닌 가치 있는 땅들이 있다. 이런 땅은 투자 대비 큰 수익을 얻을 수 있다. 이제부터 절대농지처럼 보이는 땅의 투자에 대해 알아보도록 하겠다.

먼저 적어도 토지 투자를 하려는 사람은 용도지역에 대해서 정확히 알아야 한다. 용도지역은 ①도시지역, ②관리지역, ③농림지역, ④자연환경보전지역 이렇게 크게 네 가지로 구분된다. 이 중에서 농림지역은 웬만하면 개발이 힘들다. 아무리 근처에 개발이 이루어진다고 해도 농림지역 안의 절대농지에서 수익을 얻기란 힘들다.

그렇다고 농림지역으로 착각해서 녹지지역, 관리지역의 논이나 밭 투자 등

생산녹지

에 소극적인 태도를 취해서는 안 된다. 녹지지역이나 관리지역은 절대농지인 척하는 땅이지만, 사실은 훌륭한 투자처이기 때문이다.

하나하나 살펴보면, 농림지역으로 오해받는 땅 중에는 도시지역 내 녹지지역이 있다. 도시지역 내 녹지지역은 도시의 무분별한 개발이 확산되지 않도록 녹지보전을 한 곳이다. 보통 녹지지역은 ①생산녹지지역, ②자연녹지지역, ③보전녹지지역으로 나누어 구분하는데, 이 중에서 생산녹지지역을 주목해서 봐야 한다.

생산녹지는 도시지역 내에서 농업생산을 위해 개발을 잠시 미뤄둔 곳이다. 그래서 앞서 말한 아파트나 도시의 개발이 필요한 경우는 생산녹지의 땅을 용도변경하여 활용할 가능성이 가장 높다. 즉 개발하려는 땅이 부족하거나 혹은 인구 유입이 많아지면 늘어난 인구를 위해 다시 땅을 확장해야 할 때 생산녹지가 이용되는 것이다. 예를 들어 전북 군산시의 도심 인근 생산녹지는 아파트단지가 형성되면서 용도지역이 제3종 일반주거지역으로 바뀌었다.

두 번째로 농림지역인 척하는 용도지역은 관리지역이다. 관리지역은 녹지지역의 생산녹지보다는 투자가 훨씬 활발히 이루어지는 편이다. 소액 투자자들의 성지라 불리는 관리지역은 농업생산과 녹지보전 등의 목적으로 지정된 땅이다. 따라서 도시지역의 인구와 산업을 수용할 때도 활용되기 때문에 도시지역개발로 언제든지 활용될 수 있는 땅이기도 하다. 그래서 관리지역은 소액 투자자들에게 인기가 많다.

도시지역은 상대적으로 비싸다는 단점이 있고, 농림지역은 땅값은 저렴하지만 이용에 제한이 있다는 단점이 있다. 이에 비해 관리지역은 비교적 규제없이 저렴하게 투자할 수 있다.

특히 관리지역은 ①계획관리지역, ②생산관리지역, ③보전관리지역 이렇게 세 가지로 나뉘는데, 이 중에서 보전관리지역을 제외하고는 모두 투자가치가 높은 편이다. 왜 보전관리지역은 투자가치가 낮으냐고 묻는 사람들에게 나는 '보전'은 '절대'의 친구라고 설명해준다. 보전관리지역은 자연환경보호, 산림보호 및 생태계 보전 등을 위해 지정된 곳이다. 즉, 보호와 보전이라는 목적을 가진 지역이라는 점이다.

이는 다른 지역 구분에서도 마찬가지다. 만약 투자하려고 보니 해당 지역에 '보전'이 붙어 있다고 한다면 투자에 있어 리스크를 안고 시작한다는 생각을 하기 바란다. 그 지역들은 계속해서 보전해야 할 곳이라는 의미가 있기 때문이다. '보전'이라는 말이 붙는 용어로는 자연환경보전지역, 보전녹지지역 등이 있으니 주의하자.

다시 관리지역의 이야기로 돌아가서, 계획관리지역에 대해서 이야기해보도록 하자. 계획관리지역은 도시지역 편입이 예상되는 곳으로 토지 투자자들이 가장 선호하는 투자처로 많이 알려져 있다. 반면에 생산관리지역은 농업, 임업, 어업 생산 등을 위해 관리가 필요하지만 주변의 용도지역을 고려해 농림지로는 지정관리가 힘든 곳이다. 그러나 생산관리지역은 계획관리지역으로 바뀌는 사례가 많으며 결국 개발호재와 가까운 계획관리지역과 생산관리지역은 배후 주거지나 산업단지에 속하게 될 확률이 높다.

용도지역에 따라 구분하면 어려울 것도 없는 이 지역들을 겉모습으로만 보아서는 때때로 절대농지랑 헷갈릴 수도 있다. 그래서 우리는 매번 땅의 '용도'를 반드시 확인해야 한다.

토지 투자의 경험이 많은 권혁철 씨는 절대농지인 척하는 토지를 골라 투자하는 것으로 유명했다. 그가 주로 매입하는 땅은 도시지역의 녹지지역인 생산녹지지역이었다. 생산녹지지역은 겉모습은 논과 밭이어서 마치 절대농

이천시 가좌지구의 생산녹지 부근 ⓒ네이버

지인 것처럼 보이지만, 도시지역에 해당되어 언제든지 대지로 개발이 가능한 땅이다. 그는 구입한 생산녹지지역에 원룸단지를 지었는데 그 가치가 높아져서 현재는 땅값이 두 배로 올랐다.

이런 사례는 생각보다 우리 주위에서 흔하게 찾아볼 수 있다. 이천시 부발읍 SK하이닉스 공장의 서쪽 부근에 36만㎡(108,900평)의 가좌지구가 있다. 이곳은 생산녹지지역이었다가 얼마 전에 공업지역으로 변경되었다. 이로 인해 주변의 땅값이 오른 것은 당연한 결과였다.

그러나 이런 결과가 우연이거나 운이라고 생각해서는 곤란하다. 각 지역의 투자를 앞두고 개발지를 철저하게 분석한다면 얼마든지 예측할 수 있는 사항이기 때문이다. 그래서 용도지역을 잘 공부해서 절대농지인 것처럼 보이지만 사실은 절대농지가 아닌 금싸라기 같은 땅을 찾을 수 있는 눈을 길러야 한다.

땅의 가치를 높이는 계획도로 | 09

토지 투자의 핵심은 도로에 있다.
길이 새로 뚫리는 곳의 땅값은
당연히 오르기 때문이다.
하지만 정말 중요한 사실은
계획 없이 건설되는 도로는
없다는 것이다.

계획도로는 개발사업에 따라 계획되고 건설되는 도로를 말한다. 이번에는 이 계획도로에 대해 이야기해보겠다.

최근에 가장 많은 계획도로 공사가 이뤄지고 있는 곳은 새만금 주변이다. 새만금 일대에 몇 년 전에 투자한 회원들이 있다. 그들이 투자한 곳은 전북 부안군 계화면에 위치한 의복리와 계화리 일대다. 바로 군산국제공항 예정지에서 부안 명품복합단지로 내려오는 길이다. 몇 년 전까지만 해도 별 주목을 받지 못했던 이 부근은 현재 도로설계와 착공에 대한 소식이 들려오면서 사람들의 관심을 불러 모으고 있다. 결국 미리 도로계획에 대한 정보를 접하고 투자한 회원들은 3~4년 전에 비해 1.5배 이상 높은 토지 거래가에 즐거운 비명을 지르고 있다. 아마 시간이 좀 더 지나서 도로가 완공되면 지금보다 더 높은 지가로 거래될 것은 뻔한 일이다.

만약 위 사례에 혹하는 마음이 들었다면, 그리고 지금 소유하고 있는 토지가 있다면, 내 땅의 토지이용계획서를 한번 떼어보자. 주민센터나 구청에 방문하는 방법도 있지만 집에서도 손쉽게 토지이용계획서를 확인할 수 있다.

인터넷으로 토지이용규제정보서비스(luris.molit.go.kr)에 들어가서, '토지이용계획열람'을 클릭하면 내가 관심 있는 땅 주변의 토지이용계획서를 볼 수 있다.

지적도의 붉은 선을 확인하자

토지이용계획서를 뽑아보면, 내가 검색한 토지 주변으로 지적도 위에 여러 색상의 선이 표시되어 있을 것이다. 우리가 주목해야 하는 건 붉은 선이 있느냐 하는 점인데, 보통 붉은 선은 계획도로가 있다는 의미다. 붉은 선으로 표시되는 계획도로가 어디에, 어떻게 생기느냐에 따라 땅값이 몇 배가 오를 수도 있다.

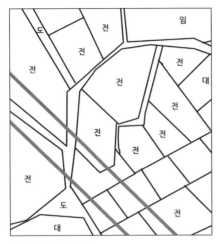

계획도로(붉은 선) 예시

계획도로가 내 땅의 일부분만 지나가는 것이 아니라 내 땅의 대부분을 지나가는 경우가 있다. 이런 경우는 이야기가 달라진다. 면적이 작은 경우에는 도로에 땅이 전부 포함되는 경우도 존재하기 때문이다. 이럴 경우 보상은 공시지가와 시세의 60~70% 중에서 받게 된다는 점을 알아두자.

도로는 폭에 따라 광로, 대로, 중로, 소로로 구분된다. 도로 폭은 각 구분 안에서 1류, 2류, 3류로 나뉜다. 예를 들어 한적한 시골에 밭이 있다고 하자. 그 땅 주변에 현재는 도로가 없지만 지적도에는 계획도로가 붉은 선으로 표시되어 있고, 그 위로 소로 2류라고 적혀 있다. 그렇다면 언젠가는 이 땅에 폭 8~10m 되는 도로가 지나갈 것이라고 예상할 수 있다. 또 해당 폭에 따라 몇 차선이 지나갈 예정인지까지 예상해볼 수 있다. 예를 들어 폭이 7m면 2차선이 만들어질 수 있다고 예상할 수 있다.

하나를 덧붙이자면 보통 땅에 투자하려는 사람들이 지적도를 보는 것보다 먼저 네이버나 다음 등의 포털 지도를 통해 땅에 도로가 붙어 있는지를 보고, 포털 지도에 도로가 붙어 있다고 해서 안심하는 경우가 많다. 이것은 큰 오산이다. 지도상에 나와 있는 내용은 지금으로부터 1~2년 전의 자료일 수도 있고 또한 실제 도로가 아닌 현황도로일 가능성이 있으니 꼭 지적도를 확인하는 습관을 가지도록 하자.

도로가 있느냐에 따라 땅의 가치는 크게 달라진다. 그래서 보통 도로가 만들어지면 지가는 세 배까지 오르기도 한다. 앞 페이지로 다시 돌아가 토지이용계획서의 붉은 선을 바라보자. 그냥 선이 아님을 느끼게 될 것이다. 그러나 잊지 말아야 할 것은 계획도로는 단지 계획에서 끝날 수도 있다는 점이다.

그렇다면 계획도로의 투자는 어떻게 이뤄져야 하는 것일까? 방법은 간단하다. 주변에 개발지가 있는지 확인하는 것이다. 예를 들어 산업단지개발이나 택지개발과 거리가 먼 두메산골의 임야나 농지 위의 계획도로와 신도시나 국가산업단지 인근 토지 위의 계획도로가 있다고 생각해보자. 당신이 계획도로를 담당하는 사람이라면 어느 곳을 먼저 개발하겠는가? 두말할 것도 없이 신도시나 국가산업단지일 것이다.

산업단지나 택지가 개발될 예정이라면 당장 필요한 것이 도로다. 당장 필요한 곳의 도로계획이 빨리 이루어지는 것은 당연하다. 이런 곳에 있는 토지라면 그 미래가치는 무궁무진하다. 물론 두메산골이라도 시간이 지나면 계획도로가 만들어질 것이다. 그러나 도로가 완성될 때까지 얼마나 많은 시간이 걸릴지는 알 수 없는 일이다.

계획도로를 따라서 투자하면 실패하지 않는다

　필자가 운영하는 카페의 고만큼 씨는 오래전에 부안군 행안면 역리에 땅을 샀다. 그 당시만 해도 평범한 시골 밭이었던 땅은 2차선에 접해 있다는 점 하나밖에는 장점이 없었다. 그러나 2차선 길에 접해 있다는 그 이유 때문에 3.3㎡당 40만 원을 호가하는 그다지 싸지 않은 땅이었다. 그런데도 고만큼 씨는 남들이 망설일 때 그 땅을 샀다. 바로 계획도로 때문이었다.

　지적도에는 붉은 선이 2차선이 4차선으로 변할 계획이라는 사실을 알려주고 있었다. 게다가 주변에 산업단지 991,735㎡(30만 평)가 개발 중이었고, 근로자가 점점 늘어나고 있는 것에 주목했다. 그는 산업단지로 이어지는 4차선 계획도로라는 증거를 확보해 땅을 구입했고, 그의 판단은 틀리지 않았다. 현재 이 도로는 4차선으로 확장되었고, 그의 땅은 3.3㎡당 1백만 원까지 올랐다. 우리가 주목해야 할 점은 그의 선택이 순전히 운이 아니라는 것이다. 그는 서류상 표시되어 있는 확실한 증거들을 보고 투자한 것이다.

　이번에는 떠오르는 지역 중 하나인 충남 당진시 합덕읍의 투자 사례를 들어보겠다. 합덕의 이 땅은 2,644㎡(800평)였고 3.3㎡당 40만 원대라서 3억 원 이상의 투자금이 필요했다. 소액 투자자들에게는 쉽지 않은 투자 조건이었다. 하지만 바로 옆에 합덕인더스파크 지방산업단지가 예정되어 있었고 2차선 도로변에 장방형으로 붙어 있는 땅이라서 분할하기 수월했다. 그래서 카페 회원 5명과 공동투자를 계획했다. 합덕인더스파크는 63만㎡(19만 평) 규모의 의약특화산업단지로 약 3천여 명의 근로자들이 일하게 될 예정인 곳이다.

합덕인더스파크와 두 번째 사례 토지의 위치 ⓒ네이버

　이 땅의 지적도를 보면 '도'라고 찍혀 있는데 실제 2차선 도로가 있다. 중로 3류라고 적혀 있는 것은 폭 12m 이상의 도로가 계획되어 있다는 뜻이다. 실제로도 도로는 2차선에서 4차선으로 확장될 예정이었다. 만약 합덕인더스파크가 2016년까지 완공될 계획이라면 그전에 이 도로도 확장될 가능성이 높다. 왜냐하면 산업단지가 생기면 대형차들이 통행을 많이 해야 되는데, 2차선 도로로는 통행이 어렵기 때문이다. 이런 이유 때문에 산업단지 주변에는 항상 도로 확장계획이 잡혀 있다.

참 수상한 떠돌이 부동산 10

세상에 둘도 없는 가치 있는 땅을
아주 저렴하게 판다고
광고하는 사람들이 있다.
그런데 왜, 그런 금싸라기 땅을
굳이 남한테 파는 것일까?

　토지를 살 때 많은 사람들이 공인중개사의 서비스를 이용한다. 그런데 그 방법밖에 없을까? 물론 아니다. 여성들이 가방 하나를 살 때도 인터넷 구매, 해외 직구, 면세점, 오프라인 매장 방문 등의 다양한 방법을 이용하는 것처럼 토지를 구매하는 것에도 다양한 방법이 존재한다. 그런데 토지를 구매하는 수많은 방법 중에서 특히 주의해야 할 두 가지가 있다. 바로 '떴다방'과 '기획부동산'이다.

떴다방은 미등록 중개업소나 자격을 갖추지 못한 부동산 중개업자를 의미한다. 그들을 떴다방이라고 부르는 이유는 한 지역에서 오랫동안 사업체를 운영하는 보통의 중개업소들과는 달리, 지가상승이 예상되는 지역이나 아파트 분양현장 등에 단기 매매차익을 노리며 잠시 나타났다가 사라지기 때문이다. 이들은 부동산에 높은 프리미엄을 붙여 판매하고, 수요가 없으면 또 다른 지역으로 옮겨간다.

투기 분위기를 조성하는 이 떴다방이 이익을 얻는 데는 정보의 역할이 크게 작용한다. 개발예상지역의 각종 부동산을 사들인 다음, 뒤늦게 정보를 접한 실수요자들이 해당 지역에 오면 구입할 방법이 떴다방뿐이니 어쩔 수 없이 큰 손실을 입으면서도 구입하게 되는 것이다. 떴다방은 이러한 악순환을 일으키는 원인이다.

단순하게 보면 개발호재가 있는 부동산을 구입해 높은 프리미엄을 붙여 되파는 행위를 하기 때문에 떴다방을 기획부동산과 같은 의미로 보는 사람도 적지 않다. 하지만 이는 현저히 다르다.

기획부동산의 시작이 처음부터 나쁘다고 100% 단정 지을 수 있을까? 모든 기획부동산이 나쁘다는 것은 아니다. 기획부동산 자체는 커다란 필지를 다수의 사람들이 함께 구매하는 공동구매 형식에서 출발한다. 다만, 이 이점을 악용해 자신들만의 잇속을 챙기는 사람들이 생기기 때문에 문제가 생기는 것이다.

기획부동산과 떴다방, 그들의 수법

　예를 들어 강원도 평창에 3,000㎡(900평) 넓이의 맹지에 가까운 임야가 있다고 생각해보자. 나쁜 의도를 가진 기획부동산은 이 임야를 '기획'하기 시작한다. 일단 기획부동산은 이 임야를 사서 예뻐 보이게 칼질한다. 보통 바둑판 모양으로 가로세로 반듯하게 나누는데, 원래는 도로와 접해 있는 땅이더라도 칼질 몇 번에 맹지가 되기 쉽다. 또 대부분의 경우, 지분으로 나누어져 있어서 '전체 땅의 몇 퍼센트'에만 각자의 소유권이 있기 때문에 마음대로 팔 수조차 없다. 기획부동산을 조심하라는 것은 대부분 위와 같은 이유로 묶이는 땅이 많기 때문이다.

　실제로 이천시의 부발역 일대는 기획부동산이 휩쓸고 간 자리로 한때 유명했다. 이 일대는 호재가 워낙 커서 기획부동산들이 발 빠르게 움직인 지역이었다. 그래서 기획부동산에 의해 분할된 필지들을 살펴보면 정말 세세하게 나누어져 있는 것을 확인할 수 있다. 3.3㎡당 3~4백만 원에 거래가 될 정도로 가격이 높게 오른 땅에는 맹지도 적지 않다. 기획부동산에 속아 맹지를 산 경우, 당연히 땅은 팔리지 않는다. 그래서 맹지를 가진 지주들의 속이 타

이천 부발역 인근의 임야. 터널이 뚫려 있어서 개발이 힘든 곳이지만 지적도상에는 조각나져 있다. ⓒ네이버

들어간다는 소식을 들을 때가 많다.

그렇다면 떴다방은 어떻게 일을 꾸미는 걸까? 떴다방이 가장 성행하는 아파트 분양권에 대해 이야기해보자. 과거 수도권 일대에 신도시 붐이 크게 일었다. 신도시를 만들기 위해서는 분당이나 동탄 같은 지역의 기존 주민들의 집을 허물고 아파트를 지어야 한다. 하지만 그곳에 잘 살고 있던 주민들이 아파트를 짓는다는 말에 곱게 자리를 비워주는 일은 없을 것이다. 따라서 아파트 시행사들은 원주민들을 대상으로 보상 차원의 분양권을 주게 된다. 바로 이 분양권이 떴다방이 노리는 물건이 된다. 원주민이 분양권을 1억 원에 판다고 가정했을 때, 떴다방은 이것을 1억에 사서 실수요자에게 2억에 파는 식이다. 즉 중간에 얹은 프리미엄 1억 원을 떴다방이 고스란히 가져가는 것이다.

떴다방으로 인해 피해를 입었던 카페 회원의 사연을 들은 적이 있다. 지금으로부터 약 10년 전의 일이기는 하지만 떴다방 중에서도 가장 악질적인 수

떴다방은 개발호재 인근에 다양한 형태로 몰려 있기도 한다.

법에 걸렸다고 한다. 그것은 일명 '폭탄 돌리기'다.

폭탄 돌리기는 이렇게 진행된다. 일단 특정 지역의 토지에 웃돈을 얹어 한 번 팔았다가 값이 떨어지기를 기다린다. 다시 값이 떨어지면 떴다방에서는 그 토지를 우르르 재구매한다. 다시 시세가 올랐다 싶어 찾는 사람들이 늘어나면 웃돈을 더 얹어 되파는 과정을 반복한다. 이런 과정을 몇 번 반복하다 보면 주변의 시세가 함께 오르게 된다. 지가에 거품이 심하게 끼게 돼서 실수요자들은 땅을 구입할 엄두도 못 내고, 땅을 팔아야 하는 사람들도 팔리지 않아 고생하게 된다. 그 카페 회원도 바로 이런 폭탄 돌리기로 피해를 입은 사람이었다. 그는 떴다방을 "천하의 지독한 녀석들"이라고 표현했다.

지방이라고 해서 별다를 것은 없다. 지역개발이 이루어지면 떴다방은 그 지역으로 철새처럼 모여든다. 2002년 파주시에 LG필립스 LCD공장이 들어설 때도 떴다방은 이 정보를 미리 입수해 파주시에 있는 공장부지를 모조리 사들였다. 결국 이 일대의 지가는 크게 올랐고, 실제로 공장이 들어선 이후 5년도 채 되지 않아 땅값이 20배 이상 올랐다는 이야기는 유명한 일화다.

전국의 농지와 임야, 그린벨트, 군사보호구역 등 각종 호재가 있는 곳은 일반인보다 떴다방과 기획부동산이 한발 빠르게 투자에 나선다. 이렇게 미리 산 땅의 호재가 대중에게 알려질 때, 그들은 높은 프리미엄을 붙여 파는 것이다. 이러다 보니 땅값이 비정상적으로 오르게 되고 개인뿐만 아니라 부동산 시장까지 피해를 입게 된다. 하지만 이런 행위들을 모두 제한하면 부동산 시장 활성화에 걸림돌이 된다는 점이 또 아이러니다. 아마도 국토개발이 이루어지는 동안에는 떴다방은 쉽게 사라지지 않을 것이다.

그렇다면 우리가 할 수 있는 것은 무엇일까? 어떻게 하면 속지 않고 당하지 않을 수 있을까? 우리는 초보자들이 무턱대고 직거래에 도전하기가 쉽지 않다는 것을 잘 알고 있다. 그래서 믿을 수 있는 전문가가 필요한 것이고, 개인의 공부가 중요한 것이다. 결국, 정보 싸움에서 이길 수 있어야 그들보다 한발 앞서서 선점할 수 있다. 이런 점에서 발상을 전환해보면 기획부동산과 떴다방을 역이용할 수도 있다.

제대로 알아야 속지 않는다

기획부동산과 떴다방을 마냥 욕하기보다는 그들의 정보력을 이용해보자. 그들은 우리보다 많은 정보를 얻고, 그 정보를 활용해 자신의 상품을 더 매력적으로 포장하는 능력을 가지고 있다. 그들의 특징을 발견하는 일은 주의를 기울이면 그리 어려운 일이 아니다. 이제부터 그들의 특징에 대해서 알아보자.

첫 번째, 대부분 지인의 소개로부터 시작된다. 특히 기획부동산의 경우가 이에 해당한다. 내 주변에서 카페 회원에 이르기까지 기획부동산에 피해를 입은 사람들이 많다. "당하는 사람들이 바보 아니냐?"라고 말하는 사람도 더러 있다. 하지만 실상은 그렇지 않다. 대부분 잘 아는 지인의 소개로 부동산을 매수하게 되기 때문이다. 정작 지인에게 땅을 소개하는 사람도 자신이 기획부동산의 유혹에 넘어갔다는 사실을 모르는 경우가 대부분이다. 따라서 이런 경우를 대비해 부동산에 대한 어느 정도의 지식이 필요한 것이다. 스스로 지식이 부족하다고 생각한다면 전문가에게 문의하는 것도 방법이다.

두 번째, 차원이 다른 친절한 태도로 접근한다. 얼마 전에 카페 회원 김대중소 님이 컨설팅을 의뢰해왔다. 이 회원은 평소 카페의 세미나와 현장답사 프로그램에 적극적으로 신청할 정도로 열정을 보였다. 나는 이 회원의 열정을 보고 꼭 성공하시기를 바라며 계획관리지역과 주거지역 위주의 땅에 대하여 상세한 설명을 해주었다. 그러나 얼마 후 이 회원은 어처구니없게도 기획부동산을 통해 군산의 땅을 터무니없이 비싼 가격에 샀다. 너무나 안타까워서 이유를 물었더니 이 회원은 자신을 왕처럼 받들어주는 기획부동산의 태도에 감격했다고 했다. 1대1로 현장답사를 함께해줬고, 작은 이야기 하나도 관심 있게 들어주는 태도에 특별대우를 받는다는 생각이 들었다는 것이다. 결국 이 회원은 높은 가격으로 땅을 구입하게 됐다.

세 번째, 이른바 '고급 정보'로 유혹한다. 그들이 자신들의 물건을 소개할 때 "000부에서 나온 지도 중 하나입니다", "다른 곳에서는 볼 수 없는 자료입니다", "000의 임원에게서 직접 들은 이야기입니다"라는 식의 고급 정보라며 자료를 제공한다.

가끔씩 나는 순진한 척 기획부동산에 가서 그들의 설명을 듣고 온다. 그들이 선전하는 고급 자료를 확인하기 위해서다. 정보의 가치가 전혀 없지는 않지만 다소 과장이 되어 있다는 점이 흠이다. 예를 들어 강원도 춘천에 투자하라고 설명하면서 지금으로부터 10년 전 지도를 보여주며 강원도청에 근무하는 지인을 통해 얻은 자료라고 소개한다. 그리고 이미 개발이 진행된 곳을 보여주며, 10년 전에 이곳에 투자했다면 어떻게 되었을지 상상해보라고 말하며 환상을 심어준다. 그러나 그들이 보여준 지도는 흔하지는 않지만 마음만 먹으면 구할 수 있는 자료이기도 하다.

초보 투자자라면 이렇게 고급 정보로 둔갑한 자료 앞에서 현혹될 수밖에 없다. 그들의 방식에서 벗어날 수 있는 방법은 그 자리에서 투자를 결정하지 말고, 그 즉시 해당 지자체에 확인하거나 전문가에게 분석을 요청하는 것이다. 그들의 말처럼 어마어마한 정보라면 결코 당신에게 그 정보를 알려줄 이유가 없다는 것을 잊지 말자.

1천만 원짜리 토지 투자 | 11

토지 투자 세미나에서
가장 많이 듣는 질문이
"땅 투자하려면 자금이
최소 얼만큼 있어야 합니까?"이다.
사려고 마음만 먹으면
5백만 원으로도 가능하지만
중요한 것은 어떤 토지를
어떻게 사느냐는 것이다.

　땅 투자를 하고 싶어도 자금이 부족하다고 망설이는 사람들이 많다. 투자금이 많고 적음이 중요한 것은 아니다. 사실 소액으로도 투자할 수 있는 물건은 많다. 이렇게 말하면 대부분의 사람들은 믿지 못하겠다는 표정을 짓는다. 하지만 나와 우리 회원들은 실제로 1천만 원으로 투자한 경험이 꽤 많다. 단 경매와 공매를 기준으로 이야기해야 겠지만 일반매물의 경우에도 대출을 이용한다면 실투자금 1천만 원으로도 가능하다.

2014년 말 매일경제신문에서 직장인들의 재테크 방식을 설문 조사한 결과, 1위는 적금이었다. 사실상 땅 투자는 순위에도 들지 못했다. 큰돈이 들어가는 땅 투자는 나랑 상관없다는 사고가 대중들의 머릿속에 있기 때문이 아닐까? 특히 나를 찾는 사람들 일부는 '소액으로도 투자할 수 있을지'를 마치 곤란한 질문을 해서 미안하다는 듯 묻는다. 전혀 그럴 필요가 없는데도 말이다. 분명히 말하지만 토지 투자는 더 이상 '있는 사람들만 하는 재테크'가 아니다.

물론 대출을 통한 투자에는 항상 조심해야 한다. 예를 들자면 2015년은 그야말로 부동산 시장의 호황기였다. 이는 바로 '저금리 시대'가 낳은 호황이었다. 투자자들은 너나 할 것 없이 각 지역의 토지와 아파트, 상가 등을 사들였다. 물론 대출도 여럿 받았다. 그러나 2015년 말, 미국이 제로금리시대를 마감했다. 막대한 대출을 통해 부동산을 사들인 사람들은 우리나라 금리가 오르면 당연히 피해를 볼 게 뻔한 일이다. 무분별한 대출투자는 투자 안 하느니만 못하다는 사실을 염두에 두어야 한다.

거액을 가진 사람들의 토지 투자는 원하는 지역과 누가 봐도 예쁜 땅을 구입하는 데 어려움이 없을 것이다. 다만 소액 투자자는 자금이 소액일 뿐이다. 모자란 자금은 그만큼 발품을 팔면 그만이다. 여기서 소액이라는 것은 1천만 원에서 5천만 원까지의 자금을 의미한다.

결론부터 이야기하면 소액 투자자는 지가가 높은 수도권 땅보다는 지방에서 투자를 기다리는 저평가된 토지를 목표로 접근해야 한다. 그리고 경매, 공동투자, 특수물건 등을 눈여겨보자. 생각보다 투자할 물건들은 다양하다.

소액투자의 방법, 공동투자와 경매

1천만 원의 금액으로 일반 부동산을 찾으면 생각보다 물건이 많지 않다는 사실을 알게 된다. 금액대가 생각보다 애매하기 때문이다. 이런 경우 투자자들은 보통 공동투자를 진행하는 경우가 많다. 앞에서도 이야기한 것처럼 공동투자는 거대한 땅을 저렴하게 구입해 나눠가지는 것이다. 과자를 사도 대량구매가 소량구매보다 저렴하듯이 공동으로 투자한 땅은 작게 나누어 파는 땅보다 저렴하다.

공동투자는 지분분할과 필지분할로 나누어 진행된다. 그중 지분분할의 경우 1천만 원도 안 되는 소액으로 투자할 수 있으나 정확한 매도시기를 정하지 않으면 관계도 틀어져버리고, 팔지도 못하는 상황을 겪게 된다. 따라서 지분분할을 통한 공동투자에 참여할 경우에는 믿을 수 있는 전문가와 함께 법적 구속력이 있는 서류상의 약속을 만들어놓는 것이 좋다.

공동투자할 사람이 없어 혼자만의 투자를 시작한다면 어디가 좋을까? 이럴 때는 경·공매에 도전해보는 것도 나쁘지 않다. 필자도 초창기에 투자금이 적었을 때는 경·공매를 통해 투자했다. 그만큼 소자본으로 시작하기에 어렵지 않은 방법이기 때문이다.

초보 투자자들이 낙찰된 경매물건을 가지고 현장을 답사하며 그 물건의 가치를 판단해보는 것은 일련의 과정만으로도 좋은 공부가 된다. 경매는 잘만 하면 저렴하게 물건을 살 수 있다는 큰 장점이 있는데, 바로 유찰 때문이다. 경매는 유찰이 되면 될수록 20~50%까지 저렴해지는 특성이 있다.

필자의 지인인 오경매 씨가 토지경매를 처음 시작했을 때의 일화를 소개하겠다. 당시 나온 토지 매물은 유찰이 이미 세 번이나 된 군산의 땅이었다. 그때는 어떤 땅이 좋고, 나쁘고도 몰랐던 초보인지라 오경매 씨는 유찰된 땅이 좋아 보인다며 굉장히 탐을 냈다. 평소 군산, 부안 지역의 땅에서 수익을 보았던 나의 사례를 떠올렸던 것 같다. 경매물건의 주변 시세는 3.3㎡당 15만 원에 형성되어 있었고, 해당 물건은 500㎡(151평)로 2천4백만 원의 감정가가 매겨진 땅이었지만 유찰로 1천5백만 원까지 떨어져 있었다.

근거 없는 지역적 환상에 사로잡힌 오경매 씨는 땅을 빼앗기고 싶지 않은 마음에 유찰 이유를 잘 알아보지도 않고 1천8백만 원을 써버렸다. 당연히 경쟁자가 없던 경매의 승자는 그였다. 그러나 낙찰받고 난 후 오경매 씨는 쓴웃음을 짓고 말았다. 낙찰받은 땅은 시세가 오를 기미가 보이지도 않는 맹지였고, 주변에 곧 송전탑이 들어설 예정이었기 때문이었다.

이 사례는 소액 투자자가 몇 번이고 고심해야 하는 이유와 발품이 필요한 이유를 보여준다. 소액이라는 것은 그만큼 고를 기회가 적다는 의미이고, 노력해야 할 부분이 많다는 점을 기억하자.

송전탑이 있는 매물은 기피대상 1순위다.

부동산 경매의 대상 중에 특수물건이라는 것이 있다. '특수'라는 말이 들어가면 일반인들은 일단 멈칫하고 만다. 사용 목적이 분명한 사람을 위한 물건으로 받아들여지기 때문이다. 실제로 특수물건은 경매에 능한 고수들이 도전하는 분야 중 하나다. 특수물건은 법정지상권, 유치권, 지분경매 등처럼 권리관계가 복잡한 물건을 의미한다. 그중 법정지상권은 경매물건 중에서 지상에 건물 등이 존재하는데 토지만 경매로 나오는 경우다. "땅 하나 사겠다는데, 굳이 복잡한 것에 매달려서 속 터질 건 또 뭐냐"라고 생각하면서 사람들은 선뜻 경매에 도전하지 않는다.

필자의 지인 중에 토지 투자의 고수가 있다. 이 고수는 이런 특수물건만 집중적으로 거래하는 사람이다. 그는 전남 순천의 특수물건 경매 낙찰에 대한 이야기를 해준 적이 있다.

지난 2009년에 그는 순천에서 도로가 경매로 나온 것을 보게 되었다. 도로는 감정가가 4천8백만 원으로 나왔으며 두 번의 유찰로 1천7백만 원까지 내려가 있었다. 그는 1천7백10만 원에 도로를 낙찰받았다. 이 도로를 구매하게 된 결정적인 이유는 4개의 업체가 이용하는 공장 진입로라는 점이었다. 그는 도로의 소유권을 행사해 사용료를 받겠다고 업체들에 통보했다. 처음에는 어이없어하던 공장들 측은 결국 지인의 땅을 시세의 두 배의 가격에 공동구매했다. 오랜 세월 특수물건을 접하면서 노하우가 축적되었고, 다양한 판례들이 뒷받침해준 결과였다. 특수물건은 부동산 시장의 고수익·고위험군에 속하는 물건이기에 매우 신중하게 접근해야 한다.

소액투자일수록 확실한 곳에 투자하라

경매, 특수물건, 공동투자가 모두 꺼림칙한 사람들은 정공법을 사용해야만 한다. 그래서 일반 소액투자를 할 때는 수도권보다는 지방을 눈여겨보는 게 좋다. 지방은 상대적으로 저렴하고, 급매물일 경우에는 더욱 저렴하게 구입할 수 있기 때문이다. 특히 같은 지방이라도 개발계획이 있는 지역에 투자하면 유리하다. 지방을 중심으로 한 국책사업이나 개발계획을 수집한 후 마음에 드는 지역을 선점해보자. 그 지역의 개발계획을 알 수 있는 도시개발계획을 살펴보는 것도 좋은 접근 방법이 될 수 있다.

대표적인 지역이 새만금 일대다. 일각에서 새만금사업은 우리 후대에나 빛을 볼 사업이라고 평가한다. 그만큼 장기적인 사업이기에 한순간 큰 수익을 보지 못할 것이라는 이유에서다. 맞는 말이기도 하다. 새만금사업은 평택이나 평창, 이천 등 수도권과는 달리 천천히 진행되는 장기사업이다.

그러나 중요한 포인트는 '진행 중'이라는 것이다. 새만금사업은 결코 멈출 수 없는 사업이다. 게다가 최근 중국과의 FTA로 개발 속도가 더 탄력을 받고 있다. 새만금사업지 일대는 최근 5년간 꾸준히 지가상승을 보이고 있는 잠룡(潛龍)지역이다. 큰 욕심을 부리지 않는 선에서 3년 이상, 그 이후부터는 차근차근 확실히 지가가 올라갈 곳이다. 소액투자일수록 더 멀리 봐야 하고 확실한 투자처를 찾아야 한다.

대박
예시

대박땅꾼이 만난 1천만 원짜리 땅

나는 평소에도 경·공매 사이트를 자주 둘러보는 편이다. 그러다가 발견한 이 물건은 새만금 배후 주거지역인 군산대학교의 인근 땅으로 감정가가 2천1백만 원이지만 유찰 후 1천4백만 원대로 재등장했다. 토지 위에 건물이 존재해서 법정지상권 성립 여지가 있기 때문에 낙찰가를 1천5백만 원 정도에 제출해도 비교적 수월하게 낙찰이 가능할 것으로 보인다. 그래도 '건물'에 대해서 걱정을 많이 하는 사람들이 있어 현장조사를 한 결과, 건물은 실제로 사람이 살지 않는 버려진 축사였다. 그만큼 멸실 조건이 유리해 실질적으로 법정지상권 성립 여지가 거의 없다고 볼 수 있다.

낙찰을 받은 후 축사를 멸실신고해서 나대지로 만들어놓으면, 주변 대학교의 학생들을 대상으로 하는 원룸 건물을 지을 수 있을 것으로 보인다. 실제로 주변에 원룸단지가 조성되어 있었다. 원룸부지는 3.3㎡당 1백만 원대에 조성되어 있었다. 이 땅은 3.3㎡당 11만 원으로 추후 열 배 정도의 차익을 얻을 수 있을 것으로 기대된다.

이 땅의 입지 또한 훌륭한 편이다. 위로는 군산대학교와 인접해 있고, 멀지 않은 곳에 상업지역이 발달해 있으며, 군산의 유명관광지 중 하나인 은파관광지와도 가깝다. 투자금액 1천5백만 원으로 멸실만 잘하면 1억 이상의 시세차익을 얻는 것도 충분할 것으로 보인다. 은파호수공원 위쪽으로는 군산의 신도시인 수송지구가 올라와 있는데, 이곳은 3.3㎡당 5백만 원 이상이기 때문에 이와 비교하더라도 잠재력이 높다고 볼 수 있다.

1천만 원짜리 경매물건 주변 입지 ⓒ굿옥션

3천만 원짜리 토지 투자 | 12

3천만 원짜리 땅은 아울렛이다.
할인 매장에 가서
물건을 사는 것과 같다.
사실 알고 보면
싸고 좋은 땅은 많다.

　독자들 중에 필자는 처음부터 투자금이 많아서 5만 평의 토지에 투자하게 된 것 아닌가 하고 생각하는 분들이 적지 않다. 하지만 필자는 5천만 원을 가지고 투자를 처음 시작했다. 물론 투자를 몇 군데 해놓고 보니 더 이상 자본금이 없어 2년 정도 고생한 기억이 난다. 하지만 그렇게 2년을 버티자 수익이 발생했고 분산투자를 할 수 있게 됐다. 그때부터는 탄력이 붙어 1억 미만의 소액투자에 집중할 수 있었다.

1천만 원 미만의 토지 투자는 사실 처음부터 도전하기에는 상당한 리스크가 있다. 초보자에게 있어서 기다림의 시간은 의심과 불안감이 동시에 커지기 때문이다. 게다가 투자의 진정한 맛을 보지 못해 발품을 팔 수 있는 열정도 금방 식어버리고 만다. 초보 투자자에게는 초조한 기다림이 실패보다 더무서운 적일 수도 있다.

3천만 원 규모의 토지 투자도 상황은 비슷하다. 그러나 처음 토지 투자를하는 사람들에게는 투자의 맛을 알게 해줄 좋은 기회가 된다. 또, 투자 지역도 수도권과 가까운 지방으로 올라올 수 있다. 예를 들어 수도권을 조금 벗어난 충남 지역만 하더라도 개발호재와 맞물린 다양한 소액 매물들이 가득하다. 평택항과 가까운 당진 지역도 이에 해당되고, 부안의 새만금사업지 중에서도 꽤 실한 매물을 얻을 수 있다. 나는 회원들에게 소액으로 투자하는재미를 붙이고 땅을 보는 안목 훈련을 위해서라도 이 지역들을 눈여겨보라고 끊임없이 조언한다.

그렇다면 1천만 원 투자와 3천만 원 투자의 차이점은 무엇일까? 상대적으로 3천만 원이 선택의 폭이 넓다. 3천만 원이라는 목돈이 있으면 1천만 원 투자에서 다룬 매물과 투자법에서 크게 벗어나지 않으면서, 지역의 개발호재에 따라 적극적인 투자를 할 수 있다. 물론 핵심은 변하지 않는다. 개발 가능성이 높은 저평가된 땅을 노려야 한다.

공동투자를 적극적으로 활용하자

　1천만 원으로 공동투자를 했다면, 아마 지역이 서울에서 거리가 멀거나 평수가 극히 작은 땅이었을 것이다. 또는 복잡한 문제가 얽혀 있는 특수물건이었을 확률도 높다. 하지만 3천만 원짜리 땅은 초보자가 투자를 시작하기에 더없이 좋은 조건들이 많다.

　우선, 공동투자를 시작하더라도 수익률을 더 높일 수 있다. 1천만 원짜리 땅을 공동투자로 지분분할하거나 필지분할하는 경우에는 되팔았을 때의 수익만을 기대하게 된다. 하지만 자금적 여유가 있다면 투자한 땅 위에 창고 등을 개발해 임대수익 등을 기대할 수도 있다.

　카페 회원인 구중궁궐 씨는 3년 전쯤 창고부지를 찾는다며 나를 찾아왔다. 그는 창고물류업을 시작하기 위해서라고 설명했는데, 몇 번의 사업 실패

합리적인 공동투자는 소액투자의 핵심이다.

로 자금이 넉넉한 편은 아니었다. 하지만 다시 재기하기 위해 직접 도움을 청하는 모습을 모른 척할 수만은 없었기에 나도 온 힘을 다해 돕기로 결심했다. 그는 당시 총 자본금 1억 중에서 4천만 원 정도의 투자금으로 땅을 구입하기를 희망했다. 하지만 자금이 적어서 좋은 투자처를 찾지 못하고 있었다. 얼마 후 구중궁궐 씨와 비슷하게 창고임대업을 하기 원하는 다른 투자자들을 몇 명 알게 되었다.

나는 그때 머릿속에 번뜩거리는 아이디어가 떠올랐다. 공동투자를 하되 비슷한 업종을 하는 투자자들끼리 모여 창고단지를 형성하는 것이었다. 구중궁궐 씨와 다른 투자자들도 나의 공동투자 제안을 쉽게 받아들였다. 결국 구중궁궐 씨와 투자자들은 당진의 계획관리지역에서 적당한 부지를 매입했다. 3,000㎡(907평) 넓이의 땅이었고 1억 원대에 급매물로 나온 부지였다. 그 땅을 공동으로 매입해서 필지를 분할했다.

당진은 서해안고속도로가 있어서 교통이 편리하고, 호재 역시 가득한 지역이다. 더불어 현대제철, 동부제철, 동국제강 등 철강 기업들이 당진 일대에 자리를 잡고 있다. 지가가 오를 수밖에 없는 지역이기에 창고사업을 할 그들에게 아주 적합한 곳이기도 했다. 투자자들은 결국 당진에서 창고임대사업을 시작했고, 비슷한 업종을 같은 부지에서 하다 보니 지금은 형과 아우 같은 사이가 되었다. 다행히도 사업도 잘되고, 지가도 나날이 상승 중이어서 그 근방을 지날 때는 자주 밥을 얻어먹기도 한다.

일반 경매에도 도전해보자

사실 경매는 오히려 일반 매매보다 비싸게 팔리는 경우도 종종 있다. 좋은 물건을 보는 눈은 같기 때문이다. 따라서 1천만 원으로 경매에 도전한다면, 진흙 속의 진주를 볼 수 있는 혜안이 있어야 한다. 그리고 하자를 개선해낼 수 있을 만큼의 노련함도 가지고 있어야 한다. 그러나 3천만 원이라면 일반 경매물건에도 충분히 도전해볼 만하다.

전북 부안 하서면의 경우 생산관리 농지가 3.3㎡당 30~40만 원에 거래되고 있다. 실제로 한 경매에는 몇 번의 유찰로 661㎡(200평) 정도되는 농지가 3천만 원대에 낙찰된 사례를 심심치 않게 발견할 수 있다. 특히나 경기가 안 좋을수록 급매만큼이나 경매토지 역시 쏠쏠하게 등장한다.

참고로 하서면의 경우 새만금개발사업지의 직접적인 수혜를 받는 지역이고, 현재 군산과 부안을 잇는 메인도로는 꾸준히 조성공사가 이루어지는 지역이다. 하서면에 접해 있는 새만금사업지에는 대형테마파크, 카지노, 호텔 등 관광레저단지가 조성됨에 따라 앞으로의 가치가 기대되는 지역이기 때문에 경매에 이들 지역의 토지가 등장한다면 눈여겨보는 것이 좋다.

소액투자할 노다지 지역을 알아보는 방법

일반 매매로 3천만 원대의 땅에 투자하기로 마음먹었다면, 정보를 취득하는 것이 가장 중요하다. 발품을 팔려고 해도 무작정 돌아다닐 수는 없는 일이니 말이다. 소액 투자자들을 위한 블루오션으로 나는 새만금, 부안, 당진, 평택 등 서해안권을 늘 추천해왔다. 이 추천의 근거는 모두 국토개발계획에 따른 정보에서 시작되었다.

정보는 투자의 성공과 실패를 결정하는 가장 중요한 요소다. 그런데 국토개발계획보다 더 알찬 현장의 정보를 얻을 수 있는 것이 있다. 바로 신문이다. 여기서 말하는 신문은 종합일간지가 아니라 지역신문을 말한다. 예를 들어 당진 지역 투자를 앞두고 있다면 〈충남일보〉 같은 지역신문을, 군산이나 부안 지역이 궁금하다면 〈새만금일보〉 정도는 읽어줘야 한다. 지역신문은 우리가 미처 알지 못하는 개발 속도나 문제점들을 상세하게 다루기 때문에 유용한 정보들을 얻을 수 있다.

이에 반해 인터넷 블로그나 검색을 통해 정보를 얻을 경우, 잘못하면 오히려 독이 될 수도 있다. 스마트폰 보급으로 어디서든 인터넷 검색이 자유로운 요즘 세대들을 노리고 쓴 일종의 미끼 정보들이 많기 때문이다. 따라서 인터넷을 통해 정보를 얻었다면, 지역 관공서 홈페이지를 방문하거나 지역 공청회 자료와 공시공람 자료 등을 통해 사실 여부를 꼭 확인해야 한다.

대박 Tip

알아두면 좋을 인터넷 사이트

국토교통부 : www.molit.go.kr
한국토지주택공사 : www.lh.or.kr
한국도로공사 : www.ex.co.kr
KORAIL : www.korail.com

주요 경공매 사이트

대법원 법원경매정보 : www.courtauction.go.kr
법원경매 스피드옥션 : www.speedauction.co.kr
지지옥션 : www.ggi.co.kr
굿옥션 : www.goodauction.com

대박땅꾼이 만난 3천만 원짜리 땅

ⓒ네이버

ⓒ네이버

이 땅은 전북 부안군 동진면에 위치한 땅이다. 경매가 아닌 일반 물건으로 당시 총 7천만 원 대에 나온 물건이었다. 그러나 카페 회원이 3천만 원대의 매물을 원해서 2필지로 분할해 3천7백만 원대에 거래되었다. 당시 주변 시세는 3.3㎡당 30~40만 원대에 구성되어 있었는데, 우리는 3.3㎡당 27만 원에 기래한 셈이었다. 이 땅의 기장 큰 매력은 계획관리지역이자 부안에서 약 5%만 지정된 개발촉진지구라는 점이었다. 개발이 확실하다는 장점이 있었다.

입지도 훌륭한 편이었다. 부안IC와 30번 국도가 만나는 교차점 부근에 위치해 있었고, 부안 중심가와도 인접해 있어 편의성이 높았다. 특히 가까운 곳에 고마저수지가 위치해 있어 전원주택지로도 손색없는 곳이다.

결국 큰 욕심을 부리지 않고 3~5년을 투자한다면 상당히 많은 차익을 볼 수 있는 곳이기에 회원 두 명이 함께 투자를 진행했다. 이 토지와 멀지 않은 곳에 위치한 선은리의 경우 5~6년 전, 3.3㎡당 50~60만 원하던 땅이 2015년 말 기준 최대 3.3㎡당 1백만 원까지 치솟기도 했다. 앞으로 부안의 인구 유입과 고마제 수변테마파크까지 착공에 들어간다면 그 후광효과를 누릴 수 있을 것으로 기대된다.

5천만 원짜리 토지 투자 | 13

5천만 원은
꿈을 한 단계 더
키울 수 있는 종잣돈이다.
우리의 투자를 기다리는 땅들이
전국에 있다.

　땅 투자를 하는 사람들에게 5천만 원이라는 자금은 무궁무진한 가능성의 시작과도 같다. 사실 초보자들 입장에서 1천만 원으로 특수물건이긴 하지만 흠이 있는 물건을 감싸안기란 힘들고, 3천만 원은 뭔가 지리적으로도 평수로도 아쉬운 느낌이 든다. 하지만 5천만 원이라는 목돈은 많지도 적지도 않다. 공부와 투자, 두 마리 토끼를 모두 잡을 수 있는 좋은 밑거름이 될 수 있는 크기의 투자금이다. 단번에 5천만 원이라는 종잣돈을 모으기란 쉽지 않지만 투자의 단맛을 느끼기에 더없이 좋은 액수이다.

이제 당신은 마치 탐스러운 물건들이 나를 기다리고 있다는 사실에 조금 붕 뜨는 기분이 들지도 모른다. 하지만 잠시 마음을 차분히 가라앉히고 냉철하게 투자를 계획해보자.

나는 5천만 원의 투자처를 동·남·서쪽 세 방향으로 나누어보았다. 이 방향에 맞춰서 마음 가는 대로 투자처를 알아보자. 당신이 앞으로 할 일은 발품을 팔고 좋은 곳에 투자해, 지가가 오르는 즐거움을 누리는 일뿐이다.

동쪽에 투자하기

대한민국의 동쪽에 떠오르는 호재거리가 있다. 바로 '평창'이다. 2018년 동계올림픽 개최지가 평창으로 확정되면서 개최지 근방의 땅값이 나날이 오르는 건 누구나 알만한 일이다. 과거에도 평창은 동계올림픽 소식이 전해질 때마다 투기성 투자가 빈번했던 곳이다. 이 때문에 한때 많은 사람들이 평창을 돈을 잃는 곳이라고 생각하기도 했다. 과거에는 평창의 지가가 급등과 급락을 반복했지만 이제 동계올림픽 유치가 확정되면서 달라졌다.

그러나 문제는 매도 타이밍이다. 올림픽처럼 단기성 호재로 인해 빛을 보는 경우에는 그만큼 쉽게 지가가 떨어질 수 있다. 대표적인 사례가 여수 엑스포와 순천 정원박람회 등이다. 이벤트성 지가 변동은 그리 오랫동안 지속되지 못하기 때문이다.

확실히 평창은 자연경관이 아름답고, 주변에 관광지가 많다. 꼭 동계올림픽 때문이 아니더라도 관광으로 특화된 지역이다. 특히 알펜시아 인근의 땅은 시세가 3.3㎡당 50~1백만 원대까지 올라 있다. 1억 원으로도 좋은 땅을 찾기 힘들 지경이다. 그래서 일반 투자자일수록 저평가된 땅을 찾아야 한다. 영동고속도로를 기준으로 IC 인근과 리조트 주변에는 아직도 저평가된 땅들이 있다. 현재 3.3㎡당 30만 원대에도 나와 있는 것이 이 일대의 물건이다. 게다가 계획관리지역이기 때문에 펜션업을 하는 데 아무런 제약이 없다.

펜션업은 올림픽 효과가 끝나도 좋은 수익형 사업이 될 가능성이 있다. 맑고 깨끗한 자연환경은 꾸준히 관광객들을 불러 모으기 때문이다. 이는 평창뿐만 아니라 춘천과 양평에도 해당되는 이야기다.

평창이 겨울 레포츠로 주목받는다면 춘천은 2017년 하반기 개장을 목표로 한 레고랜드라는 커다란 관광호재가 존재한다. 이미 레고랜드는 2014년 기준으로 조성사업이 들어갔으며, 연간 2백만 명의 관광객이 레고랜드를 찾

강원도 지역에는 펜션과 전원주택단지가 증가하고 있다.

을 것으로 예상하고 있다.

양평도 투자처로 주목받고 있다. 양평은 서울과 50㎞ 정도밖에 떨어져 있지 않아 세컨드하우스와 전원주택지로 가장 추천을 받는 곳이기도 하다.

양평은 한강을 중심으로 높은 지가를 형성하고 있다. 현재 청량리와 팔당을 잇는 경의중앙선이 개통되었고, 용문-홍천간 전철사업도 이루어질 예정이다. 서울춘천고속도로와 제2영동고속도로는 서울로의 접근성을 더욱 높여줄 것이다. 앞으로도 한동안 열기는 식지 않을 것으로 보인다. 그리고 2020년경에는 제2외곽순환고속도로가 개통될 예정이다.

이처럼 강원도와 경기 동부 지역은 주변에 레포츠와 캠핑 등을 즐길 수 있는 위락시설이 많아 꾸준한 개발이 이루어질 것으로 보인다.

남쪽에 투자하기

상대적으로 남부 지방의 투자는 수도권과 멀다 보니 관심이 적은 편이다. 토지 투자를 떠올리면 자연히 수도권 일대를 생각하기 쉽다. 그래서 블루오션을 노리는 투자자에게 남부 지방은 더욱 매력적인 투자처가 될 수 있다. 물론 5천만 원의 목돈으로 시작하는 땅 투자이니 수도권 근방에 물건을 찾고 싶은 마음도 이해는 된다. 그러나 토지 투자로 수익을 보고 성취감을 얻고 싶다면 지역이 어디든 눈과 귀를 열고 다리를 움직여야 한다.

남부 지방의 투자호재는 우선 호남권을 들 수 있다. 호남권은 전북의 새만금 전담기구 설치, 전남의 호남 KTX 건설, 남해안 철도고속화 사업 등이

현 정부의 공약과 연계된 곳이다. 특히 군산은 과거 빠른 지역발전으로 소액 투자자들이 제대로 된 투자의 단맛을 보기도 했다. 그 뒤를 이어 부안이 떠오르고 있어 투자자들에게 많은 즐거움을 줄 것으로 예상된다.

경상권도 교통망 호재가 가득한 지역이다. 부산-순천간 복선화 사업과 순천-광주 구간도 조기 착공되었다. 그리고 부산-광주를 연결하는 남해안 고속철도망이 구축될 예정이다. 산업통상자원부에 따르면 2013년도 기준으로 경상도는 외국인 직접투자 신고금액이 전체의 19.3%로, 충청도를 제외하고 지방이지만 가장 큰 금액이 유입되기도 했다. 그리고 부산 기장군의 방사선 의료과학 산업벨트 구축도 호재로 작용하고 있다.

제주도도 빼놓을 수 없는 남쪽 투자처. 제주도는 현재 우리나라의 외국인 토지비율이 가장 높은 지역이다. 또, 제2제주공항 호재로 지가가 가장 가파르게 상승하는 지역이기도 하다. 5천만 원으로는 단독으로 투자하기가 어려울 수 있지만, 공동투자로 접근한다면 아직 구입할 수 있는 지역이 남아 있다.

제주도 신공항 이전으로 가파른 상승세를 보이는 성산리 일대.
사진은 성산일출봉

남쪽의 사업은 단기성보다는 장기투자의 목적으로 눈여겨보는 것이 좋다. 정부가 남해안을 동북아의 관광거점으로 만들기 위해 추진하고 있는 '남해안 선벨트' 사업에 주목할 필요가 있다.

서쪽에 투자하기

현재 가장 개발사업이 활발한 곳은 서쪽이다. 특히 그중에서 가장 큰 투자처는 충청권이다. 충청권의 대표적인 투자처로 세종시와 충남 지역 전반을 주목해볼 수 있다.

세종시는 정부청사 이전 등의 호재로 인구가 계속 늘고 있다. 2013년도 지가상승률을 보더라도 내륙에서는 세종시만큼 높은 성장률을 보인 지역을 찾기 힘들다. 서울세종고속도로 건설이 확정됐고, 수도권과의 전철 연장으로 교통거리가 짧아질 것이다. 대전 국제과학비즈니스벨트 사업도 호재거리로 작용하고 있다.

더불어 서산, 태안 등이 자리 잡고 있는 충남에서는 내포신도시 개발이라는 호재가 있다. 충북은 오송 교통복합망이라는 호재를 품고 있다. 당진은 경제활동인구 증가로 인해 투자처로서 매력적인 지역이다. 서해안을 따라 흐르는 개발호재는 투자자들에게 많은 즐거움을 안겨주고 있다. 특히 서쪽의 개발호재는 단기에서 장기까지 다양한 투자계획을 세울 수 있다는 점에서 토지 투자를 공부하기에도 좋은 곳이다.

대박땅꾼이 만난 5천만 원짜리 땅

©네이버

©네이버

이 땅은 당진시 합덕읍 대전리에 위치해 있다. 2013년 투자했던 물건으로 합덕읍은 합덕역세권이 만들어지고 있고, 주변에 합덕산업단지를 포함한 크고 작은 산업단지가 있는 곳이다. 이 땅은 도로와 붙은 계획관리지역의 나대지로, 동아제약의 공장이 조성되는 부지와도 인접해 있다. 따라서 음식점, 상가, 빌라 등 다양하게 활용이 가능하다. 당시 이 일대의 평균 시세는 3.3㎡당 30~40만 원이었으나, 실제 우리가 투자한 땅은 3.3㎡당 28만 원 정도로 거래가 이루어졌다.

현재는 15만 평의 합덕인더스파크 의료산업단지가 조성되고, 인더스파크의 근로자 수천 명을 수용할 주거지와 상권이 이 땅 주변에 형성될 예정이기 때문에 지가가 계속 상승 중이다. 참고로 합덕읍내 원룸부지 시세는 3.3㎡당 1백50~2백만 원에 거래되고 있다.

지도에서 보는 바와 같이 당진−대전간 고속도로와 4분 거리이며, 당진의 유일한 역세권인 합덕역도 착공 예정이기 때문에 이 땅의 가치는 더 올라갈 것이다.

1억 원짜리 토지 투자 ｜ 14

1억 원은 결코 작은 돈이 아니다.
하지만 1억 원으로는 서울에서
전세를 구하기도 힘들고,
새로운 사업 밑천을 삼기에도
부족할 수 있다.
만약 나에게 1억 원이 있다면
어떤 선택을 할 것인가?

1억 원으로 재테크를 한다면 어떤 방법이 좋을까?

"적금하면 되지 않을까?" 적금을 떠올린 사람이 있다면 분명 연령대가 어느 정도 있는 독자라는 생각이 든다. 적금은 구시대적인 재테크 방법이기 때문이다. 화제를 모았던 드라마 〈응답하라 1988〉에서 보면 80년대 말까지만 해도 은행적금 금리가 17%에 달했다. 그러니 돈을 넣어놓기만 해도 몇 배로 불어나는 것은 당연지사였다. 그러나 지금은 그때보다 경제성장률도 낮고, 매년 높은 물가상승률을 기록하고 있다. 은행 적금금리는 아무리 높은 이자율을 받는다고 해도 4%를 넘기 힘들다.

다시 한번 묻겠다. 1억 원으로 어떤 재테크를 할 수 있을까?

수많은 재테크 방법이 있지만 그중에서도 땅에 투자하는 것을 권한다. 토지 투자에서 1억 원 이상의 자금이 있다는 이야기는 원하는 지역이 어디든 투자가 가능하다는 의미이기도 하다. 특히 지방에 투자하는 경우에는 곳에 따라 대지주가 될 수도 있다. 물론 단순한 토지 매입 목적이 아니라 토지로 재테크를 하고 싶다면 정확한 개발계획정보와 발품을 파는 노력이 있어야 한다. 1억 원 이상의 자금력이 있다면 토지 매입과 함께 원룸과 같은 건축물을 세워 수익률을 극대화하는 것도 좋은 방법이다.

수도권 토지 투자의 꿈

수도권 투자에 환상을 가지고 있는 사람들이 있다. 수도권 인근, 신도시 인근에 땅을 사서 몇십 배의 이익을 남겼다는 소문을 듣고 땅을 사려는 것이다. 대표적인 예로 동탄신도시의 인생역전 사례가 있다.

지인의 소개로 우연히 알게 된 정보왕 씨는 현재 경기도 수원에서 버스운수업을 하고 있다. 그는 10여 년 전 동탄에 땅이 있었다고 한다. 땅을 가지고는 있었지만 그는 정보에 어두웠고 남의 말을 잘 듣지 않는 편이었다. 그러던 어느 날 그는 급전이 필요해 땅을 팔게 되었다. 정보왕 씨의 지인이 그 땅을 구입했는데, 그 지인은 어째서인지 자신이 내놓은 매도가보다 금액을 좀 더 쳐주었다. 그 당시 정보왕 씨는 그저 지인이 고맙기만 했다고 한다.

그런데 5년 후 그와 땅을 산 사람의 인생은 달라졌다. 동탄의 땅값이 엄청나게 오른 것이다. 정보왕 씨의 지인은 주변인들 사이에서 소문이 자자한 부자가 되었고, 정보왕 씨는 10여 년 전과 그다지 달라지지 않은 인생을 살고 있다.

분명 주변에서 위와 같은 이야기는 흔하게 들어보았을 것이다. 2000년대 초반 우리나라는 각종 신도시 개발계획이 존재했고, 그 와중에 갑부가 된 일반인들의 사례가 무용담처럼 전해지고 있기 때문이다. 하지만 이 모든 것은 이미 지난 일이다. 그때와 지금의 부동산 시장은 상황이 다르고 개발계획도 달라졌기 때문이다. 따라서 우리가 주목해야 할 것은 앞으로의 개발계획이다. 서울과 서울 인근 수도권 경우에는 더 이상 신도시를 만들기보다는 기존의 것을 관리하는 방식으로 바뀌었다. 사실상 예전처럼 하루아침에 부동산

동탄신도시 전경 ⓒ네이버

부자가 되는 일은 쉽게 일어나지 않을 것이다.

그러나 수도권 외곽에는 아직도 기회가 남아 있다. 곳곳에서 나름의 대형 개발이 이뤄지고 있기 때문이다. 그중 주목해야 하는 곳으로는 수도권에 속하며 다양한 개발호재를 안고 있는 지역들로 평택과 화성 등이 대표적인 투자처라 볼 수 있다.

평택은 고덕신도시와 미군기지 이전, 삼성전자 산업단지, 포승지구 브레인시티 등 호재가 많다. 그래서 투자자들이 오래전부터 예의 주시하는 곳이다. 더불어 KTX, GTX, 원주-평택 복선전철 등 6개의 교통망이 확충되며 광역복합환승센터 설립 예정지이기도 하다. 삼성전자 산업단지의 경우는 2015년 5월 박근혜 대통령이 참석한 가운데 고덕산업단지 착공식을 가졌다. 2017년까지 3,928,089㎡(120만 평)의 부지에 단지를 조성할 예정이며, 7만 명 이상의 일자리 창출 효과가 있을 것으로 전망된다.

또 평택항이 앞으로 우리나라 경제에 미칠 영향도 주목해야 한다. 대중국 무역을 본격화한 상황에서 앞으로 서해안 항구에서 큰 수익 창출이 일어날 것이기 때문이다. 실제로 중국과의 거리가 가장 가까운 평택항의 자동차 선적량이 울산항을 제치고 1위를 달성했다.

동탄신도시가 있는 화성시도 주목해야 할 지역이다. 제3차 수도권정비계획(2006~2020년) 자료에 따르면 화성은 성장관리권역에 해당한다. 이에 따라 화성시는 택지개발을 진행하고 있다. 그동안은 삼성 영통사업장과 화성사업장이 있는 동탄신도시의 발전이 가장 눈에 띄었고, 현재 동탄 제2신도시 확장개발사업이 진행되고 있다.

동탄의 발전에는 크게 두 가지 호재가 있었다. 첫 번째는 삼성 화성사업장의 배후 주거단지가 필요했다는 점이다. 특히 2014년 정부의 규제완화정책에 의해 삼성 화성사업장은 2018년까지 7조 원 규모로 증설될 예정이다. 이 증설로 8천 명의 고용창출 효과가 생길 것으로 보고 있다.

두 번째는 교통의 편의성이다. 기존의 동탄 1지구와 동탄 2지구를 지나는 평택-오산간 고속화도로, 지하철 1호선 서동탄역, 제2외곽순환고속도로 건설계획 등은 서울과 동탄 사이의 교통 문제점을 개선하고 있다.

더불어 화성 송산그린시티도 주목해야 하는 사업 중 하나다. 화성 송산그린시티사업은 한국수자원공사에서 진행하는 택지조성사업이다. 시화호 간척산업을 통해 맞은편의 시화공단, 반월공단의 배후도시로 계획되어 있는 곳이다.

수도권 투자가 힘들다고 느껴지는 경우에는 제2의 수도권을 찾아보는 것도 좋은 방법이 될 수 있다. 바로 세종시에 투자하는 것이다.

세종시는 국가균형발전을 위해 만들어진 행정도시다. 서울에 밀집되어 있던 행정기관들을 세종시로 이전시켰고, 그 결과 수도권 소재의 36개 중앙행정기관과 15개 국책연구기관이 옮겨갔다. 세종시는 불과 몇 년 만에 내륙에서 가장 지가가 크게 오른 지역이 되었다.

최대 수혜지인 장군면은 2~3년 전 3.3㎡당 30만 원이었던 지가가 열 배 이상 오르기도 했다. 현재 전체적인 개발상황에 비해 높은 지가를 보이고 있기는 하지만 세종시의 미개발된 저평가 지역에는 3.3㎡당 50~60만 원으로도 구입할 수 있는 땅이 아직 남아 있다.

또 세종시와 가까운 충남 홍성의 경우, 대전에 있던 충남도청이 2020년까지 홍성군 홍북면으로 이전하는 큰 호재를 가지고 있다. 새로운 충남도청

자리에 내포신도시가 조성되면서 땅값이 상승 흐름을 타고 있는 것이다. 홍성의 좋은 점은 개발이 당장 가시화되지 않았다는 것이다. 물론 인내심을 가지고 기다려야 하지만 그만큼 상대적으로 저렴하게 땅을 매입할 수 있다.

제2의 수도권 투자로 토지 부자가 된 20대 여성

수도권에 땅이 있다면 마음 한편이 든든해짐을 느낄 수 있을 것이다. 그러나 수도권에 들어갈 돈으로 지방의 넓은 땅을 노리는 사람들도 적지 않다. 농지를 구매하여 임대를 주는 경우도 많기 때문이다. 생각의 차이이기는 하지만 이 생각의 차이로 운명이 바뀐 지인의 이야기를 하고자 한다.

2009년경 필자의 지인 소현 씨는 아버지가 돌아가시며 남긴 유산으로 재테크를 하기로 했다. 소현 씨는 그 당시 20대 후반의 나이로 작은 중소기업에 다니고 있었는데, 아버지가 급작스럽게 돌아가셔서 어머니와 고등학생인 남동생의 뒷바라지를 해야 하는 가장의 역할을 맡게 됐다. 당시 조그마한 가게라도 차릴 생각이었으나 소현 씨는 어머니와 상의하여 땅에 투자하기로 결심했다. 소현 씨는 이미 대학을 졸업해 직장을 다니고 있었고, 어머니도 식당일을 하며 경제활동을 하고 있었기 때문이었다. 필자를 찾아와 사연을 들려주는 소현 씨를 보니 대단하기도 했고, 꼭 성공하기를 바라는 마음에 적극적으로 도와줬다.

소현 씨도 처음에는 수도권 인근의 땅을 알아보았지만 나중에는 지방의 농지에 더 관심을 갖게 됐다. 자금도 부족했고 어머니가 연세가 더 들면 귀농생활을 할 계획이었기 때문이다. 결국 소현 씨는 현재의 세종시 조치원 근처에 농지를 보험 들어놓듯이 구입했다.

우선 기차역과 가깝고 시내와 차로 10분 거리 정도여서 접근성이 뛰어난 곳을 찾았다. 소현 씨는 급매물로 나온 약 1,650㎡(500평) 농지를 3.3㎡당 30만 원에 구입했다. 그리고 2년 후 소현 씨는 결혼하게 되었는데 남편을 만나게 된 계기가 참 흥미롭다. 시어머니의 주선으로 만나게 된 것이다.

소현 씨는 첫 농지 투자 후 토지에 관심이 생겨 농지 투자를 전문으로 하는 세미나에 참여하기 시작했는데, 그곳에서 바로 시어머니되는 분을 만나게 됐다. 시어머니는 소현 씨의 야무진 면이 좋았는지 법조계에 종사하는 아들과의 만남을 주선했고, 호기심 반으로 만남을 시작했던 소현 씨와 결국 결혼에 이르게 되었다.

사람의 인연을 이어주게 된 것이 땅이라는 점도 흥미롭지만 그 이후로 소현 씨는 세종시 지역에 토지 재테크를 계속하면서 큰돈을 벌게 되었다. 시어머니와 취미가 같으니 고부 갈등은 자연히 적은 편이라고 한다. 만약 소현 씨가 유산으로 가게를 냈거나 그냥 금융권에 맡겨두고 이자만 기다렸다면 결코 이루어질 수 없는 인연이 아니었을까?

ⓒ네이버

성읍민속마을 ⓒ네이버

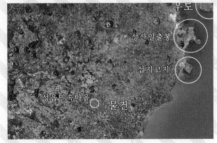

ⓒ네이버

대박땅꾼이 만난 1억짜리 땅

제주도는 서울에서 비행기로 1시간 걸리는 곳이다. 수도권은 아니지만 수도권 이상의 투자가치를 가진 곳으로 예전부터 여겨져왔다. 제주 서귀포시 성산읍에 위치한 이 땅은 2014년 초에 만난 계획관리지역의 2,727㎡(825평)짜리 땅이다. 원래 성산읍은 신공항 이전이 아니더라도 제주도에서 가장 인기 있는 지역 중 하나인데, 가까운 곳에 동제주의 상징이라고 할 수 있는 성산일출봉, 섭지코지, 표선해비치와 인접해 있기 때문이다.

성산읍의 바다가 조망되는 땅은 3.3㎡당 70~1백만 원이 넘어가지만, 이 땅은 바다 조망이 되지 않는다는 이유 하나만으로 저평가되어 있었다. 당시 이 땅의 주변 시세는 3.3㎡당 30만 원에 거래되고 있었는데, 이 땅은 평수가 커서 3.3㎡당 19만 원에 거래될 수 있었다. 한편으로는 이 땅 옆에 수로가 보여 의문을 가지는 사람들이 있을 것이다. 그러나 전원주택지로서는 오히려 물이 흐르고, 한라산이 보인다는 조망권 측면에서 훌륭한 장점으로 볼 수 있다.

또, 이 땅의 아래에 성읍민속마을이 크게 자리 잡고 있는데 평소 제주를 방문한 대부분의 관광객들이 다녀갈 정도로 인기가 좋은 명소다.

위치를 확인해보면 제주도 동남쪽에서 가장 유명하고, 관광객이 선호하는 곳인 표선해비치가 차로 4분 거리이고, 성산일출봉과 섭지코지와도 멀지 않은 것을 알 수 있다.

직거래로 홀로서기에 도전하자 | 15

언젠가는 '초보' 딱지를 떼고
홀로 서야 한다.
성공적인 투자자가 되려면
반드시 가야 할 길이다.

땅을 사는 방법은 크게 세 가지가 있다. 첫 번째는 해당 지역의 부동산 중개를 이용해 땅을 구입하는 방법, 두 번째는 경매를 통해 땅을 낙찰받는 방법, 마지막 세 번째는 공인중개사 없이 지주와 직거래를 통해 땅을 구입하는 방법이다.

보통 많은 사람들은 부동산 중개나 경매를 통해 땅을 접하다 보니 직거래는 생각조차 하지 않는다. 하지만 진짜 제대로 토지 공부를 하고 발품 투자를 하며 많은 수익을 얻는 사람들은 사실 직거래를 한다.

나도 땅 투자를 할 때 직거래를 우선적으로 하는 편이다. 그래서 자연스럽게 회원들에게도 직거래 위주로 소개를 해주고 있다. 직거래를 선호하는 이유는 아주 간단하다. 중개사를 끼면 수수료가 많이 나오기 때문이다.

그러나 초보 투자자들은 직거래를 하고 싶어도 어떤 것부터 시작해야 할지 막막해한다. 나 또한 처음 직거래를 하기로 마음을 먹었을 때는 많이 두려웠고 시행착오도 여러번 겪었다. 지주에게 아무런 대책도 없이 땅을 팔라고 들이댔다가 크게 혼쭐이 나서 도망쳐 나온 적도 있다. 험한 말도 많이 들었다. 그 결과 다양한 상황에 대처할 수 있는 노하우가 생겼다.

토지 직거래를 하게 되면 초보자들에게 닥치는 어려움이 한두 가지가 아니다. 예를 들면 초보자에게 직거래 사기를 치는 사람들이 있다. 중개사무소에서는 이런 불미스런 사고에 대비해 보험을 들어놓기 때문에 어느 정도는 보상받을 수 있다. 하지만 직거래를 하게 되면 농취증부터 필요한 서류 준비까지 스스로 해야 하기 때문에 만반의 준비가 필요하다. 물론 투자 정보도 스스로 얻어내야 한다. 이런 측면에서 직거래는 토지 투자에 있어서 진정한 홀로서기다.

토지 관련 정보를 얻을 수 있는 신문

직거래에 도전하기로 마음먹었다면 가장 먼저 해야 할 일은 개발지 인근의 지자체나 도서관을 찾아가는 일이다. 이곳에는 해당 지역을 소개하는 홍보물들이 있다. 특히 시청이나 군청에는 지역 주민들을 위해 주요 월간지와 홍보 책자, 지역신문을 모아놓는 코너가 있다.

여기서 우리가 주목해야 하는 것은 특히 지역신문들이다. 지역신문은 해당 지역의 주요 개발진행상황과 발표자료들을 알려준다. 대부분의 경우, 그 지역개발과 관련된 기사들이 실려 있다. 타지에서 온 사람들이 가장 쉽게 접할 수 있는 정보 습득 방법 중 하나다. 물론 지역신문들도 인터넷 홈페이지를 가지고 있기 때문에 기사를 검색하는 것도 어렵지 않다. 이 지역신문들을 잘 활용하면 오히려 종합일간지보다 더 많은 정보를 엿볼 수 있다.

주민공람회에는 알짜 정보가 있다

당진시 합덕역세권 근처에 3.3㎡당 20만 원짜리 토지 3,305㎡(1,000평)을 공동투자하던 기억이 떠오른다. 처음에는 평범한 농지였고, 현장감이 좋지 않아 많은 사람이 투자하기를 꺼려했다. 게다가 다른 전문가들도 언제 개발이 될지 미지수라며 부정적인 의견을 내놓았다. 하지만 나는 이 토지뿐만 아니라 합덕역 예정지 근처에 다섯 군데를 투자했다. 이렇게 확신을 가지고 투자할 수 있었던 이유가 있다. 합덕역 주민공람회에 참여했기 때문이다.

2011년 당시 합덕읍사무소에서 주민공람회를 4회에 걸쳐 열었는데 나는 모두 참여했다. 이 공람회에서 나는 인터넷이나 소위 전문가라고 불리는 사

람들에게서도 얻을 수 없는 중요 정보와 설계도를 직접 보았고, 확신할 수 있었다. 주민공람회는 그때 그 순간만 볼 수 있다는 점에서 매우 희소한 가치가 있다.

그때 투자한 뒤 벌써 몇 년이 흘렀다. 지금 합덕역에 예산안이 편성되어 착공된다는 소식이 전해지자 이제야 많은 사람들이 이 일대 땅에 관심을 가지고 움직이기 시작했다. 어느덧 지가는 3.3㎡당 30~40만 원에 거래가 될 정도다. 나를 믿고 합덕에 함께 투자한 회원들은 서로 앞다퉈 식사를 대접하겠다고 말한다. 토지 멘토로서 이처럼 기쁜 일이 또 있을까 싶던 순간이었다.

이렇듯 뭐니뭐니해도 최고의 노다지는 주민공람회에서 나온다. 주민공람회는 개발지역의 주민들을 상대로 자세한 개발계획을 비롯해서 정확한 개발기간과 주요 개발 현황, 개발도 등을 공개한다. 특히 개발도의 경우 시중이나 인터넷에서는 구할 수 없는 자료다. 자세한 위치가 지번까지 발표되므로 주의 깊게 봐야 한다. 합덕역세권 관련 공람회에 참가했을 때도 역의 정문이 어디이고 몇 번지에 역사가 들어오는지까지 알게 되었다.

나도 처음에는 주민공람회에 참여하는 것은 지역 주민만 가능한 일이라고 생각했다. 우연한 기회에 공람회에 가보고 깨달은 것은 생각보다 참여가 쉽다는 점이었다. 주민공람회는 지역 주민이 아니더라도 갈 수 있으나 지역 주민만큼 공람회가 있는 날을 쉽게 알 수 없다는 단점도 있다.

내가 처음 주민공람회에 가게 된 것도 해당 지역의 거주민인 지인이 내가 그 지역 토지 투자에 관심이 있던 것을 기억해 알려준 것이었다. 하지만 그다음부터는 공람회 일정을 확인하기 위한 나름의 조사가 필요했다. 바로 관심 지역의 지자체 홈페이지를 꾸준히 주시하는 것이다. 요즘에는 지자체 홈페이지를 통해 공람회 소식을 비롯해 각종 도시개발계획자료도 파악할 수 있다.

읍·면사무소의 도시개발과에 가서 주민공람회 일정을 비롯한 정보를 얻는 것도 좋은 방법이다. 현지의 도시개발과 직원들은 일반인이 쉽게 알 수 없는 고급 정보를 가지고 있는 경우가 많다. 직급이 높을수록 정보의 질도 높은데, 물론 그들의 입장에서는 처음 본 타지인이 개발계획에 대해 물으면 경계할 테니 서글서글하게 다가가는 것이 좋다.

내 경험에 비추어보면, 처음 공람회 일정과 현지 정보를 얻기 위해 도시개발과를 찾았을 때 그들은 나를 투기꾼 보듯이 했다. 처음에는 이런 시선이 매우 억울하고 불쾌했다. 하지만 얼마 지나지 않아 그들의 반응이 호재지역만을 돌면서 지역 이미지와 시세에 악영향을 끼치는 기획부동산이나 떴다방들로 인한 경계라는 것을 알게 되자 이해가 되었다. 그 뒤로는 최대한 순수한 마음으로 그들을 대했는데, 말단 직원부터 찾아가 음료수 하나라도 먼저

지자체 방문을 두려워하지 마라.

건넸다. 때로는 오랜 시간 짜낸 작전보다 정공법이 통할 때가 더 많은 법이다. 이 정공법이 통한다면 그들도 멀리서 찾아온 사람에게 정보 하나라도 쥐여주게 될 것이다.

　만약 주민공람회에 참여하게 된다면 간단한 필기도구는 필수다. 현장에서는 녹취, 동영상 촬영, 사진 촬영을 엄격히 금지하고 있다. 따라서 무조건 메모해야 한다. 꼭 공람회가 아니더라도 항상 필기도구를 챙기고 메모하는 습관을 갖자. 언제 어디서 현지 주민들이나 도시개발과 직원들을 만나 중요한 정보를 듣고 기록해야 될 일이 생길지도 모른다.

직거래로 투자금 절약하기

개발 정보를 얻고 공람회를 통해 투자할 포인트까지 찾아냈다면 이제 투자할 땅을 사야 한다. 홀로 직거래를 하기 위해서 해야 할 첫 번째 일은 마을 이장을 만나는 것이다. 마을 이장은 넘어야 할 산이기도 하지만 해결사가 되기도 하기 때문이다.

카페 회원인 해피해피 씨는 여기저기 답사를 따라다니며 투자 준비를 하다가 2012년 처음으로 홀로서기를 해보겠다는 말을 전해왔다. 다소 걱정은 되었지만 자식을 독립시키는 부모의 마음처럼 그를 지켜봐주기로 했다. 그러나 그는 한 달 후 침울한 얼굴로 나를 찾아왔다. 호재지역에 내려가 매물로 내놓은 땅을 찾아보려고 했지만 쉽지 않다는 것이었다.

나는 그를 위로하며 함께 이장을 만나보자고 했다. 일주일 후 해피해피 씨와 나는 해당 지역의 이장을 찾아갔다. 이장은 직거래를 위해 왔다는 우리를 보고 경계하며 팔 땅이 없다고 손을 저었다. 또 한 번의 거절에 해피해피 씨는 더욱 침울해했지만 나는 그를 다독였다. 지금 당장 물건이 없더라도 자주 얼굴을 비치는 것이 중요했기 때문이다. 해피해피 씨는 그 뒤로 2주에 한 번씩 해당 마을을 찾아가 이장과 어르신들에게 얼굴을 비쳤고, 일손이 부족할 때는 잠시나마 일손을 거들며 경계심을 풀어나갔다. 그렇게 두 달 정도가 지나자 이장은 해피해피 씨에게 급하게 매물을 내놓은 지주를 소개시켜주었고, 저렴한 가격에 원하던 지역의 땅을 구입할 수 있었다.

직거래는 중개수수료가 따로 나가지 않기 때문에 저렴한 가격으로 물건을 얻을 수 있지만 단점도 존재한다. 우선 원하는 매물이 없거나 찾기 힘든 경우가 허다하다는 점이다. 또 중간에 공인된 중개사가 없어서 거래상의 리스크도 존재한다. 부동산업자의 경우 4억 원 배상보험이 존재해 중간에 일을 그르치게 되더라도 내 돈이 잘못되는 일은 어느 정도 막을 수 있다. 하지만 직거래는 개개인이 하는 일이다 보니 전문가 만큼의 꼼꼼함이 덜 할 수 있다.

마지막으로 끈질긴 노력이 중요하다. 특히 시골 사람들은 땅에 투자하러 오는 외지인을 문전박대하기 일쑤다. 투자가 아니라 투기라는 생각이 강하고 생각보다 텃세가 심하다. 이러한 상황을 꿋꿋이 이겨내고 웃을 수 있는 것은 많은 발품과 만남을 통해서 이루어지는 것이다. 실패에 좌절하지 말고 꾸준히 그들을 상대해보자. 그러면 어느새 직거래의 즐거움과 성취감을 느끼게 될 것이다.

가장 좋은 방법은 전문가와 함께 직거래하는 것이다. 컨설팅 수수료를 조금이라도 들어서 직거래하면 중개수수료보다 저렴하게 땅을 매입하면서 전문가의 지식으로 최소한의 안전장치를 마련할 수 있다.

초보 투자자들은 직거래를 앞두고 공부하기 위해 온라인 커뮤니티를 주로 활용하는데, 이런 점을 눈여겨본 기획부동산이나 악덕업자들이 직거래 사기를 치기도 하니 반드시 주의가 필요하다.

나는 이런 점이 안타까워 현재 초보자들에게 조언을 해주며 직거래를 할 수 있도록 카페를 운영 중이다. 현재 3만여 명이 넘는 초보자와 일반 투자자들이 활동하고 있고, 실질적인 투자 활동으로 이어지고 있다. 처음 투자하는 회원들은 필자의 조언에 반신반의하는 경우가 있지만 한 번 이상 투자를 경험한 이후에는 믿고 투자하는 경우가 많다.

1. 부동산 초보인 나무명 씨가 토지에 투자하려 한다. 농지에 투자
   하는 것이 좋을까, 임야에 투자하는 것이 좋을까?

① 농지

② 임야

2. 땅을 사기 좋은 계절은 여름일까, 겨울일까?

① 땅을 사기에 여름이 좋을까?

② 땅을 사기에 겨울이 좋을까?

3. 왕대박 님은 가격이 같은 두 토지를 보고 고민에 빠졌다. 역세권 예정지 인접 100m 이내 농지와 500m~1㎞ 이내 농지 중 어떤 땅이 더 투자가치가 있을까?

① 역세권 예정지 인접 100m 이내 농지   ② 역세권 인접 500m~1km 이내 농지

4. 산업단지 설립이 예정된 지방의 고속도로 IC 인근 땅과 수도권 내 고속도로 IC 인근 땅 중 어디가 더 투자하기에 좋을까?

① 산업단지 설립이 예정된 지방 IC 인근 땅   ② 수도권 내 고속도로 IC 인근 땅

중수 땅꾼,
노하우에
창의력을 더하다

2

미운 오리를 백조로 만드는 지목변경   01

전, 답, 임야, 대지, 도로, 하천,
구거, 잡종지…
땅에 이렇게 지목이 많을 줄이야!
토지 투자에 관심을 두기 전에는
몰랐던 사실이다.
그런데 지목은
바꿀 수 있는 것일까?

　지목은 토지의 주된 사용 목적에 따라 구분한 것을 말한다. 필자도 초보자일 때는 전, 답, 임야, 대지만 있는 줄 알았는 데, 지목이 무려 28가지나 있다는 사실에 놀랐다. 하지만 약 10여 년간 임장활동을 하면서 느낀 것이지만 실질적으로 투자할만한 지목은 3~4개밖에 안 된다.

　대부분의 투자자들은 땅을 사서 그대로 묵혀두고 시간이 흘러 시세차익을 누리는 경우가 많다. 하지만 한 발 더 나가 전, 답, 임야를 사서 대지로 지목을 바꾸면 땅의 가치가 몇 배는 올라간다. 굳이 대지로 안 바꾸더라도 답을 전으로 바꾸거나 임야를 전으로 바꾸어도 20% 정도 땅의 가치가 올라간다고 봐야 한다. 그래서 토지 투자자라면 지목변경에 대해 꼭 알아야 한다. 지목변경은 마치 미운 오리 같은 땅을 백조로 탈바꿈시키는 일이다.

빠른 수익을 원한다면 지목변경에 주목하자

지목은 토지에 세금을 부과하기 위해 만들어진 수단이다. 따라서 해당 토지가 경제적으로 얼마만큼의 가치를 가졌는지를 나타내주고, 토지와 관련된 정책 정보를 제공하기도 한다. 보통 땅 하나를 가리키는 필지에 따라 지목이 정해지는데, 한 필지가 두 개 이상의 용도로 활용되면 지목은 주된 용

'대지'는 건축하기 가장 좋은 지목이다.

도에 따라 설정된다. 그러나 토지가 일시적으로 사용되는 경우에는 지목을 변경하지 않아도 된다.

토지 투자에 관심이 있는 사람들에게 '지목변경'은 상당히 익숙한 단어다. 지목변경은 이미 지적공부에 등록된 지목을 다른 지목으로 바꾸는 것을 말하는데, 이 지목변경에 따라 토지의 지가가 크게 상승할 수 있기 때문이다.

"땅을 사고, 지목변경으로 돈을 벌었다"라는 사례는 많다. 이런 사례들이 많다 보니, 누구든지 쉽게 할 수 있는 꽤 매력적인 수익창출 방법으로 느껴진다. 하지만 지목변경이 가능한 경우도 있지만 그렇지 못한 경우도 있다. 투자자로서는 꼭 공부가 필요한 부분이다.

지목변경이 가능한 경우는 다음과 같다. ①국토의 계획 및 이용에 관한 법률과 같은 관계법령에 의해서 토지의 형질변경 같은 공사가 준공된 경우, ②토지 또는 건축물의 용도가 변경된 경우, ③도시개발사업 같은 원활한 사업추진을 위해 사업 시행자가 공사 준공 전에 토지합병을 신청하는 경우가 지목변경이 가능한 조건들이다.

좀 어려운가? 조금 더 쉽게 풀어 설명하자면 이렇다. 어떤 사람이 토지를 매입하기 위해 현장답사를 갔다. 그런데 이때 지목은 '논'으로 되어 있지만 실제로는 집이 지어져 있는 경우가 있다. 혹은 지목은 '대지'인데 전으로 활용하는 경우도 있다. 이런 경우가 바로 위에서 말한 지목변경 신청의 적절한 예라고 할 수 있다.

그렇다면 사업상 개발을 위한 지목변경은 없을까? 토지는 주된 용도가 바뀌면 그 결과로 지목이 변경되는 특징이 있다. 즉, 용도변경이나 건물 없이 먼저 지목만 바꿀 수가 없다. 예를 들어 산지를 개간하면 임야가 전으로 지

논과 밭은 지목변경과 형질변경을 통해 새로운 땅이 될 수 있다.

목변경이 된다. 또, 농지에 농지전용을 받아 전원주택을 지으면 주택이 들어서는 토지 부분은 대지로 지목변경이 된다. 이처럼 토지 위에 건축물이나 무언가를 짓는 경우에는 준공 후 건물의 주된 용도에 따라서 지목변경이 일어난다.

　토지는 지목에 따라 용도가 다르다. 그중 대지와 잡종지는 다양한 토지 종류 중에서도 고가에 속하는데 건축물을 지을 수 있고, 다양한 활용을 할 수 있기 때문이다. 농지는 대지의 3분의 1 이하로 저렴하고, 임야는 농지의 절반 정도로 저렴하다. 현명한 토지 투자를 하고 싶다면 자신이 개발하고자 하는 곳 위주의 시장 상황과 환경에 맞춰 지목변경을 해야 한다.

꼼꼼히 준비해야 하는 지목변경

사실 지목을 바꾸는 일은 상당히 까다롭다. 하지만 성과가 크기 때문에 지목변경 자체가 매력적인 토지 투자 방법으로 각광받고 있다.

필자의 지인 충재 씨는 모텔업을 하기 위해 당진에서 5,355㎡(1,620평)의 임야를 구입했다. 도심권 2차선 도로변으로 시세가 3.3㎡당 1백~2백만 원대는 족히 나가야 하지만, 다른 땅과는 달리 임야였기 때문에 3.3㎡당 24만 원으로 저평가되어 있었다. 충재 씨는 이 임야를 3억8천9백만 원에 매입했다. 이후 충재 씨는 지목변경을 위한 준비를 시작했다.

그가 가장 먼저 행한 것은 산지전용허가를 받는 일이었다. 전용허가는 소유한 땅의 원래의 지목에 따라 허가 종류가 다르다. 충재 씨처럼 임야인 경우 산지전용허가를 받아야 하고, 농지인 경우에는 농지전용허가를 받아야 한다. 산지전용허가를 받기 위해서는 사업계획서, 산지내역서, 지형도, 임야도 등 농림부령이 정한 서류를 구비해 산림청장에게 신청서를 제출해야 받을 수 있다.

특히, 산지의 경우 2013년부터 660㎡(199평) 미만의 소규모 산지전용도 허가를 받아야 한다. 산지의 무분별한 개발을 막기 위한 정부의 방침이다. 산지전용비용은 전국적으로 매년 산림청이 제정한 산지전용비 기준에 따라 적용을 받는데 평균 3.3㎡당 2천 원 정도다.

농지전용허가는 해당 농지를 관할하는 농지관리위원회에 농지전용허가신청서를 제출한 후 위원회의 확인을 거쳐 농림부 장관의 허가를 받아야 한다. 이때 사업계획서와 소유권 내지 사용권에 관한 입증자료, 지적도 등본, 지형도 등을 갖춰 함께 제출해야 한다.

다음으로 충재 씨는 토목공사나 부지조성공사 같은 형질변경 작업을 해야 한다. 임야라면 벌채를 하고 경사지를 밀어 평지를 만드는 행위다. 즉, 토지의 형태를 바꾸는 행위를 의미한다. 예를 들어 경사진 임야를 평지로 만들고 집을 짓기 위해 논이나 밭을 흙으로 메우는 작업 등이 있다. 이 형질변경을 위해서도 사전허가가 필요한데 이를 개발행위허가라고 한다.

형질변경이 완료되면 해당 토지 위에 건축물을 지을 수 있다. 형질변경 후 토지가 속한 각 용도지역에 따라 허용되는 건폐율과 용적률에 맞는 건축 가능한 건축물이 있으니 건축 시에는 그에 맞는 건축물을 지어야 한다.

건축물이 완성되면 관할 행정청에 지목변경을 신청한다. 지목변경을 허가하면 토지이동정리결의서를 작성한 뒤 대장과 도면을 정리한다.

지목변경을 하기 원한다면 사전에 반드시 지목변경이 가능한지 확인해야 한다. 지목변경 가능 여부를 알기 위해서 토지 이용현황과 관계법령의 여부 등을 필수로 확인해야 한다. 임야의 보전임지는 전용허가 등을 얻어 전용되는 경우를 제외하고는 지목을 변경하지 못한다. 그러나 개발제한구역 내의 토지로서 개발제한구역 지정 이전에 적법하게 이미 토지 형질변경이 이루어진 경우에는 사실 상태에 맞도록 지목변경을 할 수 있으니 참고하자.

땅의 운명을 바꾸는 용도지역

02

©네이버

땅이라고 다 똑같은 땅이 아니다.
어떤 땅이든 모두 '용도지역'이라는
명찰 같은 것이 붙어 있다.
이 용도지역은 종종
땅의 운명을 바꾸기도 한다.

　인터넷 쇼핑이 보편화돼서 일까? 요즘 들어 땅을 마치 인터넷 쇼핑몰처럼 소개하는 글들이 많다. 소개하는 방식도 인터넷 쇼핑몰의 상품 설명과 동일하다. 예를 들어 옷을 판다면 사이즈와 안감, 겉감, 길이 등에 대한 제품 설명은 물론이고, 어떤 계절에 입어야 하는지, 빨래는 어떻게 해야 하는지에 대해 자세하게 설명되어 있다.

땅도 마찬가지다. 관심 지역의 '토지'라는 단어만 검색해도 그 지역의 매물 소개가 수백 개씩 쏟아져 나온다. 그런데 이런 토지 매물 소개에서 꼭 빠지지 않는 것이 하나 있다. 바로 '용도지역'이다.

쉽게 말해 용도지역은 마치 옷을 여성용, 남성용, 아동용으로 분류하듯이 토지를 용도별로 구분해놓은 것이다. 예를 들어 '계획관리지역의 논'이라고 설명이 덧붙여져 있다면, 여기서 용도지역은 계획관리지역이며 논(답)은 지목이 되는 것이다.

용도지역이 중요한 이유는 용도지역에 따른 토지이용규제가 다르기 때문이다. 그리고 용도지역이 무엇인지가 지가에 직접적인 영향을 주기 때문이다. 제1종 전용주거지역과 농림지역의 지가가 같을 수는 없다. 애초에 비슷한 지역이나 유사한 땅들을 묶어서 주거용으로 만들 땅, 농사를 지을 땅, 공장을 세울 땅 등으로 지정하고 이 지정에 따라 규제한다. 용도지역에 따라 땅값 차이가 나는 핵심적인 이유는 용적률, 건폐율 등이 달라지기 때문일 것이다. 즉 얼마나 개발할 수 있는 땅인가가 가격을 달라지게 하는 것이다.

용도지역은 지목과 같이 개인의 필요에 따라 변경할 수 있는 것이 아니라 도·시·군·구 자체에서 도시계획을 통해 바뀌는 내용이기 때문에 누구보다 빨리 변경될 만한 땅을 찾는 혜안이 필요하다.

일반 토지 투자자가 도시지역을 제외하고 가장 많이 찾는 용도지역인 계획관리지역은 비도시지역 중에서도 용적률과 건폐율이 가장 높다. 그 이유는 차후에 도시지역으로 전환될 가능성이 가장 높기 때문이다. 이처럼 일반 투자자 입장에서는 도시지역으로 전환되는 것처럼 용도지역이 바뀔 땅을 미리 찾아내는 것이 중요하다.

용도지역이 바뀌는 과정은 도시계획에 따라 크게 좌우된다. 용도지역 변경을 미리 예측하는 가장 간단하면서도 기본적인 방법은 지자체가 제공하는 정보를 적극적으로 이용하는 것이다. 지자체의 도시계획 변경이 가장 중요한 단서다. 지자체의 계획 변경에 따라 토지 개발이나 고밀도 개발이 가능하게 바뀌는 용도지역의 토지를 구입하는 것이 가장 좋다. 이런 경우, 타이밍을 정확하게 잡을 수만 있다면 시세차익이 보통 서너 배까지 나기도 한다.

예를 들어 예전에는 계획관리지역이었던 땅이 있다고 해보자. 이곳에는 농지나 임야 등이 가득한 곳이었는데, 도시계획 변경에 따라 역세권이 들어서게 되면 주변은 주거지역이나 상업지역으로 변경된다.

대표적인 사례가 충남 당진시의 합덕역 예정지다. 합덕역 주변은 지금도 논으로 가득하다. 역사가 들어선다는 계획이 세워지기 전에는 그저 농림지역이었던 곳이다. 하지만 몇 년 뒤 합덕역 착공 후의 지적도를 떼어봐라. 분명히 용도지역이 다르게 나와 있을 테니 말이다.

용도지역 변경으로 운명이 바뀌다

용도지역 변경으로 인생이 달라진 사례는 새만금 지역에서 많이 찾아볼 수 있다. 새만금사업의 수혜지인 부안군 행안면 역리에 산업단지가 조성되던 시기에 도로변에 붙은 예쁜 땅이 있었다.

그러나 안타깝게도 이 땅은 산업단지에 수용돼 3.3㎡당 10~20만 원 정도의 보상가를 받게 됐다. 반면에 길 하나 건너에 있는 수용되지 않은 땅의 시

부안군 행안면 역리의 수용되지 않은 토지

세는 3.3㎡당 최대 60만 원까지 올랐다. 이 두 땅은 길 하나를 사이에 두고 서로 용도지역이 달랐기 때문에 다른 운명을 겪은 것이다.

과거 2008년 경제자유구역인 청라신도시와 인접한 인천 서구 경서3지구는 도시계획에 의해 자연녹지지역의 임야가 상업지역으로 용도변경된 사례가 있다. 이렇게 용도지역이 변경되기 위해서는 지자체가 미리 고시하기 마련이다. 따라서 지역신문이나 지자체의 고시를 수시로 확인하는 것이 매우 중요하다.

또한 그 지역의 도시계획에서 새로운 역이 만들어진다는 계획이 있다면 절대로 놓치지 말아야 한다. 역이 새롭게 만들어지면 그 주변은 당연히 역세권이 된다. 역세권이 되면 유동인구에 따라 필요에 의해 주변의 용도는 상업지역이나 주거지역으로 바뀌게 된다. 이런 경우 큰 시세차익이 발생하므로 새로운 역 조성계획은 민감하게 주시할 필요가 있다.

2005년 인천 영종도에서도 운명을 바꾼 투자 사례가 있었다. 카페에서 '땅 땅거리며살기'라는 닉네임으로 활동하는 회원은 당시 영종도 임야에 투자했다. 3,300㎡(1,000평)에 이르는 임야를 3.3㎡당 30만 원에 구입했다. 10년이 지난 지금 영종도는 인천국제공항 확장공사, 카지노 설립 등의 호재를 품고 있다.

그러나 어마어마한 땅 부자가 되었을 것이라는 기대와는 달리, 이 회원은 그다지 달라지지 않은 시세의 땅을 여전히 가지고 있다. 오히려 10년 동안 오른 물가를 생각하면 땅값이 거의 달라지지 않았다는 것이 씁쓸할 뿐이라고 했다. 투자 실패의 이유는 역시 '용도지역' 때문이었다. 이 회원은 당시 보전녹지를 샀다. 반면, 그가 투자한 땅 인근에 자연녹지의 임야에 투자한 사람은 10년 전 3.3㎡당 40만 원에 구매해 현재 4백만 원까지 땅값이 올랐다.

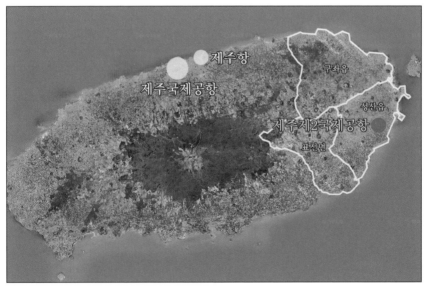

ⓒ네이버

그렇다면 앞으로 용도지역이 변경되어 운명이 바뀔 만한 땅은 어딜까?

필자는 개인적으로 제주도의 제2국제공항 예정지 주변의 용도지역이 변경될 것이라고 보고 있다. 서귀포시 대정읍·성산읍 신산리 일대에 제2국제공항이 건설되면 인근 지역의 자연녹지지역, 계획관리지역 등이 제1종 일반주거지역 등으로 종상향(種上向)이 이뤄져 배후 주거지 역할을 담당할 가능성이 높기 때문이다. 또한 제주 영어교육도시 주변도 가능성이 높다. 이 교육도시 주변 반경 1㎞ 이내의 땅은 도시 설립과 활성화에 필요하기 때문에 주목할 만하다.

역세권은 성공 투자의 마법 공식 03

용산역세권 ⓒ네이버

땅 투자를 잘 모르는 사람도
솔깃해지는 마법의 문구가 있다.
'OO역 O분 거리!'
이 문구에 '신설', '개통 예정'이 붙으면
"투자하면 돈이 되지 않을까"라는
생각에 설레게 된다.

우리는 역 개통과 함께 주변이 상전벽해처럼 변하는 것을 쉽게 보게 된다. 그래서 투자를 해본 사람이든 안 해본 사람이든 일단 역세권이라면 알짜 부동산이라고 생각하게 되는 것이다. 세간에서 말하는 시내 전철 역세권은 통상 직접역세권을 뜻하는데, 역을 중심으로 도보 5분 이내(반경 500m 이내) 지역으로 상업, 업무, 숙박 등 복합적 기능을 갖춘 중심지다. 역세권은 교통이 편리하기 때문에 유동인구가 집중되며 이들을 대상으로 하는 각종 상업시설이 빼곡하게 들어찬다. 도보 5분 이상~10분 이내(반경 1㎞ 이내) 지역은 간접역세권이라 부르며, 대개 주거지 역할을 한다. 투자자들이 더 관심을 갖는 곳은 당연히 직접역세권이다.

그런데 '역세권'도 도시철도 노선이냐 일반철도냐에 따라 접근법이 달라진다. 우리가 흔히 전철이라고 부르는 도시철도는 이미 도시가 형성된 곳을 지나가며, 일반철도 즉 고속전철이나 KTX 등은 지방과 지방을 잇는다. 도시철도는 대개 철로와 역사가 지하에 있는 지하철이어서 지상과 지하 모두 개발이 가능하지만 일반철도는 철로와 역사가 지상에 있고 백화점 등 랜드마크 건물이 함께 들어서는 경우가 많다.

참고로 일반철도의 경우 철도부지 반경 3㎞ 이내를 직접역세권이라 칭하며, 그 이상부터 8㎞ 이내는 간접역세권이라고 부른다. 투자자들이 관심을 갖는 곳은 역시 역사로부터 3㎞ 이내의 직접역세권이다.

지제역 공사 현장

역사가 들어서면 주변 땅값은 그야말로 날아오른다. 평택시에 위치한 1호선 지제역을 예로 들어보자. 지제역 인근의 공시지가 추이를 살펴보면 2002년 전철 공사가 시작될 무렵에는 3.3㎡당 75만3천 원 수준이었다. 그러던 것이 2006년 역사 완공시점에서는 3.3㎡당 3백만 원까지 올랐다. 4년간 무려 네 배가량 오른 것이다. 현재 이 지역은 수서-평택간 KTX가 지나가는 신평택역 완공을 앞두고 땅값이 들썩이고 있는 것으로 알려졌다. 정차역이 많지 않은 고속철도의 직접역세권에, 1호선 도시철도가 지나가 더블역세권이 되기 때문이다.

역세권 투자에도 함정은 있다

역세권 투자는 항상 장밋빛일까? 역세권에 투자했다가 쓴맛을 본 사람도 있다. 서울 면목동에 사는 고상근 씨는 2012년 자식들을 모두 독립시키고 노후생활을 영위해나갈 지역으로 이천을 점찍었다. 도자기 굽는 취미를 가진 부인을 따라 이천에 자주 방문하다 보니 한적한 전원도시 느낌의 이천시에 어느덧 정이 든 것이다. 그는 앞으로 성남-여주간 복선전철이 완공되면 서울로의 접근성이 훨씬 좋아질 테니 일 보러 왕래하기도 더 쉬워지지 않을까 하는 가벼운 기대감을 가졌다.

고상근 씨는 여러 중개업소에 명함을 뿌려놓고 작업실 겸 살림집을 지을 전원주택부지를 부지런히 보러 다니다가 한 중개사로부터 연락을 받았다. "실수요자라도 투자 관점으로 접근해야 한다"는 그 공인중개사의 핀잔에 눈이 번쩍 뜨이는 기분이었다고 한다. 중개사가 말하기를, 이천시에 들어설 부발역은 중부내륙노선과 평택-원주를 잇는 철도가 모이는 환승구간이기 때문에 앞으로 땅값이 어마어마하게 오를 수밖에 없다며 부발역세권에 꼭 투자하라는 것이었다. 이 밖에도 이천 패션물류단지 등 호재를 끝도 없이 늘어놓는 중개사의 말솜씨에 고상근 씨는 홀딱 넘어가고 말았다.

그가 투자를 결심한 결정적인 계기는 가격이었다. 그래도 역세권인데 억 단위는 부르지 않을까 생각했는데 고작(?) 6천만 원이라는 이야기에 귀가 솔깃했다. 전원주택 건축을 감안하고도 여유자금으로 투자 가능한 금액이었다. "덩치 큰 땅들은 어느 정도 자금력이 있어야 거래가 가능한데 이 땅은 아담한 사이즈라 거래도 잘된다", "역사 완공 시점에는 6억 원을 줘도 못 살 것이다"라는 말이 덧붙여지자 더 이상 망설일 이유가 없었다.

고상근 씨는 서둘러 도장을 찍어버렸다. 땅을 사고 얼마 지나지 않아 언론에 '부발역세권 떴다방 난립'에 대한 기사가 솔솔 나오기 시작했다. 호기롭게 계약은 했지만 일말의 불안감을 가지고 있었던 고상근 씨는 토지 전문가를 찾았다가 망연자실했다.

그 중개사가 설명한 개발호재들은 모두 사실이었고 고상근 씨의 땅이 역세권 바로 인근인 것도 사실이었다. 문제는 그 땅이 도시계획에서 제외된 절

개발지 인근에 붉은 깃발이 꽂혀 있는 모습

대농지라는 점이었다. 그것도 기획부동산이 잘게 쪼개놓은 땅이었다. 3.3㎡당 공시지가가 3만 원도 채 되지 않는 땅을 60만 원 주고 산 셈이었다.

아무리 역과 가까워도 도시계획에서 제외된 땅은 개발되지 않는다. 그리고 개발이 취소되는 최악의 상황이 오더라도 최소한 그 땅에 집은 지을 수 있어야 권리행사를 할 수 있다. 안타깝지만 도로계획 없이 마구잡이로 칼질해놓은 절대농지를 사줄 사람은 아무도 없다.

주목받는 역세권 예정지

현재 가장 주목받는 역세권 예정지는 2018년 평창 동계올림픽 개막에 발맞춰 진행되고 있는 고속철도망 사업이다. '강원 SOC 2020 비전 전략'에 따르면, 고속철도망과 도로망 등 30개 노선에 24조 원이 투자되는 대규모 사업이 계획돼 있다. 특히 원주-강릉 복선철도가 개통되면 기존 이동 소요 시간인 5시간에서 30분으로 무려 4시간 30여 분이나 단축된다.

강원도가 사활을 건 춘천-속초 고속화철도를 이용한다면 용산-속초를 75분 만에 이동할 수 있다. 원주-강릉 복선철도가 2017년 완공되면 강원 내륙권과 동해안 권역 교통·물류망에 대혁명이 일어날 것으로 보인다. 아울러 관광이나 레저산업도 활황의 급물살을 탈 것으로 예상된다.

두 번째로 주목되는 곳은 성남-여주간 복선전철이다. 성남 판교에서 광주, 이천을 거쳐 여주로 향하는 이 철도사업은 수도권이 명실공히 1시간 생활권이 되는 데에 크게 일조할 것이다.

투자자들이 역세권 투자에 서 가장 궁금해하는 점은 '어 느 시점에 투자해야 수익을 극대화할 수 있는가' 하는 점 이다. 당연히 개발계획이 막 나온 시점이 가장 저렴하게 투자할 수 있는 때다. 하지 만 이런 정보는 철도청이나 정부의 고위관계자가 아니고 서는 알기 힘들다. 일반 투자 자 입장에서는 투자계에 떠도

여주역사 공사 현장

는 이른바 '극비정보'는 안 믿는 게 좋다는 것이 개인적인 생각이다. 실제 진 행 중인 개발지가 전국에 널려 있는데 사실 확인이 힘든 정보에 목을 맬 이유 는 없다.

보통 투자자들은 언론에 개발계획이 발표되면 이미 끝난 게임이라고 생각 하기 쉽지만, 사실 삽을 뜨기 직전까지는 투자할 수 있는 기회가 있다. 이 시 기를 잘 노리면 거품을 약간 감안해도 저렴하게 투자가 가능하다.

항상 '지가 3승 법칙'을 기억하기 바란다. 발표 후, 착공 후, 완공 후에 지 가는 한 번씩 오른다.

예를 들어 2015년 5월 첫 삽을 뜬 서해안 복선전철의 정차역인 당진 합덕 역세권의 경우, 현재 차근차근 진행 중이며 조만간 공사를 앞두고 있다. 합 덕역의 경우 개발계획이 없던 논이 3.3㎡당 5만 원 선에 거래되다가 공청회

와 주민공람이 시작되면서 10만 원대로 진입했고, 공사를 목전에 둔 지금은 30~50만 원 선에 거래되고 있다. 선례를 보면 착공 시점에 한 번, 개통 시점에 또 한 번 급등 찬스가 있으므로 여전히 주목할 만한 투자지임은 분명하다. 그런데 이 지역에서도 정보와 시세에 어두운 투자자들이 기획부동산에 낚여 3.3㎡당 80~90만 원대에 분양받는 경우가 허다하다. 실제 주변 시세보다 몇 배나 더 주고 샀다면 그것을 투자라고 할 수 있을지 의문이다.

국토종합계획에 따르면 정부는 향후 철도산업 강화에 큰 그림을 그리고 있다. 앞에서 예를 든 지역들 말고도 아직 착공 전이거나 사업 초기 단계의 역세권이 꽤 있다. 서해안 복선전철뿐만 아니라 원주-강릉 복선전철, 동해남부선 복선전철, 월곶-판교 복선전철 등을 잘 눈여겨보면 좋은 투자처를 찾을 수 있을 것이다.

원룸부지 투자로 임대수익 얻기

04

©네이버

요즘 부동산 시장에서는
임대수익형 부동산이 대세다!
그렇다면 땅 투자로
임대수익을 얻을 수는 없을까?

가끔 내 책이 잘 팔리고 있는지 인터넷에 검색해볼 때가 있다. 전작이 토지 투자의 실용적인 내용만 담아서인지 아직까지도 많은 분들이 찾아주는 것을 느낄 수 있다. 그럴 때마다 큰 보람을 느낀다. 그런데 처음 내가 책을 냈을 때와는 달리 최근 인터넷 서점에서는 다양한 수익형 부동산 관련 서적이 검색되는 것을 확인할 수 있다. 물론 나도 토지 투자를 기본으로 수익형 투자도 함께하고 있기 때문에 수익형 부동산의 장점을 잘 알고 있다. 이번에는 대세를 따라 수익형 부동산 건축에 적합한 토지에 대해 이야기해보겠다.

저금리 기조가 지속되면서 최근 재테크의 트렌드는 비교적 안정적인 토지 투자나 고정 수익이 나오는 수익형 부동산으로 이동하고 있다. 다세대주택이나 소형 빌딩을 지어서 임대수익형 부동산으로 활용할 수 있는 부지를 알아봐달라고 의뢰하는 사람들도 꽤 많이 늘었다. 그중에서도 사람들이 가장 많이 찾는 것이 바로 원룸 같은 주택을 지을 수 있는 땅이다.

원룸 수요가 늘어나는 이유는 1~2인 가구가 증가하고 있기 때문이다. 또 은퇴 이후의 노년층은 자신의 재산을 원룸 임대사업에 투자해 고정 수익을 얻으려는 욕구가 강하다. 하지만 수도권의 원룸부지는 땅값이 기본적으로 3.3㎡당 1백만 원대를 훨씬 넘기 때문에 소액투자가 쉽지 않다.

그래도 넉넉하지 않은 자금으로도 투자할 수 있는 방법이 있다. 지방에서 새롭게 떠오르는 신도시나 산업단지를 눈여겨보는 것이다. 산업단지 근처의

관악구 원룸촌

원룸은 근로자들의 주거공간으로 활용되는 경우가 많다. 이런 지방의 산업단지 인근이라면 수도권에서는 상상도 하지 못했던 금액으로 투자가 가능하다.

원룸 투자는 두 가지 방식으로 나누어 생각해볼 수 있다. 땅을 매입한 후 원룸을 지어 월세를 받는 임대수익형 투자와 원룸부지를 매입한 후 매매차익을 노리는 시세차익형 투자이다. 지방에 새로 조성되는 신도시나 산업단지는 수익형 투자와 차익형 투자 두 가지가 동시에 가능하다.

원룸부지로 적합한 땅은?

원룸은 아파트 등의 다른 주택에 비해 비교적 적은 자본으로 투자할 수 있다는 장점이 있다. 원룸용지로 인기가 많은 지역은 보통 대학가이거나 기업

원룸촌 ⓒ네이버

체, 공단 밀집지역이다. 이런 지역은 임대수요가 넉넉해서 공실률이 적기 때문이다. 입지가 좋아 보이고, 주변 환경이 좋아도 원룸이 건축된 후에 분양이 되지 않고 임대가 되지 않으면 큰 손해를 입게 될 수 있다.

그렇다면 임대수요가 많은지 적은지를 어떻게 판단할 수 있을까? 임대수요를 확인해볼 수 있는 중요한 단서가 바로 인구 유입률 통계자료다. 인터넷으로 국가통계포털(KOSIS) 홈페이지에 들어가 보면 아주 손쉽게 시·군·구별 전입 이동자수, 전출 이동자수 등의 현황을 알 수 있다.

해당 지역 사람들의 연령대별, 성별 이동자수 같은 좀 더 자세한 자료들도 있다. 내가 투자할 토지 인근 지역의 인구가 늘어나고 있는지 줄어들고 있는지, 어떤 연령대의 사람들이 모여들고 있는지, 젊은 사람들이 많이 살고 있는지 한눈에 알 수 있다. 이외에도 각 지자체의 홈페이지에서도 인구통계자료를 볼 수 있다. 임대수요를 파악하는 데 아주 유용한 자료들이다.

'수익률 20% 보장!' 같은 자극적인 문구로 투자자를 유혹하는 원룸 투자 광고를 가끔 보게 된다. 물론 이런 광고를 문자 그대로 믿어서는 안 된다. 예전에 경북 구미에서 원룸 건물 전체에 투자한 회원이 있었다. 나는 구미가 수익형 부동산으로 떠오르는 투자처라고 생각하는 사람이기 때문에 그 회원이 자신의 경험담을 이야기할 때까지만 해도 큰 수익을 냈을 것으로 생각했다. 하지만 안타깝게도 그렇지 않았다. 초반 1년에만 수익이 발생하고, 해가 갈수록 공실률이 늘어나 세입자를 찾기 힘들어지자 결국 헐값에 원룸을 내놨다고 한다. 임대수요와 주변의 상권 변화를 무시해서 공실률이 생긴 대표적인 사례였다.

이처럼 원룸부지를 선정할 때 중요한 첫 번째 요소는 임대수요다. 그리고 두 번째로 중요한 것이 가격이다. 너무 비싸게 토지를 매입하면 나중에 임대 수익이 발생해도 밑지는 장사가 될 수 있다. 그리고 지나치게 비싸게 토지를 매입하면 자금 부족으로 인해 원룸 건축이 중단되는 최악의 상황이 올 수도 있다.

토지가 도로 근처에 있는지, 시내와 인접한지, 근처에 편의시설이 확보되어 있는지 확인한 후, 조건에 비해 가격이 저렴한 토지를 매입해야 한다. 보통 입지가 좋은 토지는 가격이 비싸기 때문에 경매로 나온 원룸부지를 알아보는 것도 좋은 방법이 될 수 있다.

사람들이 찾는 원룸의 조건

나의 지인 중에 중소기업 임원으로 은퇴한 박인완 씨가 있다. 그는 4~5층

원룸촌에 나온 원룸부지 ©네이버

짜리 원룸 건물을 세운 뒤 제일 꼭대기 층은 본인과 가족이 살고, 원룸을 관리하며 세를 받아 수익을 얻길 원했다.

©네이버

박인완 씨는 원룸을 건축하기 위한 적당한 토지를 알아보러 여러 지역을 부지런히 돌아다녔고 대학가 인근과 공단 인근을 주로 살펴보니 대체로 원룸 건물들은 한군데 옹기종기 모여 있으면서 원룸촌을 형성하게 된다는 사실을 알게 됐다. 나는 원룸촌 주변은 자연스럽게 상권이 발달하고, 무엇보다 세입자들이 사람이 많이 사는 원룸촌을 안전하게 생각한다고 설명해주었다.

이처럼 원룸부지로 적당한 곳은 아무래도 원룸이 밀집해있는 '원룸촌'이 가장 좋다. 황량한 들판에 원룸 한 채만 덩그러니 있으면 아무래도 상권이 형성되기도 어렵고 교통 또한 불편하기 때문이다. 원룸이 밀집해 있는 원룸촌은 자연스럽게 주변 상권이 형성되고 교통이 발달한다. 이때, 원룸이 수요에 비해 공급이 많은 지역인지를 확인해야 한다. 2015년 당시 저금리로 수익형 부동산 투자에 붐이 불었고, 이 때문에 거품이 끼거나 과다 공급이 된 지역이 더러 있기 때문이다. 그래서 투자를 염두한 지역 원룸들의 공실을 직접 확인해야만 할 것이다.

원룸 투자는 1~2년 만에 임차인이 바뀌는 것이 특성이라 첫 1~2년은 공실이 없을 수 있으나 2년 후 공실이 생길 수도 있다는 점도 유의하자.

원룸 건물을 짓기 원한다면 건축법 규정도 잘 확인해봐야 한다. 원룸을 건축하기 위해 토지를 매입했다가 건축법 규정 때문에 당황하는 경우도 많다. 특히 주차 관련 규정은 꼭 알아야 한다. 광역시 이상의 지역은 주차대수 대비 가구수가 1대1이 되어야 하고, 시·군·구의 경우는 0.7대1이 되어야 한다. 주차대수가 많이 나오는 땅일수록 가구수가 많아지고 투자금액 대비 수익이 많아진다. 하지만 주차대수를 제대로 확보하지 못하면 난감한 상황이 벌어지기 때문에 확실하게 해결해야 하는 부분이다.

좋은 부지를 찾아서 드디어 원룸을 건축했다면 사람들이 원하는 것이 무엇인지 고민해봐야 한다. 원룸은 젊은 청년층의 수요가 큰 만큼, 편리성과 안전성이 매우 중요하다. 특히 젊은 여성의 경우 안전을 매우 중요하게 생각한다. 1층 현관 도어락을 달아 외부인 출입을 차단하는 것이 좋다.

원룸 건물의 맨 꼭대기층을 넓게 터서 투자자 본인의 집으로 활용한다면 주거 문제도 해결되고, 고정적인 임대 수입도 얻을 수 있는 일거양득의 투자가 된다. 이 점이 원룸 투자의 매력적인 부분이다.

땅의 가치를 높이는 구거와 하천

05

'틈새시장'이라는 말이 있다.
토지 투자에서도 '틈새시장'과
비슷한 존재가 있다.
바로 땅과 땅 사이에 있는
구거와 하천이다.

토지 투자를 마음먹고 공부를 하고 답사를 다니다 보면 '구거'라는 말을 많이 듣게 될 것이다. 구거(溝渠)는 쉽게 말해 물이 흐르는 물길, 도랑으로 하천보다는 규모가 훨씬 작다. 주로 논이나 밭에 물을 대는 용도나 배수 용도로 쓰인다. 시골에서 가장 흔히 보이는 논두렁이 바로 구거다. 구거는 전(밭), 답(논), 임야 같은 지목 중 하나다.

구거의 위치도 천차만별인데, 대개의 구거는 논에 붙어 있지만 밭에 붙어 있을 수도 있다. 방조제나 저수지 물을 농경지로 보내기 위해 설치한 것이 많다. 구거는 일반도로와 같이 좁고 구불구불한 경우가 많아 그 자체로는 별 쓸모가 없어 보이기도 하지만 전혀 쓸모가 없는 것은 아니다. 경우에 따라서 금싸라기 땅으로 변신하는 기특한 구거도 있다.

필자는 조금 쑥스럽지만 도랑 전문가라는 별명을 가지고 있다. 논두렁으로 돈을 많이 벌었기 때문이다. 2010년경 구거 점용허가를 받아 3년간 세금을 내고 쓴 땅이 있었다. 그런데 어느 날 군청에서 연락이 왔다. 군청에서는 구거를 매입하라며 수의계약 조건을 제시했다. 실질적으로 주변 시세는 3.3㎡당 20만 원이었는데, 구거는 공시지가 기준으로 계산돼 시세의 4분의 1 가격인 5만 원에 구매하게 됐다. 원래 필자가 가지고 있던 땅은 661㎡(200평)이었고 구거는 330㎡(100평)이었는데, 구거를 매입해 합필해서 원래 시세로 둔갑시킬 수 있었다. 그러나 이런 일이 쉽게 이뤄지는 것은 아니다. 예전에 내 책을 읽어본 독자들이 구거의 장점에 매력을 느껴 섣불리 투자했다가 문제가 생긴 적이 몇 번 있다. 언제나 함정이 존재한다는 사실을 자각하고 있어야 한다.

2014년에 있었던 컨설팅 사례가 바로 그 경우였다. 내가 진행하는 세미나에 찾아온 신입회원 중에 황금땅이라는 닉네임을 쓰는 회원이 있었다. 황금땅 씨는 한 중개업자를 통해 땅을 매입했다고 했다. 그 땅에는 구거가 있었는데, 중개업자는 구거 점용허가 절차를 받으면 자기 땅처럼 쓸 수 있다고 황금땅 씨에게 말했다고 한다. 황금땅 씨는 책에서 보던 일이 직접 자신에게 일어나자 반가운 마음에 투자를 진행했다고 한다.

　그러나 문제는 그 후에 일어났다. 구거 점용허가를 받으려고 하니 허가가 나오지 않는 것이었다. 알고 보니 이미 옆 필지의 지주가 구거 점용허가를 받은 후였다. 이렇게 난처한 상황에 처하게 되자 황금땅 씨가 나를 찾아왔던 것이다. 구거를 낀 그의 땅은 도로와 연결이 안 된 맹지로 전락할 위기에 처해 있었다.

　나는 우선 옆 지주와 협의하라고 조언했다. 옆 지주와 협의가 잘 이루어진다면 구거의 일부를 매입해 맹지에서 벗어날 수 있었기 때문이다. 정말 다행스럽게도 황금땅 씨는 협의에 성공했고, 그의 땅이 맹지가 되는 일은 발생하지 않았다.

폐구거, 좋은 투자의 조건

　한편, 구거 중에서도 폐구거는 좋은 투자의 조건이 되기도 한다. 본래 대부분의 구거는 농업용수를 논에 대주기 위한 것이다. 그러나 만약 논이 형질변경돼 밭이 된다면 구거는 어떻게 될까? 사실상 구거는 필요가 없어지기 때문에 '폐구거'가 되는 것이다. 이렇게 자연스럽게 폐구거가 되면 오

임야와 폐구거

히려 구거의 활용도가 높아진다.

이와 관련된 사례로는 창완 씨에게 설명해주었던 구거 활용법을 예로 들 수 있다. 창완 씨는 자신의 땅 한가운데에 폐구거가 있어 이를 어떻게 이용해야 할지 걱정이라고 문의해왔다. 이 땅은 물은 흐르지 않지만 지적도상에서는 땅이 양분되어 있어 그냥 쓰기에는 조금 애매하다는 것이었다.

이럴 때 땅 주인은 어떻게 해야 할까? 다음과 같은 세 가지 방법이 있다.

첫 번째, 구거 점용허가를 받는다. 구거 점용허가를 받게 되면, 구거가 있는 곳에 다리를 놓거나 땅을 평평하게 할 수 있게 되기 때문에 구거를 충분히 활용할 수 있게 된다.

두 번째, 구거 폐지 신청을 한다. 어차피 폐구거는 사용할 수 없으니 용도 폐지를 진행하는 것도 한 방법이 될 수 있다. 국가로부터 용도 폐지된 구거를 수의계약으로 매입하면 국유지로 활용되지 않는다.

세 번째 방법은 별로 추천하고 싶지 않다. 최악의 상황에는 내 땅의 일부에

폐구거와 붙은 땅을 답사하는 사람들

새로운 구거를 만들어 국가에 기부채납하고, 내 땅에 있는 폐구거를 국가로부터 양여받는 경우다. 만약 폐구거가 있는 자리를 흙을 쌓아 메꾸면 그 가치가 몇 배로 오르는 경우가 있다. 이 방법은 땅의 쓰임과 가치를 충분히 파악할 수 있는 사람만이 쓸 수 있는 구거 활용법이다.

다소 어렵게 느껴지지만 처음 시작만 복잡하고 힘들 뿐이다. 구거를 활용한 투자는 고수익을 기대할 수 있는 좋은 방법이기 때문에 고수들은 구거를 반드시 눈여겨본다. 그리고 지적도를 떼어보고 훌륭한 입지를 가진 땅에 구거라고 표기돼 있으면 매입을 서두른다. 저평가되어 있는 경우가 허다하기 때문이다. 그래서 고수들은 구거는 길의 다른 말이라고 생각한다. 구거는 헐값에 내 것으로 만들 수 있는 알토란 같은 땅이다.

참고할 사항은 구거 점용허가는 먼저 낸 사람에게 사용 우선권이 있으며 인접한 밭이나 전 등의 소유자 동의는 필요 없는 것이 대부분이다. 일단 구거 점용허가를 내려면 담당 기관이 어디인지를 먼저 파악해야 한다. 경지정리된 토지의 구거는 보통 한국농어촌공사가, 구거가 천(川)으로 표기된 경우는 시·군에서 관리하곤 하는데 시청 새마을과에서 내주기도 한다. 점용허가 시에 보통 공시지가의 5% 정도를 허가비용으로 징수하며 임대 기간은 약 10년, 사용 기간 갱신도 가능하다.

제대로 알면 돈 되는 하천부지

땅을 보다 보면 하천이 흐르는 토지나 하천에 인접한 땅이 있다. 이런 땅들은 보통 나라땅이기는 하지만 아주 가끔씩 사유지로 등록되어 있는 경우도 있다. 하천과 인접한 땅이 나라 땅일 경우에는 하천물을 끌어다 쓰거나 부지에 나무 등을 심거나 농사를 짓는 것을 금지한다. 또 흙이나 모래 등의 반출, 물건 적치나 비닐하우스 등의 건축물 축조 등의 행위를 할 때는 지자체의 허가를 받아야 한다. 특히 하천은 공유지든 사유지든 모두 허가를 받아야 하기 때문에 땅을 이용하는 데 제한이 많다.

사정에 따라서는 사유지더라도 소유자가 원하는 대로 허가가 나지 않을 수도 있다. 따라서 하천을 구입할 때는 사전에 지자체의 관련 담당자에게 문의해 어느 정도의 점용허가가 가능한지를 확인해봐야 한다.

국가나 지자체 소유의 하천부지 점용허가는 받을 수만 있다면 인근 토지를 부수적으로 이용할 수 있어서 땅의 가치를 높이는 방법이 되기도 한다. 하천부지의 점용허가는 가장 가까운 토지 소유주에게 우선권이 있으나 이미 다른 사람이 하천점용권을 가지고 있으면 자격에서 제외된다. 그렇지 않은

하천 인근의 땅 ⓒ네이버

작은 하천은 다리를 만들면 맹지에서 탈출할 수 있다.

경우는 읍·면사무소의 담당자와 현장답사를 통해 관련 서류를 갖추면 점용 신청이 가능하다.

다소 까다로울 수 있는 하천부지가 효자 노릇을 하는 경우는 대지와 붙어 있는 하천부지인 경우다. 하천부지 점용허가를 받게 되면 점용료를 지불하고 대지터를 보다 넓게 쓸 수 있다. 이때 점용료로 매년 토지 가격의 3~5% 정도를 지자체에 납부하면 된다. 계약 기간은 보통 5년이다.

사유지의 경우 하천부지의 지목이 용도가 다한 경우, 관할 지자체와 상의해서 용도를 폐기하고 지목을 대지로 바꿔 사용할 수도 있다. 그리고 범람이나 침하 등의 우려가 없을 경우에는 흉관이나 관로 매립을 통해 유수 흐름을 잡고 토사 매입, 복개 등의 공사를 할 수 있다. 이런 경우에도 토지 가격의 상승을 기대할 수 있다.

언젠가 카페 회원인 지지배배 씨는 하천을 긴 맹지에 투자했다며 컨설팅을 의뢰했다. 현장에 함께 가보니 하천의 폭이 약 3m로 넓지 않았다. 약 3m의 폭이었다. 나는 그 땅을 보는 순간 오히려 '좋은 땅'이라는 생각을 했다. 3m의 폭이라면 1천만 원 정도의 비용만 들이면 다리를 만들 수 있고, 다리를 만들면 차가 진입할 수 있는 땅이 되기 때문이다. 나의 조언대로 지지배배 씨는 다리를 만들었고, 원래 3.3㎡당 20만 원에 거래되었던 땅은 맹지를 탈출하자 40만 원대로 시세가 배로 뛰었다.

이 같은 사례가 있다고 무조건 하천부지에 도로만 만들면 된다는 생각은 하지 말기 바란다. 하천부지 점용허가를 받기 위해서는 폭이 넓지 않은 5m 이내의 하천이어야 하기 때문이다. 하천의 폭이 너무 넓으면 점용허가를 받기 힘들다는 것을 기억하자. 만약 폭이 1m로 좁다면 콘크리트 흄관 등으로 비교적 저렴하게 다리를 놓을 수도 있다. 참고로 구거이든 하천이든 다리를 놓을 때는 건축설계사무소와 상의해 보는 것이 좋다.

맹지에서 탈출하는 법 | 06

맹지는 좋을까, 나쁠까?
세상 모든 일이 그렇듯이
케이스 바이 케이스!
경우에 따라 그때그때 다르다!
한 가지 분명한 사실은
맹지에서 탈출하면
돈이 된다는 것이다.

　연말이 되고 고등학교 동창들을 만날 일이 있었다. 나이가 나이다 보니 이제 슬슬 재테크에 관심을 갖거나 이미 시작한 친구들이 꽤 있었다. 광수라는 친구도 마찬가지였다. 광수는 평창 알펜시아 인근에 토지를 샀다고 했다.

　처음에는 도로를 낀 땅을 봤는데, 3.3㎡당 1백만 원이 넘어가자 "호재가 많은 지역이니 어디를 사도 되겠지"라는 생각에 도로에 접하지 않은 3.3㎡당

토지를 살 때는 현황도로가 있는지 반드시 살펴야 한다.

50만 원짜리 맹지를 구입했다고 한다. 맹지라는 것이 걸리긴 했지만 뉴스나 각종 인터넷 커뮤니티에서 호재가 많다는 말을 듣고 오를 때까지 기다리기로 했다고 한다. 그러나 땅을 매입한 후 5년이 흘렀지만 광수의 땅은 여전히 맹지 상태다. 땅값은 오히려 거품이 빠져서인지 3.3㎡당 40만 원으로 떨어지기까지 했다. 그 친구에게 나는 친구로서 가장 직설적인 말을 했다. "지금이라도 팔아라"라고. 이 땅은 바로 시세가 회복되기는 힘들 것으로 보였기 때문이다. 정말 시간이 오래 흘러 개발계획이 잡히지 않는 이상 당분간은 차익을 보기 힘들어보였다.

맹지란 바로 진입로가 없는 토지를 말한다. 많은 경우 실제로 답사를 진행하면 걸어서 진입이 가능해 진입로가 없는 땅인지 쉽게 파악하지 못하는 경우가 많다. 주위에서 흔히 듣는 토지 투자의 전형적인 실패 사례 중 하나가 바로 지도도 보지 않고 계약한 토지가 알고 보니 맹지였다더라 하는 이야기다. 간단히 생각해보면 쉽다. 내 땅에 진입할 때 남의 땅을 거쳐서 지나와야 한다면 그것은 빼도 박도 못하는 100% 맹지다.

친구 광수와 비슷하게 맹지 때문에 고생했던 태현 씨의 이야기도 있다. 태현 씨는 제주도 서귀포시 표선면에 위치한 땅 1,652㎡(500평)를 샀다고 했다. 그런데 그는 이 땅을 어떻게 활용해야 할지 힘들어해 그와 함께 현장답사를 갔는데 그의 땅은 맹지 중에서도 A급 맹지에 속해 있었다.

해당 토지는 아래 그림과 같이 도로에 접해 있지 않은 맹지다. 그러나 이 토지는 광수의 토지와는 다른 점이 있다. 옆으로 폭 2m의 폐구거가 있다는 점이다. 나는 구거 전문가로서 구거를 이용한 맹지 탈출법을 일러주었다. 구거의 폭이 2m라면 맹지라는 것을 부정할 수 없다. 하지만 반대로 생각하면 차가 들어갈 수 있는 도로가 된다는 뜻이기도 하다. 그래서 구거를 도로로 바꾸는 방법을 추천했다. 지자체에 제반비용은 본인이 들이겠다는 조건으로

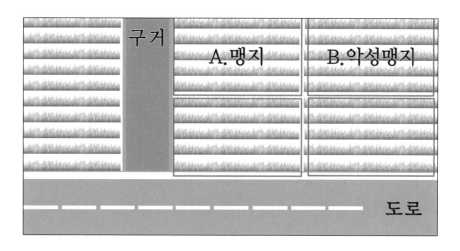

공사를 시작했다. 구거는 800만 원을 들여 곧 자갈로 된 도로가 되었고, 맹지에서 탈출할 수 있었다.

맹지였을 때는 시세가 3.3㎡당 15만 원이었는데, 도로가 생기자 40만 원까지 치솟았다. 도로는 기부채납으로 해서 허가를 받을 수 있었다. 하지만 B토지의 경우 일명 '악성맹지'로 A토지처럼 도로에 붙은 땅이 바로 옆의 땅이라도 그 지가가 매우 낮고 맹지 탈출이 거의 불가능하다고 볼 수 있다.

초보 투자자들을 괴롭히는 '맹지'

기획부동산이나 사기꾼들에게 토지 투자 초보자가 흔히 당하는 실패 사례가 바로 맹지 매입이다. 이런 맹지가 문제가 되는 것은 바로 건축이 불가능하다는 점 때문이다. 건축법상 건물을 짓기 위해서는 부지와 맞닿은 4~6m 폭의 진입로가 있어야 한다. 이런 맹지에 건물을 짓기 위해서는 주변의 땅을 더 매입하거나 옆의 땅 주인과 협의해서 도로사용권을 얻어야 한다는 수고가 추가로 더 필요하다. 토지 투자 초보자가 맹지의 이런 문제점을 잘 모르면 심각한 투자 실패로 이어질 수 있다.

실제로 많은 투자자들의 시작은 맹지인 경우가 많다. 내가 아는 토지 투자자 김병국 씨도 마찬가지였다. 그는 맹지를 사놓고 어떻게 활용해야 할지를 매일 같이 고민했다고 한다. 그러다가 인접해 있는 토지 주인을 만나 얼굴을 익히게 됐다고 한다. 그렇게 하루 이틀이 지나고 그는 인접 토지 주인과 이런저런 이야기를 하면서 술도 마시고 일도 도와주는 사이가 됐다. 결국 그 토지 주인의 땅을 높지 않은 가격에 매입할 수 있게 되었다.

인접 토지는 도로와 닿아 있는 토지로, 토지 병합을 통해 맹지에서 벗어나자 높은 가격에 되팔 수 있게 됐다고 한다. 하지만 이런 행운이 모든 투자자에게 일어날 리 없다. 그래서 맹지는 초보 토지 투자자들이 항상 조심해야 할 대상이다. 만약 맹지에 투자해서 수익을 낼 계획이라면 앞으로 도로를 낼 수 있는지 없는지부터 알아본 뒤 손익을 잘 따져 접근해야 한다.

그렇다면 맹지에서 탈출하기 위한 가장 좋은 방법은 무엇일까? 흔히 가장 많이 사용되는 것이 인접 토지를 매입하는 방법과 토지사용의 승낙을 얻어내는 방법이다. 인접 토지를 매입해 도로를 만드는 법이 가장 손쉽고 무난하지만 추가비용이 든다는 단점이 있다. 인접 토지에 대해 사용승낙을 얻어내는 방법은 시일이 오래 소요된다는 단점이 있다. 토지사용승낙서를 받아 건축물을 완공해서 건축물의 사용승인을 받게 되면, 도로로 토지사용의 승낙을 받은 토지는 지목이 도로가 된다. 이 경우 도로의 토지 소유자라 하더라도 이후부터는 길을 막을 수 없게 된다. 그러므로 토지 소유자도 사용승낙서를 신중하게 써줘야 향후 논쟁을 막을 수 있다는 점을 기억하자.

맹지와 가드레일

얼마 전 한 50대 여성 회원이 나에게 다급히 상담을 요청했다. 부산에 사는 그녀는 지인을 통해 경기도 하남시의 땅을 나름 직거래로 매입했다고 한다. 거리가 멀어서 쉽게 현장답사도 하지 못했던 그녀는 지적도와 토지이용계획도를 꼼꼼히 살피고 계약을 했다. 그런데 하남에 친구를 만나러 갔던 그녀는 올라온 김에 자신의 땅을 살펴보러 갔다.

땅은 지적도와 토지이용계획확인원에 있는 내용과 크게 다르지 않았지만 가드레일이 쳐져 있어서 들어갈 수가 없었다. 이에 놀란 그녀는 나에게 방법이 없는지를 물었다.

맹지라고 다 같은 맹지가 아니다. 길을 낼 수 있느냐 없느냐에 따라 맹지도 그 몸값이 다르다. 대표적으로 폐구거가 있는 경우는 맹지여도 도로를 낼 수 있다. 또 다른 예가 가드레일이다. 보통 가드레일은 차의 탈선 등을 막기 위해 차도와 인도 사이에 쳐놓은 시설물이나 철책을 말한다. 그녀가 산 땅은 가드레일로 인해 맹지가 된 상황이었다.

가드레일이 있는 땅

그녀의 가장 큰 실수는 무엇이었을까? 바로 현장답사를 하지 않았다는 것이다. 그녀처럼 지적도만 확인하고 투자하는 경우에는 가드레일이 쳐져 있는지 없는지 알 수가 없다. 이 가드레일 때문에 대로변 땅이 맹지가 된 것이다.

이렇게 가드레일이 있는 경우는 큰 걱정할 필요는 없다. 보통 가드레일을 치는 이유가 바닥이 꺼져 있어 치는 경우가 많은데, 이것은 땅 높이를 올리고 (성토) 철거를 해달라고 하면 해결된다. 인허가 문제는 시·군청 앞에 있는 토목측량설계사무실에 맡기면 알아서 해줄 것이다. 가드레일은 이 토목측량설계사무실에 상담할 때 가드레일 철거허가와 도로점용허가를 함께 받도록 주문하면 된다. 이런 가드레일로 인한 맹지는 다른 맹지와 비교했을 때 지가가 약 두 배 정도 차이가 난다. 가드레일 철거로 언제든 길을 낼 수 있다는 잠재성을 인정받기 때문이다.

다시 말해 맹지로 보인다 하더라도 같은 맹지가 아니라는 점을 기억하자. 작은 단점이 전체를 가리는 상황이 된 것일 수도 있다.

흙을 덮고 땅을 깎는
성토와 절토

07

외모가 경쟁력이라는 말이 있다.
땅도 그렇다.
이용가치가 높은 예쁜 땅이 있고
그렇지 못한 땅이 있다.
그런데 못생긴 땅은
성형이 가능하다는 사실을
알고 있는가?

　세종시에 첫마을아파트가 생기기 전 이야기다. 그 당시 세종시 장군면 일대 계획관리지역 땅은 3.3㎡당 80만 원에 달하고 있었다. 그때 땅이 3m가 꺼져 있다는 이유만으로 시세의 절반가에 나온 땅이 있었다. 땅이 꺼져 있는 것도 문제였지만 평수도 9,917㎡(3,000평)에 달하는 커다란 덩치여서 누구도 쉽게 도전하지 못하는 땅이었다. 업자들조차도 입지가 좋아 미래가치가 충분하다는 것은 알았지만 섣불리 투자할 수 없었다.

그때 한 여인이 자신의 전 재산을 털어 이 땅을 사들였다. 그리고 곧바로 성토(盛土)를 했다. 그러자 금방 주변의 일반적인 땅만큼 시세를 회복했고, 성토에 든 비용보다 많은 차익을 남겼다. 자금회전이 급했던 이 여인은 1~2년 사이에 분할해서 일반 사람들에게 직거래로 땅을 매매했다.

2년 사이 이 땅은 3.3㎡당 2백만 원에 팔리기 시작했다. 그리고 현재 이 땅의 시세는 3.3㎡당 3백만 원가량으로 올랐다. 남은 땅에 다세대주택, 토지, 원룸 등을 건설한 여인은 2백 억대 부자가 될 수 있었다. 만약 처음부터 팔지 않고 가지고만 있었다면 이보다 더한 수익이 났을지도 모르는 일이다. 이렇게 토지 투자의 참맛을 알게 된 여인은 전문 중개업자가 되어 제2의 인생을 살고 있다.

성토와 절토란 무엇인가?

'성토'나 '절토'라는 말은 한 번 쯤 들어봤을 것이다. 성토는 지반 위에 흙을 돋우어 쌓는 것을 말한다. 보통 지반이 낮은 논을 옆 도로 높이에 맞추어 흙을 쌓는 것을 쉽게 볼 수 있다. 이것이 바로 성토다. 택지를 조성하기 위한 성토작업을 할 때는 성토 부분이 높을수록 다짐공사를 충분히 해야 지반 침하나 붕괴 위험에서 벗어날 수 있다. 반면 절토는 평지나 경사면을 만들기 위해 흙을 깎아내는 것을 말한다. 보통 언덕이나 비탈 같은 지형인 경우 절토를 통해 농지로 만들거나 전원주택을 건축하는 것을 볼 수 있다.

실제로 땅을 매입해서 성토작업이나 절토작업을 하는 사람은 드물다. 그도 그럴 것이 초보자가 직접 하기에 매우 어렵기 때문이다. 전문가의 도움을 받거나 부동산업자의 도움을 받아야 한다.

예전에 꺼진 땅을 매입한 적이 있다. 성토작업으로 약 5백만 원의 비용을 들여 땅 모양을 다져놓으니 2천만 원 이상의 가치가 창출되었다. 그때 처음 땅 성형의 힘을 알게 되었던 것 같다. 이 글을 읽는 독자들도 성토, 절토에 대해 제대로 이해한다면 나중에 땅을 매입할 때 도움이 될 것이다.

사람의 얼굴을 아름답게 만드는 성형수술이 있듯이, 땅도 성형수술로 가치를 올릴 수 있다. 땅을 다듬는 작업 중에서 가장 보편화된 것이 성토와 절토다. 그 외에 땅을 파고 다시 메우는 복토, 토지나 길에 모래·자갈·아스팔트를 까는 포장, 국가 소유의 수면이나 물 흐름을 메우는 공유수면매립이 있다. 공유수면매립은 새만금 같은 간척사업도 포함한다.

성토와 절토, 어떤 것이 더 저렴한가?

성토와 절토 중 무엇이 더 비용이 적게 드느냐는 질문을 많이 받는다. 실제로 필자의 지인 대호 씨는 이천에 땅을 사면서 똑같은 질문을 했다. 대호 씨는 열심히 발품을 팔아 두 개의 토지 중 하나를 구입하기로 마음먹었는데, 하나를 정하기가 쉽지 않다고 말했다.

첫 번째 땅은 왕복 2차 도로와 접해 있는 3.3㎡당 32만 원의 1,652㎡(500평) 임야로 높이 10m 정도를 절토해야 하는 땅이었다. 두 번째 땅은 3.3㎡당

30만 원에 나온 1,983㎡(600평) 규모로 3m 정도의 깊이를 성토해야 하는 땅이었다.

대호 씨는 둘 중 어느 곳을 구입해 작업하는 게 더 저렴할지 고민했다. 나는 당연히 대호 씨에게 절토해야 하는 임야를 추천했다. 그 이유는 땅을 절토하며 발생하는 흙은 필요로 하거나 사려고 하는 사람들이 많기 때문이다. 반대로 흙을 메우는 성토의 경우에는 오히려 흙을 구입하는 비용이 추가로 발생하기 때문에 일반적인 사례라면 절토가 비용이 적게 들 수밖에 없다.

절토를 하면 지역에 따라 흙을 팔 수도 있다.

성토와 절토는 지역에 따라 비용의 차이가 날 수 있다. 임야를 절토해서 정지작업을 하는 경우, 흙이 많이 필요한 지역이라면 비용을 많이 아낄 수 있다. 예를 들어 새만금, 인천 송도와 같은 곳에서는 흙이 상대적으로 귀하기 때문에 돈을 벌 수 있는 것이다. 이런 간척지는 주변의 산을 깎아 매립하는데 새만금만 하더라도 산 5개가 간척에 사용됐다고 한다.

실제로 보전관리지역의 임야를 가지고 있던 산주는 떼돈을 벌었다. 흙을 팔아서 수익을 얻었고, 임야에서 잡종지로 지목이 바뀌면서 땅값이 주변 시세와 비슷해져 다섯 배 이상 오르기도 했다. 반면 강원도 같이 흙이 많은 곳에서는 남은 흙을 처리하는 데 애를 먹기도 한다.

성토와 절토할 때 주의사항

카페 회원 대지주 씨는 지목은 임야이나 밭으로 사용하고 있던 부지 2,314㎡ (700평)에 전원주택을 건축하기 위해 성토를 했다. 높이는 1m 30㎝가 조금 넘는 깊이였다. 그런데 얼마 후 구청에서 민원이 들어왔다며 성토작업한 곳을 원상복구시키라는 말을 들었다. 원상복구시키지 않으면 과태료가 나온다는 것이었다.

국토계획 및 이용에 관한 법률에 따르면 50㎝ 이상을 절토하거나 성토하는 경우 관할청에 신고해야 한다. 특히 농지의 생산성을 높이기 위해 농지의 형질을 변경하는 경우에는 인근 농지의 관개(灌漑), 배수, 통풍 및 농작업에 영향을 미치지 않아야 하기 때문에 더욱 조심스럽게 다루어야 할 문제다.

성토와 절토의 개발행위허가 기준에 따르면, 농작물의 경작과 재배에 적합한 흙을 사용해야 하며, 재배에 필요한 범위 이내여야 한다. 그리고 인근 농

약간의 성토가 필요한 땅

지의 농업경영에 피해를 주지 않아야 한다. 성토는 인접 토지보다 높거나 당해 농지의 관개에 이용하는 용수로 보다 높게 성토하지 않아야 하며, 농작물 경작 등에 부적합한 토석이나 골재를 사용해서는 안 된다.

절토는 토사의 유출과 붕괴로 인근 농지에 피해가 발생하지 않게 해야 하며, 비탈면이나 절개면에 대한 토양 유실을 방지하는 안전조치가 되어 있어야 한다. 논을 밭으로 바꾸는 경우는 농지개량행위로 인정되어 농지보전부담금 부과가 되지 않는다. 하지만 농지를 개량하는 경우는 농지전용허가를 받아야 한다.

건폐율과 용적률, 더 넓게 그리고 더 높게

08

땅을 샀다.
이제 건물을 지을 차례다.
5층짜리 집을 지을까,
10층짜리 집을 지을까?
내 땅 위에 내 건물을 짓는 건데,
땅 주인 마음대로 아닌가?
그런데, 그렇지가 않다.

　세미나를 개최하면 많은 참가자들이 내게 건폐율과 용적률에 대해 묻는다. 수학 같아서 이해가 안 된다고 하기도 하고, 정확한 개념도 이해하기 힘들다는 분들이 꽤 많다. 기본 원리만 잘 알면 이해하기 쉬운 수학처럼, 건폐율과 용적률도 땅 투자에 있어서 기본적으로 알아야 하니 자세히는 모르더라도 개념은 꼭 이해하고 넘어가기 바란다.

많은 사람들이 땅을 구입하면 그 위에 건축물을 세우고 싶어 한다. 사실 좋은 땅의 조건은 얼마나 넓게, 얼마나 높게 건축물을 지을 수 있느냐는 것이다. 건축물을 올리기 위해서는 나라에서 정한 규제에 맞게 건축해야 하는데, 그 규제가 바로 건폐율과 용적률이다. 건폐율은 대지면적에 대한 건축면적의 비율을 의미하며, 이 비율이 클수록 건축물을 넓게 지을 수 있다. 순수하게 땅 주인 입장에서는 건폐율이 높을수록 유리하다.

건폐율 = 건축면적 / 대지면적 ×100

"대지면적이 얼마만큼이든 간에 건물을 짓는 것은 자유 아닌가"라고 생각하는 사람들도 있다. 그러나 건폐율은 대지 위에 최소한의 여유 공간을 확보하고 건축물의 과밀을 방지하는 역할을 한다. 또한 일조량, 채광량, 통풍을 위한 공간을 둬서 위생적인 환경을 조성한다. 각종 재해 발생 시에도 소화, 피난 등의 공간을 확보하기 위해서 건폐율은 중요하다.

반면, 용적률은 건축물의 지하층을 빼고 남은 지상층의 면적 비율이다. 즉, 얼마만큼의 건물을 올릴 수 있는지 그 면적의 비율을 의미한다. 용적률은 비율이 높을수록 건물을 높게 지을 수 있고, 층수가 많아질 수 있다. 용적률도 땅 주인 입장에서는 높을수록 좋다.

용적률 = 건축물의 연면적 / 대지면적 ×100

내 맘대로 지을 수는 없어

땅을 구입해 그 위에 내 집을 짓는 것은 많은 이들의 로망이기도 하다. 그 래서 처음 땅을 구입한 사람들은 "3분의 2는 2층짜리 집을 짓고, 3분의 1은 주차장으로 사용해야지"라고 임의로 생각하고, 설계에 들어가기도 한다. 하지만 그전에 누구나 생각해볼 것이다. 바로 "어떤 용도지역의 땅을 샀는가?"라는 질문이다.

건폐율과 용적률은 용도지역에 따라 다른 수치를 보인다. 앞서 설명한 것처럼 여러 가지 이유 때문에 무작정 건물을 지을 수 없게 규제한 것이 바로 건폐율과 용적률이다.

다음은 용도지역별 건폐율과 용적률을 수치화한 표다. 중요한 것은 최근 정부의 규제완화정책에 의해 지역별로 건폐율과 용적률이 크게 완화된 곳도 많다. 따라서 각 지자체에 직접 문의해보는 것이 가장 정확하다. 참고로 필자가 선호하는 용도지역은 계획관리지역이나 주거지역이다. 자연녹지지역 중에서도 취락지구로 지정되어 있으면 주거지 혜택을 보기 때문에 잘 살펴본다면 좋은 매물을 취득할 수 있다.

구분	용도지역		건폐율	용적률
1	주거지역	제1종전용주거지역	50%이하	50%이상 100%이하
2		제2종전용주거지역	50%이하	100%이상 150%이하
3		제1종일반주거지역	60%이하	100%이상 200%이하
4		제2종일반주거지역	60%이하	150%이상 250%이하
5		제3종일반주거지역	50%이하	200%이상 300%이하
6		준주거지역	70%이하	200%이상 500%이하
7	상업지역	중심상업지역	90%이하	400%이상 1,500%이하
8		일반상업지역	80%이하	300%이상 1,300%이하
9		근린상업지역	70%이하	200%이상 900%이하
10		유통상업지역	80%이하	200%이상 1,100%이하
11	공업지역	전용공업지역	70%이하	150%이상 300%이하
12		일반공업지역	70%이하	200%이상 350%이하
13		준공업지역	70%이하	200%이상 400%이하
14	녹지지역	보전녹지지역	20%이하	50%이상 80%이하
15		생산녹지지역	20%이하	50%이상 100%이하
16		자연녹지지역	20%이하	50%이상 100%이하
17	관리지역	보전관리지역	20%이하	50%이상 80%이하
18		생산관리지역	20%이하	50%이상 80%이하
19		계획관리지역	40%이하	50%이상 100%이하
20	농림지역		20%이하	50%이상 80%이하
21	자연환경보전지역		20%이하	50%이상 80%이하

용도지역별 건폐율과 용적률

고민남 씨의 사례를 한번 살펴보자. 고민남 씨는 퇴직 후 개발호재가 많은 평택의 근린상업지역에 오피스텔을 짓고자 했다. 그는 330㎡(100평) 정도 되는 오피스텔을 최대한 높게 지어 가장 아래층은 카페, 3층부터는 주거가 가능한 사무실로 만들려는 계획을 가지고 있었다. 그는 600㎡(181평)의 대지를 가지고 있었고, 오피스텔을 얼마만큼 넓고 높게 지을 수 있는지 궁금했다.

대지의 평수와 계획한 평수만 알고 있다면, 지을 수 있는 건폐율의 한계를 알 수 있다. 건폐율의 공식을 다시 한번 살펴보자.

건폐율 = 건축면적 / 대지면적 ×100

이 공식에 맞춰 근린상업지역에 건물을 짓는다면, '건폐율=330㎡(100평)/598㎡(181평)×100'으로 표현할 수 있다. 따라서 330㎡(100평)는 건폐율이 55%가 된다. 근린상업지역 건폐율이 70% 이하까지이므로 330㎡(100평)은 건축이 가능한 면적이다.

이번에는 용적률을 알아보기로 하자. 용적률 공식을 다시 살펴보면 다음과 같다.

용적률 = 건축물의 연면적 / 대지면적 ×100

여기서 건축물의 연면적은 건축물 각 층 바닥 면적의 합계를 말한다. 만약 1층에 주차구역을 만들 생각이라면 주차구역 땅도 포함된다. 고민남 씨는 최소 8층 건물을 세우고 싶어 했는데 이를 계산해보면 '용적률=2,644㎡(800평)

/598㎡(181평)×100=441%'가 된다. 근린상업지구의 용적률은 200~900%까지 건물을 높일 수 있다. 고민남 씨는 최대 약 16층까지 오피스텔의 높이를 올릴 수 있게 되는 것이다.

소유하고 있는 땅이나 사려는 땅에 대한 용도지역, 건폐율, 용적률을 알고 싶다면 간편하게 인터넷을 이용하면 된다. 자치법규정보시스템(www.elis. go.kr)을 통해 전국 모든 지역의 조례를 검색해볼 수 있다. 그리고 토지이용규제정보서비스(luris.molit.go.kr)를 통해 해당 위치의 토지이용계획과 행위제한내용 등도 알 수 있다.

한 가지 사례를 덧붙이자면 새만금 수혜지인 군산에 땅 투자를 원했던 숙희맘 씨가 있다. 숙희맘 씨는 가진 돈이 7천만 원이었으나 원룸을 짓기 원했다. 원룸 건축은 둘째 치더라도 사실 군산에서 원룸을 지을 수 있는 땅은 최소 억대가 넘어간다.

나는 숙희맘 씨를 위해 우선 땅부터 구하기로 마음먹었다. 다행히 군산 시내와는 거리가 좀 있지만 군산대학교 인근에 제1종 일반주거지역인 자투리 땅 231㎡(70평)을 우연히 발견하게 됐다. 이 땅은 모양새도 네모반듯했다. 제1종 일반주거지역이다 보니 평수는 작아도 건폐율이 60% 이하였기 때문에 소형 원룸부지로 적합했다.

그 땅을 사서 건물을 지으려 하니, 건축비용이 최소 4억은 들어간다는 소식을 접했다. 앞으로 어떻게 할 것인지 막막해하던 찰나에 운 좋게도 현지 건물업자가 찾아와 숙희맘 씨에게 지주공동사업을 제안했다. 지주공동사업으로 건물을 짓게 되면 지주는 땅을 제공하고 건설업자는 건축을 하게 된다. 서로 부족한 면을 채워줄 수 있는 윈윈전략인 셈이다. 결국 숙희맘 씨는 공동명의로 땅과 건물을 소유했고 오픈한 원룸의 월세를 건설업자와 나눠갖게 되었다. 앞으로 건물을 되팔게 되더라도 시세차익은 공동으로 나눠가질 예정이라고 한다.

건폐율과 용적률에 포함되지 않는 것

'필로티'라는 것이 있다. 필로티는 보통 지상 1층의 주차장을 떠올리면 쉽게 이해할 수 있다. 지상 1층이 기둥으로 되어 있어 주차장이나 공터로 활용하는 개방공간을 의미한다.

건축법에 따르면 벽 면적이 2분의 1 이상 개방되면 필로티와 유사한 구조로 보는데, 만약 이 필로티가 주차장이나 공동주택에 설치되면 이를 바닥면적에 산입하지 않는다. 단, 근린생활시설과 다세대주택을 함께 건축하는 경우 복합 용도로 건축돼 층수 산정에 포함되게 된다.

원룸 밑에 있는 주차장

발코니와 베란다, 포치와 테라스도 건폐율과 용적률에 포함되지 않는다. 발코니는 건물 외부에 거실의 연장으로 달아서 만든, 난간이 있는 공간이다. 반면 베란다는 1층과 2층의 면적 차이로 생긴 공간을 활용한 곳이다. 즉 1층에 비

포치와 테라스

해 2층 면적이 적어서 활용할 수 있는 공간이 생기는데 이곳을 베란다라고 한다. 아파트에서 흔히 볼 수 있는 거실 옆 공간은 베란다라기 보다는 발코니에 더 가깝다.

포치는 서양주택에서 많이 볼 수 있는 형태로, 출입구 위에 지붕처럼 공간을 마련해 방문객이 기다릴 수 있게 만든 공간이다. 포치는 1m가 넘으면 초과면적이 건축면적에 포함된다.

테라스는 정원에 지붕 없이 건물보다 낮게 만든 대지다. 보통 테이블을 놓거나 일광욕을 할 수 있는 장소로 쓰이고 정원과의 조화를 위해 만들기도 한다. 이것들은 모두 건폐율과 용적률을 계산할 때 해당되지 않는 공간들이다.

좋은 전원주택지를 찾는 법

09

'저 푸른 초원 위에
그림 같은 집을 짓고…'
이 노래처럼 전원에 집을 짓는 일은
많은 사람들의 로망이다.
그렇다면 전원주택을 짓기에
좋은 땅은 어디 있을까?

　나는 충남 서산에서 나고 자랐지만 서울로 상경한 후 지금은 강동구에 살고 있다. 강동은 도심지에 속하지는 않지만 빽빽한 아파트 숲과 사람들의 바쁜 걸음걸이를 보고 있노라면 어릴 적 고향이 떠올라 가끔씩 고향에 가서 쉬고 싶다는 생각이 든다.

　도시생활에 지친 현대인들은 누구나 한번쯤 자연과 함께 어울려서 사는 전원생활을 꿈꾼다. 많은 사람들이 정년 이후 노후를 전원주택에서 보내고 싶어 한다. 그런 까닭에 어느 정도 여유가 있는 도시인들은 교외의 전원주택 자리를 미리 알아보기도 한다. 하지만 단순하게 공기 좋은 시골에 주택을 짓고 사는 것이 전원생활의 전부가 아니라는 것을 분명하게 알아야 한다.

전원주택을 짓기 위한 가장 중요한 포인트는 좋은 땅을 찾는 것이다. 도시에서 집이 불편하거나 입지가 좋지 않으면 이사를 가지만 전원주택은 쉽게 이사를 갈 수 없다. 내가 매입한 땅에 터를 닦고 주택을 건축해 생활해야 하기 때문에 주택 건축에 알맞은 토지를 찾아 매입하는 것이 가장 중요한 일이다.

전원주택용 토지를 매입하기 위해서는 우선 토지 주변의 지리적 요건을 잘 살펴야 한다. 자연경관이 수려한 곳이나 배산임수 조건을 갖춘 지역이라면 더할 나위 없이 좋지만, 입지적으로 좋은 조건의 토지는 가격대가 높은 것이 대부분이다. 또한 너무 자연경관에 치중하다 보면 주택을 건축하는 데 적합하지 않은 땅을 매입하게 되는 경우도 비일비재하다.

전원주택용 부지

전원주택은 해가 잘 들고 바람이 잘 통하는 대지에 건축하는 것이 가장 좋다. 겨울에 답사를 다니며 햇볕이 잘 들고 눈이 잘 녹는 지역인지 관찰하는 것도 좋은 방법이다. 전원주택을 건축할 토지를 보러 다닐 때는 가급적 사계절을 활용해 답사를 다녀야 한다. 지역별로, 시기별로 겪어야 하는 자연재해는 절대로 피할 수 없기 때문에 안락한 노후를 보내기 위해 확실하게 알고 넘어가야 할 사항이다.

전원생활은 단순히 자연과 어울러서 사는 것에서 끝나는 것이 아니다. 전원주택에 살면서도 일상적인 생필품이 필요하고 의료 서비스, 행정 서비스, 문화생활이 필요하다. 그래서 가급적이면 읍·면소재지에서 가까운 곳에 위치하는 것이 좋다.

눈여겨볼 만한 전원주택지

경기도 양평

예전부터 양평은 전원생활을 즐기기에 가장 알맞은 장소로 선정되어 왔다. 배산임수의 전형적인 지형이며 자연보호가 잘 되어 있어 공기도 맑다. 양평은 서울에서 가깝고 경의중앙선이 연결되어 있어 출퇴근이 용이하며 중부내륙고속도로가 양평까지 개통되면서 청년들의 유입이 눈에 띄게 늘고 있는 추세다. 꾸준한 인구 유입으로 군에서 시로 승격을 앞두고 있어 여러 가지 측면에서 봤을 때 양평은 좋은 전원주택지임에 틀림없다.

양평은 개인적으로 토지를 매입하여 전원주택을 건축하기도 하지만, 대규모 전원주택단지가 조성되어 있어 고려해볼 만하다. 전원주택단지의 장점은 하나의 마을을 조성하여 치안이 좋고 원하는 크기의 땅을 부분으로 매입하여 텃밭을 가꾸거나 정원으로도 사용할 수 있다. 토지 시세는 3.3㎡당 1백만 원이 기준이며 전원주택은 330㎡(100평) 토지에 82㎡(25평) 규모로 2억 원 정도에 거래된다.

경기도 가평

가평도 빼놓을 수 없다. 남이섬, 자라섬, 아침고요수목원이 자리하고 있으며 각종 수상레포츠와 스키, 골프를 함께 즐길 수 있는 곳이 가평이다. 가평은 깨끗하게 보전되어 있는 자연환경과 더불어 다채로운 여가 생활을 즐길 수 있는 전원주택지로 각광받고 있다. 이러한 환경 때문에 가평은 펜션촌으로도 유명한데, 서울에서 가까우면서 자연을 즐길 수 있다는 것이 큰 장점이다.

특히 유명 연예인들이 가평에 전원주택을 줄줄이 짓고 있어 더욱 큰 관심을 불러일으키고 있다. 또한 전원생활과 함께 펜션사업, 문화·레저와 관련된 관광사업을 함께 운영하기에도 알맞은 지역이라고 볼 수 있다. 따로 토지를 매입하여 주택을 건축하기도 하지만 전원주택단지를 체크해보는 것도 좋다. 가평은 전원주택용 토지 시세가 3.3㎡당 1백만 원 안팎으로 거래되고 있으며 발품을 팔면 좋은 입지의 전원주택을 저렴하게 구입할 수 있다.

경기도 광주

조용하고 한적한 경기도 광주도 주목해야 하는 지역이다. 광주-양평-용문을 잇는 제2영동고속도로가 연결되면서 입지 조건이 더욱 좋아졌다. 경기도 광주는 조용하고 한적한 전원생활을 즐기기에 안성맞춤이다. 광주시 퇴촌면은 산을 뒤로 하고 전원주택단지가 조성되어 있다. 시세는 전반적으로 가격대가 높은 편이다. 주택 자체가 평수가 크고 고급스러우며 말 그대로 전원생활을 즐기기 위해 노년에 찾아오는 사람들이 대부분이다. 경기도 광주의 경우 165~200㎡(49~60평) 규모의 전원주택이 최저 4억7천만 원에서 비싸면 9억 원 이상에도 거래되고 있다.

소액 투자자들을 위해 팁을 주자면 서울에서 1시간 거리의 가까운 지역만 찾지 말고 30분만 더 투자하면 저렴하고 좋은 지역이 많다. 1시간 거리인 양평, 가평, 춘천, 용인 등은 땅값이 비싸지만 1시간 30분 거리인 진천, 평창, 횡성, 인제 등은 상대적으로 저렴하다.

잘 찾으면 5천만 원대로 입지 좋고 풍수 좋은 토지를 매입할 수 있다. 그만큼 발품은 필수다. 부동산중개소에만 의존하지 말고 직접 동네를 찾아가서 이장과 동네 주민들을 만난다면 더 많은 좋은 기회의 땅이 보일 것이다.

경기도 광주의 전원주택마을

제주특별자치도

마지막으로 제주도를 살펴보자. 제주도 전원주택에 대한 관심은 최근 토지 투자자들에게 있어 유행처럼 번지고 있다. 그러나 실제로 제주에 가보면 땅값이 너무 높아 실망하고 오는 경우가 많다. 하지만 방법은 있다. 전원주택이라는 목표를 분명히 하는 것이다.

제주도는 해안가 주변보다는 한라산에 가까울수록 땅값이 저렴하다. 그리고 관광명소에서 조금 떨어진 곳의 땅값이 저렴하다. 전원주택의 실수요자라면 이런 점을 고려해볼 만하다. 그중에서도 다른 곳에 비해 저평가된 지역이 제주도의 서쪽 지역 바로 한경면, 대정읍, 한림읍 일대다. 이들 지역은 영어교육도시, 신화역사공원 등의 호재에도 불구하고 아직까지 시세가 많이 오르지 않았다.

대박 Tip

전원주택지를 선택할 때 주의사항

1. 배산임수가 가장 기본

배산임수란 산을 뒤에 두고 강을 앞에 두어 주택을 짓는 것을 뜻한다. 예부터 조상들은 배산임수 조건에 맞추어 집을 짓는 것을 명당이라 여겼다. 특히 창문 방향을 남쪽으로 하고 북쪽의 산을 등지면 겨울의 찬바람을 막을 뿐만 아니라 따뜻한 햇살이 남쪽의 창문으로 들어와 겨울에는 따뜻하고 여름에는 시원한 환경이 자연스럽게 조성된다.

그러나 산에도 바람길이 있다. 바람이 잘 통하는 곳에 주택을 건축해야 하고, 너무 높은 고지대는 이동이 불편해서 이 역시 고려해야 한다. 특히 무분별한 벌목 후 주택을 건축했다가는 장마철 산사태가 우려되기 때문에 토지의 특성과 요건을 살펴보는 것이 중요하다.

앞에 강을 두는 것도 주의해야 할 부분이다. 봄, 가을, 겨울에는 비교적 물이 적어 위험해 보이지 않지만 여름철 장마 때에 강의 물은 기하급수적으로 불어난다. 주택을 건축하는 지역 인근에 강이 있다면 제방이 튼튼한지, 지금까지 자연재해 사고는 없었는지 잘 따져 살펴봐야 할 것이다.

필자의 지인은 3년 전에 가평군 청평면에 전원주택지를 매입했는데 하루 만에 보고 투자한 게 화근이 되었다. 지대가 낮은 바람에 장마철이 되면 주변에 물이 고여 고립될 정도로 통행이 불편했다. 여름마다 찾아오는 재해로 고통받다가 결국 2년을 채 버티지 못하고 처분하고 돌아왔다.

또 한 명의 지인은 강촌 지역에 전원주택을 매입했는데 강원도의 특성을 이해하지 못하고 선뜻 매입했다가 곤욕을 치렀다. 겨울에는 강원도에 눈이 많이 오고, 오고 나면 눈이 얼어붙어 며칠이 지나도 잘 녹지 않는다. 특히 햇볕이 안 들어오는 그늘진 곳은 더욱 그렇다.

지방 시골길은 2~4m 도로로 폭이 좁아서 그늘진 곳은 얼어붙고 거기다가 경사까지 졌다면 차가 통행하는데 상당히 힘이 든다. 강원도 전원주택지는 길이 얼어붙는 지역은 아닌지 꼭 확인하고 투자하기 바란다.

2. 진입할 수 있는 도로가 있는가

전원주택은 관청으로부터 인허가를 받아야 건축이 가능한데 이때 가장 중요한 것이 '도로'다. 도로가 없다면 인허가를 받을 수 없다. 이를 위해 전원주택지가 폭이 4m인 도로에 접한 땅이어야 한다.

비슷한 사례로 현숙 씨는 여름휴가 때 양평의 산자락에 방문했다가 주변의 경치와 한적함에 매료되어 전원주택을 짓기 위해 토지를 매입했다. 여러 가지 확인 작업이 끝나고 바로 주택 건축을 시작했다가 도로 문제로 허가가 떨어지지 않아 공사를 중단해야 했다. 이와 같은 사례처럼 도로는 땅값에도 큰 영향을 미치기 때문에 관심 있게 꼭 살펴봐야 한다.

3. 토양을 확인하라

전원주택을 짓는다는 것은 자연과 함께 살기 위한 집을 짓는다는 것이다. 여러 가지 자연환경과 지리적 요건을 확인해야 하지만 가장 중요한 것이 주택을 건축해야 하는 땅의 토질이다. 땅의 성질은 지표면에 보이는 성질과 지하에 묻혀 있는 성질을 동시에 검토해야 한다. 흔히 좋은 집터라고 하면 비석비토(非石非土)라 하여 돌도 아니고 흙도 아닌 곳을 말한다. 이런 땅의 특징은 배수가 잘 되어 습하지 않고, 쉽게 건조해지지 않으면서 식물이 잘 자라기 때문에 마당에 텃밭을 가꾸기에도 좋다. 또한 단단한 건축물을 세워도 흔들리거나 꺼짐 없이 잘 버티기 때문에 전원주택 건축에 알맞다. 그 밖에도 토양에 광물질이 흐르고 있는지, 수맥이 흐르는지 살펴봐야 한다. 주택 밑으로 수맥이 흐르면 지반도 약하고 건강에도 악영향을 끼치며 풍수지리적인 측면에서도 좋지 않다.

4. 혹시 매립지가 아니었나?

전원주택을 건축할 때 땅을 새로 갈아엎거나 산림을 훼손하는 것을 피할 수 없다. 무리한 산림 훼손은 토사 유출이나 여름 장마철에 산사태를 유발할 수 있기 때문에 가급적 지양하는 것이 좋다. 그리고 옹벽이나 석축을 쌓아 부지를 조성할 때 흙으로 메우는 경우가 많은데 이 경우 토지의 지반이 단단해지기 전에 건축을 하면 차후 조금씩 땅이 가라앉고 건축물이 기울어 붕괴되기 쉽다. 그래서 반드시 지반 강화 작업이 필요하다. 또한 산업폐기물이나 생활폐기물을 매립한 땅은 아무리 오랜 시간이 흘렀다고 해도 지속적으로 몸에 해로운 가스가 발생되기 때문에 피해야 한다.

5. 지대가 낮거나 경사도가 심한 곳은 NO!

전원주택지로 저지대는 여름철 장마 때 침수의 우려가 있고 땅이 습해서 농작물이 잘 자라지 않아 텃밭을 가꾸기에도 어려움이 있다. 또한 경사도가 심한 곳은 지반이 약해지면 산사태의 우려가 있기 때문에 꼼꼼하게 살펴보는 것이 좋다.

눈여겨 살펴봐야 할 터미널부지

10

서민의 발이라고 불리는 버스!
가장 기본적인 대중교통수단은
뭐니 뭐니 해도 버스다.
버스터미널은 늘 사람이 모이는
곳이고 상권이 형성되는 곳이다.
그래서 토지 투자자는
터미널을 항상 눈여겨봐야 한다.

우리가 쉽게 접하는 대중교통 중 하나인 버스는 수많은 노선으로 전국 구석구석을 거미줄처럼 연결하고 있다. 각 도시 안에는 수십 개, 수백 개의 노선이 존재한다. 그리고 지역과 지역 사이를 이동할 때도 시외버스, 고속버스를 이용할 수 있다. 이런 버스들의 집합 장소가 버스터미널이다. 도시마다 지역마다 버스터미널은 교통의 허브 역할을 한다. 우리는 이런 버스터미널에서 토지 투자의 중요한 힌트를 얻을 수 있다.

예를 들어 충남 당진시에는 크게 두 개의 터미널이 있는데 당진 버스터미널과 합덕 버스터미널이다. 기존 당진 버스터미널이 구시가지에서 신시가지로 이전하면서 신시가지 일대의 땅값이 수십 배 올랐다. 3.3㎡당 10만 원이었던 지가가 현재는 상업지 기준으로 3.3㎡당 1천만 원대에도 거래된다고 하니 말이다.

합덕 버스터미널은 지금 구시가지에 위치해 있다. 인구 증가에 따라 기존 터미널부지가 확장되어야 하는데 건물로 둘러싸여 있어서 확장할 수가 없는 상황이다. 그래서 합덕 버스터미널은 2020년까지 합덕역세권으로 이전하게 될 계획이다. 그러면 새로운 합덕 버스터미널은 복합환승구간이 될 것으로 보인다. 복선전철역과 버스터미널이 함께하기 때문에 그 시너지가 엄청날 것으로 예상되는 만큼, 합덕 일대를 잘 살펴보자. 알짜 매물을 발견하게 될지도 모르니 말이다.

버스터미널부지의 투자가치는?

그렇다면 남겨진 터미널부지나 차고지의 투자가치는 얼마나 될까?

터미널이나 차고지는 보통 여러 대의 버스가 주차할 수 있어야 하며, 여러 정비시설을 갖춰야하기 때문에 넓은 것이 특징이다. 이러한 버스 차고지가 때때로 노선 변경으로 인해 토지 매물로 간혹 올라오기도 하는데 차고지의 특성상 시내 중심보다는 근교에 자리하고 있다. 버스 차고지는 넓은 토지의 장점을 살려 중고차 매매 사업이나 원룸부지, 빌딩 등을 건축하기에 알맞다.

　서울 강동구 고덕동의 버스 차고지가 주거와 업무·상업기능을 갖춘 대규모 복합단지로 개발된다. 이 지역은 서울시가 따로 매입한 토지이며 개발 이익의 97%가 공공에 환원된다. 또한 주거와 업무·상업기능은 물론 주민을 위한 문화, 체육, 일자리 제공 기능까지 갖춘 13만㎡(39,325평) 규모의 복합단지로 계획 중이다. 버스 차고지 인근에 사는 주민들은 버스 차고지에서 발생하는 매연과 소음 등에서 벗어날 수 있어서 복합단지 개발을 반기고 있다. 당연히 주변 부동산에도 긍정적인 영향이 나타날 것으로 예상된다.

　시내버스 차고지 이외에도 시외버스터미널부지도 활용도가 높다. 시외버스터미널은 각 지역의 중심부에 위치해 있을 뿐만 아니라 고속도로에 인접해 있어 교통의 요지라고 할 수 있다. 그리고 터미널 주변으로 시가지가 잘 형성되어 있어 인구 유입도 많은 편이다.

　구 원주 시외버스터미널은 오랫동안 방치됐다. 사람들의 발길이 끊기면서

현재의 원주 시외버스터미널 ⓒ네이버

흉물스럽게 변한 건물은 노숙자와 비행청소년들의 쉼터로 전락했다. 원주시는 여러 가지 해결방안을 모색한 끝에 시외버스터미널부지를 70억 원에 매입해 원주시 소유로 전환했다. 현재는 건물을 헐고 새로운 사용계획을 세우기 전까지 주민들이 자유롭게 이용할 수 있는 공용주차장으로 이용하고 있다. 원주시는 터미널부지 전체를 민간업체에 매각하는 방안과 민간자본을 유치해 개발을 추진하는 방안을 모색하고 있다. 주변 상권과 중복되지 않는 것은 물론 주변 상권의 활성화를 유도하는 업종을 유치해야 한다는 의견이 거론되고 있다. 앞으로 주목해야 할 지역이다.

충주시 문화동 531번지 일대의 옛 시외버스터미널부지는 공용주차장으로 이용되다가 충주우체국이 이 땅을 매입하면서 새롭게 우체국 청사가 건립되었다. 터미널이 이전하면서 문화동 일대의 상권이 주저앉는 분위기였으나 우체국이 새롭게 들어서면서 활기를 되찾았다. 유동인구가 크게 늘어났을 뿐만 아니라 신사옥으로 변신하며 깔끔한 이미지까지 더해져 주변 상권에 도움을 주고 있다. 물론 장기간 사용되어온 버스 차고지라면 각종 유해물질이 토양 내에 스며들어 있을 수 있기 때문에 이런 점은 주의해야 한다.

옛 버스터미널부지의 주변 땅에 주목하자

서울 용산 관광버스터미널부지에는 관광호텔이 들어선다. 용산 관광버스터미널은 사실 전자상가로 더 유명한 곳이다. 즉 본연의 기능을 상실한지 오래됐다는 의미이기도 하다. 이에 따라 서부T&D가 2009년 서울시에 개발을

용산 관광버스터미널 부지에 공사 중인 용산관광호텔 ©네이버

제안했고, 2017년 완공을 목표로 매머드급 관광호텔이 들어설 계획이다.

이와 같이 버스 차고지, 시외버스터미널부지는 도시의 중심부에 위치하면서 토지의 크기가 상당히 크다는 특성이 있다. 그래서 복합단지, 쇼핑몰, 호텔 등을 건축하게 된다. 그러면 주변 상권도 함께 살아난다. 서울을 제외한 지방의 터미널부지는 오랫동안 그 자리를 지켰던 사례가 대부분이라서 주변 상권이 잘 조성되어 있다. 터미널부지를 직접 매입하는 것도 좋지만 확실한 개발호재가 있다면 주변 상권 활성화를 염두에 두고 인근의 토지를 매입하는 방식으로 투자를 진행하는 것도 전략적으로 좋은 방법이 될 수 있다.

해수욕장이나 관광지 주변의 펜션부지 | 11

'펜션'이라는 말은 원래
'연금'이라는 뜻의 단어다.
유럽에서 연금을 받는 은퇴자들이
민박풍의 작은 호텔을 많이 운영하여
펜션이라고 부르게 됐다.
우리나라에서도 펜션이 은퇴자들의
중요한 투자처로 주목받는 것은
어찌 보면 자연스러운 일이다.

　많은 사람들과 함께 토지 현장답사를 다니다 보면 각자의 목표에 대해 자연스럽게 이야기를 나누게 된다. 그럴 때마다 바다가 잘 보이거나 풍경이 좋은 자리에 땅을 사서 펜션을 짓는 게 꿈이라는 이야기를 자주 듣게 된다.

　필자 또한 비슷한 꿈이 있어서 태안, 부안 등의 지역에 바닷가 조망이 가능한 해수욕장 인근 땅을 가지고 있다. 그래서 몇 년 후에는 그 땅에 펜션이나 전원주택을 지을 계획이다. 나의 최종 목표는 제주도나 새만금에 리조트를 만드는 것이다. 현재 부안에는 대명리조트 같은 대규모 콘도가 있는데 가격도 착하고 가족 단위로 숙박 및 여가시간을 보내기에 매우 좋다. 하지만 필자의 기준으로 볼 때는 아쉬움이 많아 좀 더 가격을 낮추고 이벤트도 많이 하는 더 멋진 리조트를 새만금에 만들고 싶다.

펜션은 유럽이나 일본 등에서는 오래전부터 보편화되어 왔으며, 우리나라에서도 빠르게 대중화되면서 그 수요도 점점 늘고 있다. 강원도, 가평, 양평, 안면도, 강화도 등 관광지 인근 주변에 밀집해 있는 것이 특징이다. 펜션은 취사가 가능하기 때문에 음식을 만들어 먹을 수 있고 독립된 독채 형식으로 개인 프라이버시를 지킬 수 있는 장점이 있다.

펜션들은 바닷가에서 특히 인기가 높다. 우리나라는 삼면이 바다인 만큼 동해, 서해, 남해 모두 최고의 휴양지로 국민의 사랑을 받고 있다. 요즘은 주 5일제가 정착되면서 꼭 여름 휴가철이 아니더라도 계절과 관계없이 바닷가를 찾는 사람들이 많아, 도시민들에게 항상 꿈과 같은 바다 근처의 해수욕장 펜션이 인기를 끌 수밖에 없다.

은퇴자들에게 인기 있는 펜션사업

은퇴를 앞둔 박상건 씨는 노후 주거지로 전원주택부지를 알아보다가 아내와 함께 펜션사업을 하는 것도 나쁘지 않을 것 같아 적당한 지역의 펜션부지를 알아보았다. 여러 부동산을 다녀보고 답사를 다녀온 결과, 서울과 가깝고 산과 바다가 가까이에 위치한 강화도가 펜션부지로 가장 적합했다. 서울에서 가깝기 때문에 여행객 유입도 쉽고, 이미 펜션들이 밀집해 있기 때문에 수도나 전기 등 펜션 건축에도 큰 어려움이 없기 때문이었다.

그러나 바다에 바로 붙어 있는 땅은 가격이 높은 편이었고, 그중 바다에서 약간 떨어져 있지만 지대가 높아 바다 조망이 가능한 토지는 3.3㎡당 1백20만 원으로 나온 매물이 있었다. 그리고 해수욕장과도 가까웠다. 박상건 씨는 고민 끝에 이 토지를 매입하기로 했다.

펜션의 특성상 바다, 강, 휴양림이 가깝지 않으면 개인 수영장을 짓거나 스파시설을 들여야 예약이 잘 된다는 정보 때문에, 박상건 씨는 건축비와 수영장 운영비를 절감하는 대신 바다 조망을 선택했다. 현재 박상건 씨는 강화도에서 펜션을 성공적으로 운영 중이다.

이와 같이 펜션으로 수익을 얻으려면 관광지 근처에 자리를 잡는 것이 좋은데, 그중에서도 해수욕장 인근에 펜션을 짓는 것도 좋은 전략이다. 이때

펜션에 대한 수요가 점점 늘고 있다.

가장 먼저 토지를 알아봐야 한다. 바다 인근의 토지는 토양의 상태와 지목을 꼼꼼히 따져야 하며 도로와 인접한지, 최근 자연재해가 일어났는지 등도 면밀히 살펴봐야 한다.

펜션부지가 선정되면 펜션 설계 전문가에게 건물 설계와 조경 배치 설계를 의뢰한다. 펜션은 숙박시설과 자연환경을 최대한 살린 휴식공간, 체육시설, 농원 등이 함께 계획돼야 한다. 구체적인 계획이 수립되면 농지전용이나 산지전용허가 후 토목공사를 하고 건축허가를 받아 착공에 들어간다. 펜션을 건축할 때는 수도, 가스가 잘 들어오는지도 주의해서 확인해야 한다.

펜션은 보통 통나무집이나 목조주택이다. 일반적으로 수입 가공목재를 사용해 최고급으로 짓는다. 펜션 시공은 경험이 많고 신뢰할 수 있는 펜션 시공 전문업체에 의뢰하는 것이 좋다. 경험과 노하우가 많은 업체일수록 완공 후 사후관리에도 충실하기 때문이다. 주택이 완성되면 집기와 비품, 전자제품들을 비치하고 인터넷 사이트 등의 다양한 방법을 통해 적극적인 홍보에 나서야 한다. 펜션을 지어놓는다고 손님들이 저절로 찾아오지는 않으니 말이다.

더불어 어떤 일에든 함정은 존재한다. 펜션 투자가 장밋빛 전망만 있는 것은 아니다. 은퇴했거나 은퇴를 앞둔 베이비부머 세대들이 펜션사업에 뛰어드는 경우가 많지만 실패하는 사례도 자주 봐왔다. 가장 흔한 실패 이유는 장소를 잘못 선택하는 경우다. 펜션은 관광지, 강, 바다 등이 가까이에 있는 곳, 사람들이 꼭 가고 싶어 하는 곳이어야 한다는 점을 잊지 말아야 한다. 또 펜션에도 유행이 있기에 외관 디자인이나 내부시설이 유행에 뒤쳐지지 말아야 한다.

은퇴 후에 공기 맑은 시골에서 편안하게 지내면서 펜션으로 돈을 벌겠다는 생각도 위험하다. 현실은 그렇게 여유롭거나 한적하지 않다. 펜션사업을 하다 보면 잔일이 많고 신경 쓸 일도 많다. 자기 집을 여러 채 관리하는 것과 같다고 생각하면 된다. 결코 여유롭게 생활하면서 돈을 버는 일은 아니다. 특히 요즘 펜션 투자에 대한 관심이 높아지면서 그 수요보다 공급이 급증해 성수기에도 공실이 생기는 펜션이 허다하다. 유행병이나 국제 정세에 따라 수익에 영향을 받는 것이 펜션 투자이니 실수요자라면 그 부분도 감수해야 할 것이다.

펜션부지로 적합한 지역

펜션은 건설 전보다 그 후가 더욱 중요하다. 완공되었는데도 활용하지 못해 수익이 나지 않는다면 펜션은 가치가 없다. 왜냐하면 펜션의 목표는 숙박업이기 때문이다. 따라서 펜션은 지금 당장부터 숙박사업이 가능한 곳을 선택해야 한다.

숙박 수요가 많은 대표적인 지역을 예로 들자면, 서해안의 대천해수욕장 주변이 있다. 대

서해안 대부도의 펜션 모습

천해수욕장에서는 해마다 보령머드축제가 열린다. 이 축제가 열릴 때마다 수만 명의 관광객이 대천해수욕장으로 몰려드는데, 숙박업소를 찾지 못해 발을 동동 구를 정도다. 참고로 이 지역은 안면도, 원산도와 연결되는 거대한 해안 클러스터로 발전해나간다는 계획을 가지고 있다. 이런 호재를 미리 알아차린 기획부동산들이 3.3㎡당 1백만 원에 거래되는 땅을 구입해 3.3㎡당 2백~3백만 원에 되팔고 있으니 주의해야 한다.

나는 최근 제주도 지역을 집중적으로 연구하고 있다. 특히 저평가된 해수욕장들의 가치를 높게 평가하는 편이다. 제주도 서북쪽에서는 곽지과물해변, 동남쪽에서는 표선해비치를 주목하는 게 좋다. 이곳 해변은 제주도 특유의 에메랄드빛 바닷물 덕분에 해외여행을 온 것 같은 아름다움을 느낄 수 있다. 그런데도 이들 지역은 아직 펜션과 상권이 잘 형성되어 있지 않다. 펜션과 게스트하우스 등에 잘 투자한다면 수익률 측면에서 만족스러운 결과를 얻을 수 있을 것으로 보인다. 곽지과물해변과 표선해비치는 투자 열기 속에서도 비교적 소액으로 투자할 수 있는 곳이 남아 있으니 참고해볼 만하다.

해변은 아니지만 수상레포츠를 즐길 수 있는 가평과 춘천도 주목할 만하다. 가평과 춘천은 경기도와 강원도로 나누어져 있지만 실제로는 가까운 거리에 위치해 있다. 예전부터 워크숍, MT 등의 수요가 많았던 가평 주변은 관광지도 많고 펜션도 많다. 현재 자리 잡고 있는 업체들이 많기 때문에 최적의 입지와 홍보가 필요하다. 춘천의 경우는 서울과의 교통이 좋아지면서 관광객들이 늘어나고 있다. 또한 앞으로 춘천 레고랜드가 계획대로 건설된다면 당일치기 고객이 아닌 장기투숙 고객들도 늘어날 것으로 보인다.

토지개발부지에 꽂힌 깃발의 의미

토지 개발이 한창 진행 중인
지역을 지나다 보면
흰색, 노랑, 파랑, 빨강…
여러 색깔의 깃발이
꽂혀 있는 것을 보게 된다.
대체 이건 무슨 뜻일까?

　내 땅 근처에 깃발이 꽂혀 있는 것을 발견했다고 생각해보자. 대체 깃발이 무슨 의미인지 모른다면 당황할 수도 있다.

　토지개발계획에 있어서 깃발은 일종의 단서이자 증거의 역할을 한다. 깃발의 색은 그 땅의 개발 진행 상황을 알려준다. 여기서 중요한 것은 깃발이 꽂혀 있는 땅이 아니라 깃발 밖의 토지에 주목해야 한다는 점이다.

우선 흰색 깃발은 강제 수용된 토지를 의미한다. 만약 강제 수용된 토지라면 최소한의 보상밖에 받을 수 없다. 따라서 반드시 피해야 한다. 두 번째는 노란색 깃발이다. 이 깃발은 토지 보상 협의가 진행 중이지만 주민과의 대립으로 시간이 다소 걸린다는 것을 알려준다. 세 번째는 파란색 깃발이다. 파란색은 현재 토지 보상이 순조롭게 진행 중인 상태라는 뜻이다. 네 번째는 빨간색 깃발이다. 모든 토지 보상이 완료되면 깃발은 빨간색으로 바뀐다. 그리고 깃발들이 사라지면 말뚝을 박아 놓는데 이때는 이미 토목공사가 시작됐다는 의미다.

토지 투자의 중요한 힌트가 되는 깃발

만약 내 땅 주변으로 깃발이 꽂혀 있거나 혹은 내가 구매하려는 지역에 깃발이 꽂혀 있다면 우선 도시계획을 확인해볼 필요가 있다. 내가 구매하려는

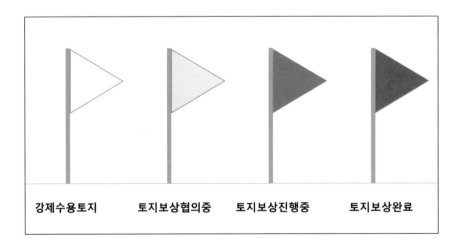

| 강제수용토지 | 토지보상협의중 | 토지보상진행중 | 토지보상완료 |

땅이라면 개발호재가 될 확률이 높고, 내 땅 주변이라면 하루빨리 대책을 세워야 한다.

필자가 운영하는 카페의 회원 땅신 씨가 어느 날 나에게 급하게 쪽지를 보내왔다. 본인의 땅이 도로로 수용당할 것 같은데 어떻게 해야 할지 모르겠다는 것이었다. 우선 땅신 씨와 나는 토지이용계획서를 확인해보았다. 이용계획서 상에는 현재 땅신 씨의 토지와 인접한 6m 폭의 도로 위로 붉은 선 두 줄이 그어져 있었고, 소로 1류라고 쓰여 있었다. 소로 1류는 폭이 10~12m인 도로다. 즉 지금보다 폭이 약 두 배로 확장된 도로가 만들어지는 것이다.

이 도로 확장으로 땅신 씨의 토지 안쪽으로 5m 정도가 수용되고, 40m가량이 도로에 접하게 되었다. 하지만 땅신 씨가 가진 토지 면적에 비하면 극히 일부분에 해당하는 면적이었기 때문에 접도구역을 제외하고도 남은 토지에 건물이나 전원주택을 충분히 지을 수 있었다. 오히려 도로가 확장되면 지가가 30% 정도는 곧바로 오를 것으로 예상됐다. 땅신 씨는 안도의 한숨을 내쉬었다. 하지만 이처럼 땅값에 좋은 영향을 끼치는 일만 있다면 얼마나 좋겠는가? 만약 내 땅의 일부가 수용되면서 고가도로나 고속도로가 된다면 그다지 좋은 일만은 아니다.

앞의 땅신 씨의 사례에서 한 가지 더 생각해 볼 것이 있다. 도로 2차선과 4차선의 차이는 단지 도로 폭의 차이가 아니다. 2차선인가 4차선인가에 따라 땅값에 미치는 영향이 상당히 크다. 서울이나 수도권에 사는 사람들은 대부분 왕복 4차선 도로에 익숙하다. 오히려 강남대로는 왕복 8차선이나 되니 2차선과 4차선이 어떤 차이가 있는지 무감각해지기도 한다. 하지만 도시가 아닌 유동인구가 많지 않은 시골을 떠올려 보자. 상대적으로 좁은 도로와 층수가 낮은 건물이 떠오를 것이다. 그래서 지방의 중심가를 유심히 살펴보면 왕복 4차선 도로를 중심으로 상업시설이 형성되는 것을 발견할 수 있다. 시골 땅에 4차선 도로가 뚫린다는 것은 그 지역의 메인도로가 된다는 뜻이다.

일반인들이라면 "아, 그렇구나"라고 생각하고 말 일이지만, 우리는 그간 배운 것을 토대로 한 가지를 예측해볼 수 있다. 토지이용계획서와 깃발로 좋은 투자처를 선정할 수 있다는 것이다.

토지이용계획서를 볼 때 도로계획에 중로에 해당되는 붉은 선이 그어져 있다면 4차선 이상일 확률이 높다. 시골에서 4차선 이상이 예정된 도로라면 앞으로 중심지가 될 확률이 높다. 그렇다면 그 주변의 땅을 사놓고 기다리면 된다. 길이 뚫리면 시세차익은 몇 배나 오르게 될 것이다.

그리고 깃발이 꽂혀 있는 것을 확인했다면 이미 그 계획은 진행된다는 의미로 보아도 무방하다. 또, 깃발 색에 따라 어느 정도 일이 진행되었는지까지 예측할 수 있다.

2차선이 4차선으로 확장될 예정인 땅

아는 만큼 보인다고 했던가? 이제 깃발의 의미를 알게 된 이상 우리도 어느 정도는 토지를 사야 할 지점을 알 수 있게 된 것이다. 이제 활용하는 일만 남게 되었으니, 토지 답사를 가더라도 남들보다 더 많은 걸 알게 될 것이다.

무시하면 안 되는 접도구역

접도구역은 보통 '숨은 땅'이라고 알려져 있다. 접도구역은 도로와 붙어 있는 땅으로, 도로가 확장될 것을 대비하거나 차량 이탈사고 등에 의한 피해를 막기 위해 도로 경계선에서 일정 거리 이내의 지역을 지정한다. 접도구역은 일반국도의 경우 도로경계선으로부터 5m 이내, 고속도로의 경우 20m 이내로 지정할 수 있다. 이 접도구역으로 지정되면 건물의 신축이나 증축, 땅의 형질 변경에 제한이 생긴다.

오래전 한창 토지 투자를 하러 다니던 시절에 중개사가 "이곳은 접도구역으로 표시되어 있어도 소유자의 토지라서 얼마든지 이용할 수 있다"고 말했다. 나는 깜짝 놀라 "접도구역은 건축행위를 할 수 없다"고 말했는데, 오히려 중개인은 "당신이 뭘 아느냐"며 면박을 준 일이 있었다. 물론 나는 그 공동투자에 투자하지 않았지만 너무나 당당한 중개사의 말에 내 지식이 잘못되었는지 확인해봤다.

결론은 나의 지식이 맞았다. 접도구역으로 지정되면 이 지정 부분 외의 지역에서만 건축이 가능하다. 만약 건축을 하게 되더라도 접도구역은 보통 주차장과 같이 개발행위가 아닌 용도로만 사용이 가능하다. 따라서 접도구역이 속한 땅을 구매할 때 접도구역으로 지정된 만큼은 정상가에서 차감해야 하는 것이다.

최근 카페를 함께 운영하는 정연수 부소장은 대전에서 세미나를 진행했다. 카페 세미나에서는 몇 가지 퀴즈를 내서 세미나 참석자들의 생각을 넓히는 시간을 갖기도 한다. 그런데 퀴즈 시간에 '접도구역'에 대한 이점을 설명하던 부소장에게 땅덩이라는 닉네임의 회원이 다가와 조심스럽게 질문했다.

그는 2차선 도로변에 330㎡(100평) 정도 되는 땅을 보유하고 있었는데, 단순 투자용으로 땅을 구입하다 보니 접도구역이 있는 땅을 매입했다. 막상 구입하고 5년 정도가 지나 주변 시세가 두 배정도 올라 땅을 내놓았는데, 어째서인지 자신의 땅만 거래되지 않는다는 것이었다.

정연수 부소장은 그의 딱한 사정을 듣고 함께 땅을 분석해보니 안타깝게도 330㎡(100평)의 땅 중 절반이 접도구역에 닿아 있어 건축행위도 하기 힘들었다. 결국 부소장은 가지고 있어도 돈이 되지 못한다고 회원에게 말해주었고, 그는 울며 겨자 먹기로 구입했던 가격 그대로 되팔 수밖에 없었다.

하지만 2014년 9월부터 정부는 이 접도구역의 규제를 어느 정도 풀었다. 기존 고속도로 양쪽 20m에 달하는 접도구역을 10m로 확 줄인 것이다. 이로써 여의도의 18배에 달하는 면적이 규제에서 벗어났다. 고속도로변의 접도구역을 소유하고 있던 많은 지주들에게 희소식이 됐다.

고속도로 IC에 주목하라　13

시흥IC ⓒ네이버

잊을 만하면 새로운 고속도로의 '조기 착공', '개통' 소식이 들린다. 새 고속도로가 뚫린다는 뉴스는 일반 시민들에게는 출퇴근 시간이 짧아지고 교통혼잡이 해소된다는 소식이지만, 토지 투자자들에게는 땅값이 오르는 반가운 소식이다.

　고속도로 개통은 토지 투자에서 매우 반가운 투자 포인트다. 늘 말하지만 길이 열리는 곳에 돈이 몰려든다. 도로가 개통되는 곳에서는 토지 투자로 큰 시세차익을 얻을 수도 있다. 하지만 사전조사 없이 안일하게 덤벼들었다가는 구매한 토지가 장기간 묶이는 불상사가 일어날 수 있다. 무엇보다 수익을 낼 수 있는 포인트가 어디인지, 어떤 핸디캡이 있는지 통찰할 수 있는 안목을 키워야 한다.

고속도로 중에서 토지 투자처로 가장 적합한 지역은 차량이 들어가고 나오는 인터체인지(Interchange, 이하 IC) 주변이다. 그렇지만 새 고속도로가 개통된다고 인근 지역이 모두 수혜를 입는 것은 아니다. 고속도로가 인근에 있어도 차량의 출입구인 IC가 멀면 차량 통행으로 인한 소음 피해만 크고 정작 고속도로 출입은 불편하다. 주거지역으로서의 매력이 떨어지게 되는 것이다. 그래서 실제로 수도권 신도시들도 고속도로 IC 주변에 주거단지가 밀집되는 현상이 나타난다.

어떤 지역이든지 지가상승의 척도가 되는 것은 유동인구가 얼마나 되느냐다. IC 주변 지역은 주거지(아파트), 공장(물류창고), 주유소, 식당 등이 다양하게 들어설 수 있는 호재를 안고 있다. 쉽게 말해 IC는 인접한 도시와 연결되는 출입구와도 같다. 따라서 IC와 가까운 지역은 다른 지역보다 개발진행 속도가 더 빠를 수밖에 없다는 게 또 하나의 토지 투자호재로 작용한다.

지방의 IC 인근의 모습 ⓒ네이버

고속도로 IC 개발이 확정되면 인접한 토지의 시세는 빠르게 상승한다. 이때 주의해야 할 점은 투자 타이밍을 놓친다면 오히려 비싼 땅을 사게 되는 안 좋은 결과를 낳을 수도 있다는 것이다. 지가에 거품이 껴 장기간 정체될 수도 있기 때문이다. 이럴 때 수익이 발생할 수 있는 지역과 그렇지 않은 지역을 분간할 수 있는 안목이 중요하게 작용한다.

IC 주변 토지 투자, 성공하고 싶다면 시야를 넓혀라

필자의 큰아버지는 충남 예산군 고덕면에 50년 이상 거주하면서도 땅값이 오를 것이라고는 상상도 하지 못했다고 한다. 하지만 당진-대전간 고속도로가 뚫렸고 고덕IC가 생기면서 모든 것이 달라졌다. 큰아버지댁 주변 땅값이 세 배까지 오른 것이다. 원래 시세는 3.3㎡당 10만 원이었는데 현재는 30만 원대 이상까지 상승했다.

이렇듯 고속도로 IC가 생기면 주변 땅값이 기본적으로 두 배 이상 올라버리기 때문에 많은 투자자들이 IC 예정지에 주목하고는 한다. 하지만 여기에도 함정이 있다. IC가 생긴다고 무조건 주변 땅값이 오르는 것은 아니기 때문이다. IC 주변에 배후 개발지, 배후 산업단지가 생겨나야 한다. 아무런 호재도 없는 IC 주변은 지가상승이 더딜 수 있다는 것에 주의해야 한다.

IC 개발 예정지와 인접한 지역 대신 조금 벗어난 지역을 공략하는 방법도 있다. 통상적으로 IC에서 반경 3㎞ 내에는 고수익을 줄 수 있는 토지가 숨어있는데, 해당 토지가 건축물을 올릴 수 있는 곳인지 빠르게 파악한다면 투

활성화된 IC 인근 ⓒ네이버

자의 성공을 부를 수 있다. 또한 반대로 생각해보면 IC와 가깝다는 이유만으로 건축할 수 없는 맹지나 농림지 등을 덜컥 계약할 시 이도 저도 못하는 땅이 될 수도 있다는 것에 주의하자.

고속도로 IC 개발 예정지는 고수익을 낼 수 있는 노른자임은 틀림없다. 그렇지만 거품 낀 가격에 현혹되거나 "IC 인근이니 언젠가는 개발되겠지" 하는 생각으로 불확실한 토지에 투자한다면 투자 실패로 이어질 수도 있다.

손해 보지 않고 안정적으로 투자하는 방법은 지속적으로 정부나 지자체에서 발표하는 도시계획을 꼼꼼히 살펴보는 것이다. 그래야 투자 실패 확률을 낮출 수 있다.

주목할 만한 IC 개발 예정지

그렇다면 앞으로 주목해야 할 호재가 많은 IC 개발 예정지는 어디일까? 우선 새만금-포항간 고속도로가 뚫리면서 새로 생겨날 IC들을 눈여겨봐야 한다. 필자는 3년 전, 이 고속도로의 1차 구간인 새만금-전주간 IC가 들어설 자리에 투자했다. 현재 착공에 들어갔고 지가는 두 배 이상 오른 상태다.

아직 공사가 시작되지 않은 새로운 고속도로로 제2외곽순환고속도로가 있다. 수도권 일대를 원처럼 잇는 도로인 제2외곽순환고속도로는 인천, 김포, 파주, 포천, 양평, 이천, 오산, 안산을 연결할 계획이다.

두 번째 주목할 곳은 2015년 11월에 사업 내용이 발표된 서울세종고속도로다. 경기 구리에서 서울을 거쳐 세종까지 연결하는 왕복 6차선 고속도로로 탄생하며 용인, 안성, 세종시 등이 수혜지로 각광받고 있다.

셋째로 당진-대전간 고속도로의 확장도로인 대산-당진간 고속도로 건설

대산–당진간 고속도로 예정지 ⓒ네이버

을 요구하는 목소리도 높아지고 있다. 만약에 이 고속도로가 건설된다면 당진과 서산 사이에는 세 개의 IC가 만들어지게 된다. 바로 정미IC, 대호지IC, 대산IC 세 곳이다. 서산시 대산항의 컨테이너 물동량이 증가하는 만큼 앞으로 이들 지역 주변이 급속도로 개발될 가능성이 크다.

필자는 특히 이중에서도 대산IC를 가장 좋게 본다. 대산IC는 주변에 산업단지가 있어서 대기업들이 들어와 투자할 경우 큰 시세차익이 발생할 것으로 보인다. 주의할 점은 대호지IC와 정미IC는 인근에 산업단지가 없기 때문에 IC 인근 1㎞ 이내로만 투자하기를 권한다.

지자체 청사가 들어서면 땅이 달라진다

14

화성시청

필자가 항상 강조하는 법칙이 있다.
바로 '3㎞ 법칙'이다.
고속도로 IC 3㎞ 이내,
개발지 3㎞ 이내,
그리고 시·군청 3㎞ 이내의 땅에
투자하라는 말이다.
밑줄 긋고 기억하자.
'3㎞ 법칙!'

관공서가 들어서는 곳의 땅값은 늘 들썩인다. 가장 대표적인 사례가 바로 세종시일 것이다. 수도권의 중앙부처들이 세종시로 내려오면서 수혜를 입은 땅 주인들이 많았다. 세종시의 지가가 최근 5년 사이 잠시 주춤한 것은 사실이지만 성급하게 매도할 필요는 없다. 왜냐하면 정부 각 부처가 자리 잡고 있기 때문에 안정되면 다시 활성화될 것이 분명하기 때문이다.

정부부처나 지자체 관공서 주변 토지는 수요가 많아 환금성이 좋다. 즉 묶이지 않고 지가상승이 꾸준히 일어난다고 보면 된다. 물론 무조건 시청이나 군청 주변이라고 다 뜨는 건 아니다. 개발호재가 뒷받침되어야 한다.

지방 오지의 군청은 인구가 좀처럼 잘 증가하지 않기 때문에 군청 인근에 투자한다 해도 수익 보기가 쉽지 않다. 그래서 인구가 늘어나는 지역, 인구가 늘어서 군에서 시로 승격되는 지역에 관심을 가져야 한다. 바로 이런 지역이 새만금(부안), 당진, 평창, 세종시 등이다. 개발호재가 확실한 지역의 시·군청 주변은 토지 수요가 점점 커지기 때문에 투자가치가 상승한다는 것을 기억하자.

관심을 가지고 있는 지역에서 개발계획이 꿈틀거린다면 주목해야 한다. 이런 개발계획을 지휘하는 곳이 시·도·군청이라면 도시계획과, 농지과, 건축과 등은 참모의 역할을 담당한다. 각 지자체들은 도시 개발을 통해 인구 유입을 유도하고 살기 좋은 지역으로 조성하기 위해 획기적인 아이디어를 찾기 마련이다. 토지 투자자라면 눈에 불을 켜고 집중, 관찰해야 할 대목이다.

그렇다면 이렇게 지역 개발의 중심에 서 있는 지자체가 청사를 옮기게 되면 신(新)청사가 들어서는 땅은 어떻게 될까? 아마도 큰 폭의 지가상승이 이루어지는 것은 당연한 일일 것이다. 그래서 토지 투자자라면 지자체가 신청사를 건립하는 부지를 놓치지 말아야 한다.

지자체 청사를 이전할 때 부지 선정의 조건

현재 다수의 시·군청들이 청사 이전을 계획하거나 준비하고 있다. 물론 시민들의 혈세를 낭비해 논란이 됐던 성남시청 이전과 같은 부정적인 사례도 있다. 하지만 대부분의 경우 지역 발전 균등화를 목적으로 청사 이전계획이 수립된다.

지자체 청사 이전과 같은 정보를 얻기 위해서는 발품을 팔며 치밀하게 조사에 나서야 한다. 물론 그리 녹록지는 않다. 철저한 비밀에 부쳐 진행되는 사안인 만큼 장기적인 관점에서 하나부터 열까지 조사를 실시해야 한다.

그래도 정보를 가장 많이 얻을 수 있는 방법으로 각 지자체 담당자, 읍·면사무소 직원, 지역 의원, 이장 등의 입을 통해 듣는 것이다. 토지 투자는 가만히 있는 자에게 성공을 보장해주지 않기 때문에, 발품을 파는 노력형 투자자의 자세로 정보 습득에 열성을 기울인다면 그만큼의 좋은 결과를 얻을 수 있다.

그렇다면 어떤 부지에 지자체 청사가 이전하기 적합할까? 상식적으로 가장 먼저 생각해볼 수 있는 것은 상대적으로 지가가 저렴하면서도 넓은 부지가 선정될 가능성이 높다는 점이다. 우선 지자체는 행정업무를 볼 수 있는 건물 외에 주차장, 체육시설, 주민편의시설 등이 함께 조성될 가능성이 높다. 따라서 농림지처럼 지가가 저렴한 땅이나 그린벨트처럼 개발 제한이 되어 있다가 해제된 땅을 청사 이전 부지로 선정할 가능성이 높다.

또한 사통팔달로 교통의 흐름이 원만하게 잘 갖춰진 장소가 유리하다. 주민들, 방문객, 근무자의 접근이 쉬워야 청사가 제 기능을 수행할 수 있기 마련이 아닌가. 그래서 인접 도로의 존재 여부가 중요한 것이다. 그렇다 보니 주요 도로 부근이나 고속도로 IC 인근이 청사 이전 부지로 유력해지고 때로는 이전과 동시에 도로를 신설하기도 한다.

마지막으로 염두해둘 것은 행정구역의 중심부가 새로운 청사부지로 선정될 가능성이 매우 높다는 점이다. 당연한 이야기지만 각 지자체의 청사들의 위치를 잘 살펴보면, 대부분 동서남북 그 어떤 방향에서도 행정구역을 보다 용이하게 관리하기 위해 중심부에 위치하고 있다. 그리고 대부분의 이런 중심지는 상업지구로 발전돼 있다. 즉, 행정구역의 외곽에 위치하거나 산속처럼 접근성이 낮은 곳에는 지자체 청사가 들어설 가능성이 거의 없다는 말이다. 차라리 현재 구청사가 있는 자리에서 반경 10㎞ 이내로 조사의 폭을 줄여본다면 신청사가 이전될 예상 부지를 파악하는 데 남들보다 유리한 고지를 선점할 수 있다.

신청사가 들어서면 주변 땅은 확 변한다

지자체 입장에서 청사 이전계획은 결코 가벼운 사안이 아니다. 토지 투자자 입장에서도 청사 이전은 정신 바짝 차리고 접근해야 할 문제다. 왜냐하면 청사 이전 부지로 선정되면 그 일대는 투기 열풍이 불면서 땅값에 거품이 잔뜩 껴 가격대가 치솟기 때문이다. 잘못하면 수익보다 손실이 발생할 수도 있기 때문에 조심스러운 접근 과정이 요구된다.

신청사가 들어서면 주변 3㎞ 내의 토지들의 변화는 불가피하다. 농지나 그린벨트 해제 가능성도 기대할 수 있고, 국도와 고속도로 IC 등 교통의 연계성도 확대된다. 그리고 인접 지역 내 상업지구를 조성하고 거주공간을 넉넉하게 배치해 인구 유입의 문을 활짝 연다. 이러한 일련의 과정은 신청사 주변을 새로운 지역 중심지로 탈바꿈시키는 데 큰 역할을 한다. 주변의 땅을 마법처럼 바꿀 수 있는 힘을 가진 존재가 바로 지자체이기 때문이다.

예를 들면 청사 이전을 계획 중인 Y군청이 있다. 매년 인구가 증가하고 있어 곧 시 승격을 앞두고 있는 군이다. 최근 대상지 선정이 마무리됐다는 이야기가 흘러나오고 있다. 청사 이전 예정지는 개발이 불가능하거나 지가가 저렴한 곳으로 결정됐으며 새로 개통되는 고속도로 IC와 인접해 있다. 벌써 주변 상권이 술렁대고 있으며 주변의 토지 보상이 마무리되면 이전계획이 탄력적으로 진행될 것으로 보인다.

충남 예산군청의 경우도 건물이 낡고 협소하다는 이유로 청사를 옮기기로 결정하고 공사 진행을 앞두고 있다. 예산군청 신청사는 오는 2016년 완공을 목표로 하고 있다. 참고로 이곳 주변 토지는 3.3㎡당 50~70만 원에 불과한

ⓒ네이버

땅이었지만 현재는 1백만 원 정도를 호가하고 있다. 앞으로 신청사를 중심으로 하는 행정타운 조성과 공동주택, 문화·예술시설, 주민 휴식공간 등이 접목될 예정이다. 침체된 원도심의 재생 효과는 물론 지역경제 활성화에도 큰 역할을 할 것으로 보인다. 이처럼 지자체 청사의 이전계획은 인접 토지의 가치를 높여주는 존재다.

개발지 인근 투자로 수익 내기 | 15

앞에서 '3㎞ 법칙'을 이야기했다.
그리고 고속도로 IC 3㎞ 이내의 땅,
시·군청 3㎞ 이내의 땅에 대해
살펴봤다.
이번에는 개발지 3㎞ 이내의
땅에 대해 알아보자.

이번에는 앞에서 근근이 이야기했던 '3㎞ 법칙'에 해당하는 개발지 인근 투자에 대해 이야기해보겠다. 그전에 한 이야기를 하고자 한다.

옛날 미국으로의 이민 붐이 일었을 때, 이민자의 직업은 현지 공항에 마중 나오는 사람의 직업에 따라 결정된다는 우스갯소리가 있었다. 이민 가는 사람이 한국에서 어떤 직업군이었든지 간에 마중 나오는 사람이 세탁소를 하면 세탁소 주인이 되고 전기공이면 같은 전기를 다루는 업종을 하게 된다는 이야기다.

어떤 집안의 형제들이 돼지갈비집 운영으로 대동단결하거나 전국 각지에 흩어져 살아도 모두 청과 유통업에 종사한다든가 하는 경우를 주위에서 심심치 않게 볼 수 있는데, 아무래도 가족이다 보니 배우기가 쉽고 노하우의 전수 및 비용 절감에 용이해서 일 것이다. 무엇보다 가족이 먼저 경험해보고 수익이 괜찮다며 추천하기 때문일 것이다.

땅 투자 역시 마찬가지다. 스스로 재미를 봐야 남에게도 추천하는 것이 인지상정이다. 매수, 매도 과정에서 마음고생을 심하게 했거나 팔 도리가 없으니 없는 셈 치고 강제로 보유하게 된 경우에는 도시락까지 싸들고 토지 투자를 말리는 사람이 된다.

나의 경우에는 친한 친구의 어머니가 토지 투자를 말렸다. 최근 그 친구가 비교적 저렴한 비용으로 집을 마련해서 초대를 받았다. 오랜만에 방문한 집에서 친구의 어머니는 한껏 솜씨를 발휘해 만든 정갈한 음식과 함께 나를 반겨주셨다.

"다들 힘들다고 난리인데 이번에 삼성동으로 사무실을 이전했다고 들었다. 땅이란 게 돈 있으면 다 산다지만 아무나 할 수 있는 투자가 아니던데, 승승장구하고 있다니 대견하구나."

사실 친구의 어머니는 내가 처음 땅 투자를 시작할 때 친부모님보다 더 걱정하며 말리셨다. 이유는 본인이 큰 투자를 해 실패를 맛보셔서 내가 그러한 아픔을 겪길 바라지 않았기 때문이었다.

부동산 이전에 어떤 사람을 통해 투자하게 되는지도 중요하다는 것을 친구 어머님을 통해 깨달은 나였기에 매사에 더 조심스럽다.

개발지 투자 실패의 아픈 추억

인터넷에 떠도는 '땅 투자 철칙' 등을 보면 10년 이상 묻어둘 각오를 하라는 표현도 있는데, 이것은 이익 실현에 조급해하지 말고 느긋하게 기다릴 줄 알아야 한다는 뜻일 것이다. 그러나 이것은 마인드 컨트롤에 능하고 판세를 읽을 줄 아는 고수에게나 가능한 스킬이지 실제로는 2년도 좀이 쑤셔서 기다리지 못하는 사람이 대다수이다.

그리고 수많은 투자자를 대하면서 느낀 것 중 하나는 소 뒷걸음질 치다 쥐가 잡히는 것처럼 '초심자의 행운(처음 시도에 거두는 작은 성공)'이 따라야 재미를 느끼며 공부하는 진취적인 투자자가 되더라는 사실이다.

친구 어머니의 사례도 마찬가지였다. 그분의 표현을 빌려 정리하자면 "소문을 듣고 '개발지 인근의 땅'을 지인에게 추천받아 샀는데, '징하게 진척이 안 되다가' 간신히 삽을 뜨나 싶으니까 공시지가 수준에서 수용되어버렸다"는 것이다.

"그놈의 땅을 안 사고 하다못해 돈을 은행에라도 뒀으면 이자 몇 푼이라도 남았을 텐데, 첫 투자에서 그렇게 골치를 썩였더니 그 뒤로는 땅이라면 설레설레 고개를 내젓게 되더라니까."

어머님은 부동산 투자에 학을 떼신 듯 진저리를 치셨다.

역세권 예정지, 신도시 예정지 등은 아주 핫한 호재다. 벼를 심던 논에 전철역이 들어서면서 농사짓던 촌부가 하루아침에 급등한 땅값 덕에 외제차를 몰고 다닌다는 등의 신화를 듣고 마음이 동하지 않는 사람은 없을 것이다. 전 국토를 갈아엎던 시절만큼은 아니더라도 지금도 전국 곳곳에서 개발사업이 이뤄지고 있다.

실제로 대한민국 지도를 가만히 들여다보면 꽤 개발호재가 많다는 것을 실감하게 된다. 초보 투자자의 경우 많고 많은 개발호재 중에 어떤 것에 관심을 가지고 투자해야 하는지조차 어려워하다 보니 신도시 개발에 가장 먼저 관심을 보이게 되기 마련이다. 아무래도 뉴스나 인터넷 검색을 통해 알게 되는 신도시의 개발 소식이 다른 개발 소식보다 쉽게 접할 수 있기 때문이다. 게다가 분당, 동탄 등지에서 들려오는 신도시 투자로 어마어마한 수익을 냈다는 전설 같은 사례들을 접하다 보면 자연스럽게 신도시들을 눈여겨보게 되는 것이다.

충남 내포신도시

일단 신도시에 투자할 때는 교통수단이 어떻게 발전할 수 있을지를 먼저 확인해야 한다. 분당과 일산의 경우는 외곽순환고속도로와 인접했기 때문에 성공할 수 있었다. 따라서 신도시에 투자한다면 도로계획과 전철, 고속철도망이 어떻게 이루어질지에 대해 관심을 갖는 것이 중요하다.

더불어 친구 어머니의 사례처럼 '개발지 인근'이라는 말만 듣고 무턱대고 땅을 샀다가 실패를 겪는 초보 투자자들이 생각보다 많다. 실패하지 않으려면 제대로 알고 제대로 투자해야 한다.

그렇다면 개발지 인근이라는 것은 과연 어느 정도의 영역을 의미하는 것일까? 나는 개발지에서 1㎞ 이내 거리는 투자에 적절치 않다고 생각하는 편이다. 예를 들어 A지역에 역사가 들어선다고 가정하면, A역사가 만들어지기 위해서는 주변 지역을 수용해야 한다. 이때 수용을 통한 토지대금은 거의 공시지가에 맞춰 지급되는 편이다. 만약 실거래가가 3.3㎡당 1백만 원이더라도 공시지가가 3.3㎡당 80만 원이라면, 수용될 때는 80~90만 원 정도에 맞춰 진행된다. 그래서 투자자들이 수용을 두려워하는 것이다.

이 수용에서 벗어나기 위해서는 지역마다 다르겠지만 최소 1㎞를 벗어난 땅에 투자해야 안전하다. 역사 부지에서 반경 500~800m 이내의 땅에 투자했을 경우 수용될 수 있다는 리스크를 안고 있는 셈이다.

그렇다고 개발지를 너무 벗어나서도 안 된다. 개발지의 영향권은 보통 3㎞까지다. 3㎞ 이상 벗어나면 개발의 효과를 얻지 못해 땅값이 오르지 않을 수도 있다.

자녀의 성장과 함께하는 토지 투자

특히 신도시 예정지인 곳은 10년 정도의 장기투자를 예상해야 한다. 왜 그 럴까? 그 이유는 개발 진척 속도가 생각보다 느리고, 기다리면 기다릴수록 지가의 상승폭이 커지기 때문이다.

부동산 투자를 10년간 해온 지인 중 정탁 씨는 일찍 토지에 눈을 떠서인지 남다른 투자 비법들을 가지고 있다. 그중 하나가 아이들을 위한 투자였다. 그는 두 자녀가 태어나자 땅을 사두었는데, 첫째 아들을 위해 그는 8년 전 홍성에 있는 땅을 샀다. 그때 그가 산 곳은 내포신도시 인근의 땅이었다.

내포신도시는 면적만 562만㎡(170만 평)에 달하는 거대 신도시가 될 예정 인 곳이다. 게다가 충청남도는 내포신도시와 인접한 홍성을 대표 도시로 만 들기 위해서 총력을 기울이고 있어 충남도청을 이전해오기도 했다. 아마도 향후 충청남도의 중심축은 예산과 홍성으로 이동될 것으로도 보인다.

그는 이렇게 개발계획과 호재가 풍부한 지역에 땅을 샀고, 앞으로 10여 년 을 더 묵혀둘 예정이라고 말했다. 2020년 신도시 완공 때까지는 지가가 계 속 상승할 가능성이 많은 지역이라는 분석이다.

또, 홍성을 지나는 서해선 복선전철은 토지 투자자들이 가장 주목하는 국책사업 중 하나다. 이 서해선 복선전철이 지나는 역사 중에서도 아직 투 자 바람이 불지 않은 몇몇 지역들이 존재해 저렴하게 투자할 기회가 남은 곳 이다. 그중에서 홍성의 충남도청역과 가까운 삽교역 같은 곳은 내포신도시 와 예산 일반산업단지에 인접해 있어 앞으로 지가상승이 이루어질 것으로 기 대된다. 현재 홍성은 도청이 이전할 부지의 수용지역 밖의 시세가 3.3㎡당

50~60만 원에 그치고 있어 투자와 귀농 등을 고려하기에 적합하다.

그리고 정탁 씨는 3년 전 홍성처럼 투자가치가 있는 개발지로 송산역 부근을 점찍고 둘째 딸을 위해 이곳 땅을 구입했다. 송산은 서해선 복선전철의 끝자락에

서해선 복선전철이 뚫리는 홍성과 송산 ⓒ네이버

위치한 곳으로 송산 그린시티 등의 호재를 품고 있는 지역이다. 현재진행형인 제2기 신도시와는 달리 제3기 신도시가 들어설 곳으로 자족기능과 레저, 휴양을 담당하는 도시가 될 것으로 보인다. 게다가 송산은 분당의 세 배 크기로 도시화가 진행될 예정이다. 그래서 정탁 씨는 송산이 동탄과 분당처럼 지가가 크게 오를 지역이라고 주장한다. 지금은 다소 송산의 개발 속도가 느리지만 한국수자원공사에서 진행하는 만큼 관심을 가지고 두고 봐야 할 지역임에는 분명하다.

정탁 씨가 둘째 딸을 위해 투자한 이 지역의 땅은 아마 딸이 성인이 되어서야 수익을 얻을 수 있을지도 모른다. 필자는 투자라면 3~5년 안에 결과를 내야 한다는 주의지만 자녀의 성장과 함께하는 토지 투자는 상당히 낭만적이라고 생각했다. 초보 투자자에게 공부가 필요한 이유는 개발지에 대한 확신이 필요하기 때문이다. 이 확신이 있다면 정탁 씨처럼 기간을 설정하는 소액투자가 가능해질 것이다.

1. 오강남 씨는 약간의 경사가 있지만 4m 도로에 인접한 땅과 4m 도로와의 사이에 구거가 있는 땅 중 한 곳에 투자하려 한다. 어떤 땅에 투자하는 것이 좋을까?

① 4m 도로에 인접한 땅   ② 4m 도로와의 사이에 구거가 있는 땅

2. 김삼성 씨에게는 가드레일이 있는 4차선에 접한 꺼진 땅과 가드레일 없는 2차선에 언덕진 땅이 있다. 각각의 시세를 올리는 방법은?

① 가드레일 있는 4차선에 접한 꺼진 땅   ② 가드레일 없는 2차선에 언덕진 땅

3. 현대우 씨는 투자를 앞두고 고민에 빠졌다. 계획도로가 예정된
   땅과 현황도로가 있는 땅 중에서 어느 곳이 더 투자가치가 높을
   까?

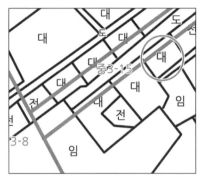

① 계획도로 부지의 땅

② 현황도로의 땅

4. 2차선 도로변에 인접한 접도구역의 네모난 땅 661㎡(200평)와
   2차선 4m 도로에 접한 땅 330㎡(100평) 중 어느 땅이 더 투자
   가치가 있을까?

① 2차선 도로변에 인접한 접도구역의
   네모난 땅 661㎡

② 2차선 4m 도로에 접한 땅 330㎡

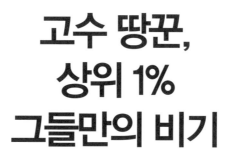

고수 땅꾼,
상위 1%
그들만의 비기

3

숨어 있는
개발촉진지구를 찾아라 | 01

현황

ⓒ네이버

1970년대까지만 해도
강원도에는 탄광촌들이 있었다.
그런데 지금은 탄광이 있던 자리에
카지노와 스키장이 들어서 있다.
어떤 변화가 있었던 것일까?
바로 개발촉진지구 사업이
지역을 변화시킨 것이다.

　전국의 다른 지역보다 현저하게 낙후된 지역을 발전시키기 위해 지정하는
것이 바로 '개발촉진지구'다. 이런 개발촉진지구는 토지 투자자들에게 좋은
투자처가 되어왔다.

　일단 개발촉진지구로 지정되면 해당 광역지방자치단체별로 지역 특성에
맞게 개발계획을 수립하게 된다. 이렇게 마련된 개발계획은 관계부처의 협의

와 조정을 거쳐 최종 확정된다. 그 뒤에는 지역개발사업이 이루어진다.

이런 개발촉진지구의 실제 효과는 쉽게 찾아볼 수 있다. 1996년도에 정부는 강원 탄광지구를 개발촉진지구로 지정했다. 당시 강원 탄광지구에 속한 지역은 태백, 삼척, 영월, 정선이었다. 이들 탄광지구에 카지노, 스키장, 골프장 등과 같은 관광휴양시설을 통한 개발이 예정되었고 실제로 개발이 추진됐다. 20여 년이 흐른 지금, 이들 지역은 관광레저지역으로 각광받고 있다.

2001년 3월 강원도 횡성군 일원, 전남 화순군·강진군 일원, 경남 함양군 일원, 강원도 춘천시 일원 등도 새롭게 개발촉진지구로 지정됐고 개발이 이루어졌다. 개발촉진지구 지정으로 낙후된 지역이 활기를 되찾을 수 있다는 것을 보여준 사례들이다.

개발촉진지구로 지정되면 찾아오는 변화

이렇게 개발촉진지구로 지정되는 순간부터 땅값이 오르는 것은 당연한 결과다. 그래서 소액 투자자들일수록 이런 개발촉진지구 투자에 대해 관심을 가지고 공부해야 한다.

지난 2010년에는 강원도 철원군 일대가 낙후지역형 개발촉진지구로 지정됐다. 철원군의 개발촉진지구 개발은 자연자원을 이용한 관광휴양산업 육성을 중심으로 지역발전의 기반을 구축하자는 것이 골자다. 그리고 2019년까지 철원군의 경제, 생활, 지형별 특성에 따라 DMZ생태관광단지와 민속마을조성사업을 실시할 계획이다.

낙후지역형 개발촉진지구로 지정되면 그 지역 안에 위치한 중소기업은 소득세 및 법인세를 4년간 50% 감면받게 된다. 그리고 사업시행자는 조성토지에 대해 취득세·등록세가 면제되고 재산세를 5년간 50% 감면받는다. 또한 개발촉진지구의 개발사업계획이 승인되면 산지전용·농지전용 등의 인허가가 쉽게 이루어져 사업 추진 기간과 공사 착수 기간을 앞당길 수 있다. 또한 각종 개발사업에 소관부처별로 국고지원이 이루어지고 도로사업도 원활하게 추진된다.

지난 2011년 전라북도 부안군은 개발촉진지구로 지정되면서 부안군 전체 면적 중 5.81%에 해당하는 28.76㎢(8,699,900평)에 대해 개발계획을 확정했다. 이에 부안군은 국비 541억 원을 지원받아 기반시설을 확충하고 도로 6개 노선을 조성할 예정이다.

고마제 수변테마파크 탐방로 조성에 47억 원, 내소지구 명소화거리 조성에 110억 원, 격포리 일원 해안경관로드 사업에 113억 원, 동중리 일원 에너지테마파크 조성에 91억 원, 줄포습지 및 생태공원 탐방로 조성에 50억 원이 사업비로 책정된 상태다.

부안의 개발촉진지구 사업은 국비 및 지방비 약 2천억 원으로 추진된다. 이 사업을 통해 부안이 새만금 지역의 대표 도시로 발돋움할 것이라며 주민들과 지역 관계자들의 기대가 큰 상태다.

한편, 개발촉진지구 투자의 훌륭한 사례가 부안군청에서 가까운 선은리 일대에서 있었다. 2009년경에 부안군 부안읍에서 투자처를 알아보고 있었는데, 눈에 띄는 곳이 선은리였다. 선은리는 부안군청 주변에서 마지막 남은 농지였고 주변보다 낙후되어 있었다. 충분히 부안군 차원에서 투자개발이 이뤄질 것이라는 확신이 들어 투자를 하게 됐다. 결국 2011년 선은리가 개발촉진지구로 지정되었고 지가는 수직상승했다.

2009년에 3.3㎡당 20만 원 매입했던 토지가 2015년에는 3.3㎡당 40~50

부안군 부안읍 선은리 답사 사진

만 원에 거래되고 있다. 앞으로 버스터미널 이전 호재가 남아 있어서 추후 1백만 원까지 올라갈 것으로 예상하고 있다.

개발촉진지구 투자 사례

김진우 씨는 앞서 설명한 강원 탄광지구 개발촉진사업의 수혜자다. 약 20여 년 전인 1998년, 강원도 평창·인제·정선군이 개발촉진지구로 지정되었다는 정보를 입수한 그는 곧바로 세부 개발사항을 조사했다. 그때 당시는 인터넷이 지금처럼 보편화되지 않았던 때라 지자체를 돌며 정보를 수집하는 데 애를 먹었다고 한다.

그 당시 강원도 평창·인제·정선군의 개발촉진사업은 2004년까지 지역특화산업, 기반시설 및 도시환경정비사업 등 23개 사업에 총 1,318억 원을 투입하여 폐광 지역을 살린다는 계획이었다.

김진우 씨는 강원도 정선 일대가 폐광촌으로 이미 낙후된 지역이라는 것을 알고 있었지만 개발촉진지구로 선정되었다는 정보를 믿고 토지 투자 전문가와 함께 정선의 임야 1,652㎡(500평)를 3.3㎡당 20만 원에 구입했다. 이후 정선에 카지노인 강원랜드가 들어서면서 땅값은 10~20배가량 올랐다. 김진우 씨는 적당한 시기에 저렴하게 토지를 매입하여 큰 이득을 챙긴 셈이다.

그의 토지 투자 성공 이후 지인들은 카지노 관련 소식만 들리면 '투자해도 되는지' 그에게 묻곤 한다고 했다. 최근에도 인천, 부안 등 부동산 시장에서는 카지노 유치가 큰 호재로 작용하고 있다. 그만큼 카지노가 부동산에 미치는 위력은 지금도 막강하다.

또 다른 사례도 마찬가지다. 무조건 싼 땅을 찾던 수용 씨는 여기저기 발품을 팔다가 지난 2000년, 강원도 철원군의 저렴한 토지를 알게 되었다. 강원도 철원군의 개발촉진지구 지정 소식을 듣고, 토지 답사를 통해 생태관광단지의 개발 예정지 인근 토지를 3.3㎡당 8만 원에 매입했다. 당시 굉장히 저렴하게 매입했던 토지였기 때문에 큰 기대 없이 철원군 지역이 활성화될 때까지 묵혀두었다.

그런데 최근에 수용 씨는 매입했던 토지 가격이 다섯 배까지 시세가 오른 것을 확인했다. 구입했던 토지 인근으로 조금씩 상권이 들어서면서 토지 가격도 함께 오른 것이다.

이처럼 개발촉진지구는 정부의 투자로 지역 활성화를 유도한다. 그래서 개발촉진지구로 지정된 지역을 찾아 여러 차례 답사한 뒤, 매물로 올라온 토지의 특징과 입지 조건을 잘 파악하여 매입하는 것이 좋다.

물론 개발촉진지구는 신도시처럼 짧은 시간 안에 큰 발전을 이룩하기는 어렵다. 그러나 국가적인 차원에서 낙후된 지역을 살리려는 노력이 이루어지기 때문에 주변의 입지와 개발계획 등을 잘 고려해 투자한다면 저평가된 토지에 투자해 큰 성과를 기대할 수 있을 것이다.

토지거래허가구역과 개발제한구역 | 02

토지거래허가구역을 아는가?
이곳에서는 땅을 함부로
살 수도 없고, 팔 수도 없다.
그런데 이런 엄격한 규제가
언제 풀릴지 미리 알 수는 없을까?

100원 하는 물건을 100원 주고 사는 일을 투자라고 하는 사람은 없을 것이다. 100원은 할 물건인데 50원 주고 사서 150원에 파는 게 투자다.

돈 냄새는 돈을 부른다. 그리고 발 빠른 투자자들은 매력적인 투자처를 놓치지 않는다. 어떤 지역에 호재가 생기면 자금력 있는 투자자들의 입질이 시작된다. 정보가 빠른 이들이 알짜를 선점하고 뒤이어 개미군단이 따라간다. 돈이 모여들어 각축전을 벌이는 상황을 세간에서는 투기바람이라고 부른다. 이런 과정을 너무 잘 아는 정부는 여러 규제책을 동원해 투기를 막고자 한다. 이렇게 해서 수도권 일대의 신규 개발지 같이 투기적인 토지 거래가 성행할 우려가 있는 지역에는 토지거래허가구역과 같은 규제가 설정된다.

거래하는 입장에서 일차적인 규제는 내가 이 땅을 사려는데 지자체에 허락을 받아야 하는지, 마음대로 사도 되는지 아닌지다. 토지거래허가구역으로 일단 지정되면 일정 규모 이상의 토지를 거래할 때는 시·군·구청장의 허가를 받아야 한다. 해당 땅의 토지이용규제확인서를 보면 토지거래허가구역인지 비허가구역인지를 확인할 수 있는데, 통상 5년 이내의 기간으로 지정되며 재지정도 가능하다.

이와 비슷한 규제를 받는 곳이 또 있으니 바로 국립공원과 자연환경보전지역이다. 이곳들 역시 거래나 개발에 심한 규제를 받는다. 자연환경보전지역은 자연환경, 수자원, 생태계, 문화재 등의 보전과 보호 등을 위해 지정해놓은 곳이다. 그리고 국립공원은 자연이나 문화경관을 대표할 만한 지역으로 지정된 공원을 말한다. 이들 지역에서 개발하려면 지자체장의 허가를 받아야 하는데 대개 공익시설, 공공시설 정도만 허락된다.

사정이 이렇다 보니 투자자 입장에서 토지거래허가구역과 국립공원, 자연환경보전지역은 그다지 달갑지 않은 투자처들이다. 특히 국립공원이나 자연환경보전지역 등에는 이중, 삼중의 규제가 덧씌워진 경우가 많아 심하게 말해 '내 땅이지만 남들이 쓰는 땅'처럼 취급받는다. 그런데 만약 이런 규제가 풀린다면 어떻게 될까? 규제가 사라진다면 마치 매달아놓은 무거운 돌덩이를 떼버린 것처럼 땅값은 용수철처럼 뛰어오를 것이 분명하다.

인내는 쓰지만 열매는 달다

우리나라는 1960년대 많은 지역이 국립공원으로 지정되었다. 덕분에 원래 땅 주인은 묏자리조차 재산권 행사를 할 수 없었다. 그러나 이제는 하나둘씩 국립공원이 해제되면서 개발이 이뤄지는 곳이 많다. 대표적인 곳이 변산반도다.

지난 2013년 전라북도 부안군의 변산반도 국립공원의 일부 해제가 발표되었다. 이곳은 앞서 2011년에도 한 차례 국립공원이 해제된 적이 있었다. 총 730만㎡(2,208,250평) 중에서 470만㎡(1,421,750평)가 계획관리지역으로 변경됐다. 보전산지나 농업진흥지역, 상수원보호구역 등은 기존처럼 농림지역과 자연환경보전지역으로 묶이긴 했지만 해제 지역의 절반 이상에서 개발 사업이 가능해진 셈이다.

나의 지인인 성우 씨는 변산반도에 조상 대대로 내려온 땅을 가지고 있었다. 실제로 변산반도 국립공원 해제 전에는 3.3㎡당 1천 원의 가치밖에 없던 땅이었다. 그래서 있는 듯 없는 듯 여기며 살아왔다고 한다. 그러나 새만금 개발 압력으로 국립공원 일부가 해제되면서 개발

변산반도 국립공원은 새만금의 개발 압력을 많이 받는 지역이다.

가능한 땅으로 변모했다. 그러자 시세는 금방 3.3㎡당 1백만 원대로 치솟았

다고 한다. 거의 1,000배에 가까운 지가상승은 그의 기분을 얼떨떨하게 만들었고, 갑자기 부동산 갑부가 된 것 같은 기분이 들었다고 한다. 그는 조상 대대로 수백 년간 산전수전 겪으며 땅을 지켜온 보람이 있다며 새만금 개발로 계속 뜨고 있는 지역이기 때문에 한동안은 보유할 예정이라고 말했다.

이렇게 토지에 대한 규제가 해제되면 기존의 땅 소유자는 기다림의 결실을 맛볼 수 있다. 그리고 신규 투자자 입장에서는 이런 소식이 들릴 때가 바로 투자할 타이밍이다.

대박땅꾼 카페 회원 중 한 명도 2013년에 변산반도 국립공원 일부 해제가 발표되던 날, 기쁨의 환호성을 질렀다. 변산반도의 농지 일부가 국립공원에서 해제된다는 이야기가 어느 정도 떠돌던 2010년에 그는 이곳에 투자해도 괜찮을지 나에게 문의해왔다. 그때 나는 "70% 정도를 해제 확정으로 보고 그 나머지를 안고 가라"고 답변했던 기억이 난다. 어느 정도의 리스크는 깔고 가야 하는 게 해제지역 투자이기 때문에, 섣부른 기대감을 주지 않으려는

변산반도 국립공원 일부 해제로 변산면의 토지 투자가 인기를 끌고 있다.

이유에서였다.

그가 3.3㎡당 30만 원에 매입한 땅은 5년 만인 2015년 현재 3.3㎡당 1백만 원 선에 거래되고 있다. 사람들이 흔히 하는 "10년 전에만 알았어도 그 땅을 주워담았을 텐데"라는 말은 "로또 번호를 알았다면 샀을 텐데"라는 말과 별반 다르지 않다.

변산반도의 토지

반면 극명하게 희비가 엇갈린 사례도 있다. 10년 전 이모 씨와 박모 씨는 한 투자 커뮤니티에서 만나 함께 부안의 국립공원 일대를 답사다녔다. 이모 씨는 3.3㎡당 1만 원 하는 농지를 샀고 박모 씨는 3.3㎡당 5천 원짜리 임야를 샀다. 임야가 덩치가 큰 탓에 단순 투자금은 박모 씨가 훨씬 많이 들었다고 한다. 그리고 국립공원이 해제된 지금 그 둘의 투자 결과는 어떨까? 1만 원 하던 농지는 1백만 원짜리 땅이 되었지만 5천 원 하던 임야는 아직도 5천 원이다. 즉 국립공원 해제지역도 오르는 곳만 오른다는 이야기다.

이렇게 다른 땅의 팔자를 단순히 복불복으로 돌려야 할까? 분명한 것은 미래는 어떻게 될지 아무도 모른다는 것이다.

고수들은 부지런하게 발품을 팔고 서류를 본다

　토지거래허가구역 해제는 언제나 부동산계의 핫뉴스다. 지난 2013년 7월에는 서울시 준공업지역 내 토지거래허가구역이 모두 해제됐고, 8월에는 도봉구 내 토지거래허가구역이 모두 해제되기도 했다. 2014년에는 포천시가 영북면 소회산리와 운천리, 자일리 지역과 관인면 냉정리, 사정리 일부 지역을 자연환경보전지역에서 해제했다.

　어디가 먼저고 어디가 파급력이 크냐의 차이가 있을 뿐, 규제는 개발의 큰 흐름을 따라 풀려나갈 수밖에 없다. 토지 투자의 고수는 땅을 선점해놓았다가 해제 뉴스를 듣고 몰리는 일반 투자자들에게 판다. 사실 그들의 노하우는 별것 아니다. 국토교통부 고위공무원의 말보다 더 정확한 서류가 존재하기 때문이다. 고수들은 지역공람과 정부의 개발계획을 늘 주시하는데 바로 이렇게 규제가 풀리는 지역을 선점하기 위해서다.

　초보 투자자라면 토지거래허가구역 주변의 땅을 사두면 해제될 경우 상당한 시세차익을 볼 수 있다. 해제되면 거래가 활발해져 주변 지역까지 영향을 받는 경우가 많기 때문이다. 하지만 중요한 건 언제나 성실한 발품이다. 언제나 자신의 안테나를 넓게 열어놔야 한다.

　우리나라는 앞으로 토지의 규제를 풀고 개발할 수 있는 땅을 늘려나갈 것이다. 토지 투자자들에게는 아주 즐거운 미래가 펼쳐질 것으로 예상된다.

자투리땅을
금싸라기 땅으로

03

'자투리'는 옷을 만들기 위해
천을 자로 재어 잘라내고 남은
천 조각을 말한다.
땅에도 이런 자투리들이 있다.
옷감도 땅도 네모반듯한 것이
쓰기에 좋지만,
요즘은 못난이 같은
자투리땅들이 각광받고 있다.

　최근 들어 자투리땅에 대한 평가가 바뀌고 있다. 별 쓸모없는 땅이라는 고정관념을 깨고 활용법에 따라 고수익을 보장하는 금싸라기 땅으로 변신하고 있는 것이다.

　보통 투자자들은 330㎡(100평) 이상의 토지를 선호한다. 그 이상은 되어야 건축물을 올리고 주차장 부지도 확보할 수 있다고 생각한다. 하지만 도심지나 도심에서 가까운 땅은 330㎡(100평) 미만, 264㎡(80평) 정도만 되는 땅이어도 도시형 생활주택이나 소형 원룸을 짓는 데 무리가 없다. 왜냐하면 도시지역 내 주거지역은 건폐율과 용적률이 잘 나오기 때문에 자연녹지지역, 계획관리지역보다 소형 평수로도 활용할 수 있는 여지가 많다. 바로 이것이 소액 투자자에게 크게 부담이 가지 않는 330㎡(100평) 미만의 자투리땅이다. 요즘에는 이미 땅을 보유하고 있던 지주도 자투리땅을 활용한 재테크에 큰 관심을 보이고 있다.

하지만 여기서 주의할 것이 있다. 언제나 그렇듯 예외는 존재하기 마련이다. 주거지역과 상업지역은 330㎡(100평) 미만의 땅이라도 활용할 수 있지만, 자연녹지지역이나 계획관리지역의 땅은 330㎡(100평) 이상은 되어야 투자가치가 있다. 상대적으로 건폐율 제한이 있기 때문에 최소 330㎡(100평)는 넘어야 건축물을 올릴 수 있기 때문이다.

일반적으로 토지 투자를 할 때 기본적으로 중요하게 생각하는 부분이 땅의 생김새다. 토지 공부를 해보면 네모반듯한 토지가 투자가치가 높다는 것은 바로 알 수 있다. 그래서 불규칙한 모양의 땅, 자투리땅은 인기가 없다. 그런데 이와 같은 논리가 서서히 붕괴되고 있다. 불규칙한 생김새의 땅으로도 얼마든지 수익을 창출하는 사례가 점점 늘어나고 있기 때문이다. 그 다양한 성공 사례들을 살펴보자.

자투리땅으로 고수익 내기

　자투리땅은 도심권과 변두리 지역을 가리지 않고 구석구석에 존재한다. 대부분의 자투리땅은 '노는 땅'으로 방치되어 있다. 그러면 자투리땅을 어떻게 이용하면 수익을 창출할 수 있을까?

　먼저 자투리땅에 대한 활용법을 찾기 전에, 사용 용도에 따라 치밀한 준비가 필요하다. 주변 지역이 단순한 거주지인지, 아니면 개발 예정지나 변두리 농업지역인지 먼저 고려해야 한다. 그리고 유동인구의 현황, 인접한 생활시설 등을 조사해 용도의 폭을 점점 좁혀본다.

　도심지의 자투리땅이라면 무엇보다 상업적인 용도로 활용하는 것이 가장 적절하다. 수요가 풍부하기 때문에 소형 임대주택, 식당, 주차타워, 광고탑 등으로 이용할 수 있다. 편의점이나 무인현금인출기, 야구 배팅 연습장처럼 소규모 점포 형태도 좋다. 그러나 도심권 내 건축규정은 많은 제약을 동반하기 때문에 반드시 해당 사업에 대한 법적문제가 있는지 꼼꼼하게 살펴봐야 한다.

　개발 예정지의 자투리땅이라면 단순히 개발만 되기를 바라며 도시계획만 바라보는 짝사랑 전략은 접어야 한다. 개발 붐이 있던 과거에는 이와 같은 전략으로 적잖은 수익을 얻을 수 있었다. 하지만 이제는 과

주차타워 ⓒ네이버

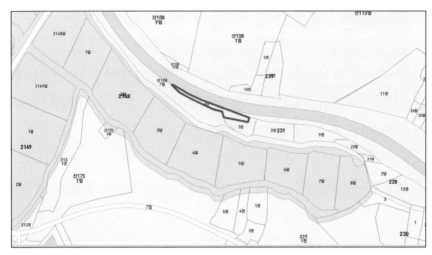

자투리땅 예시 ⓒ네이버

거처럼 개발이 빠르게 진행되는 시대가 아니다. 개발 예정지는 무조건 개발이 진행돼야만 지가가 상승하는 것이고, 건축물이 완공되고부터 잠재가치가 상승한다는 점을 잊지 말아야 한다. 개발 예정지의 자투리땅인 경우는 폭 8m 이상의 도로만 확보된다면 물류 창고와 같은 건축물이 적절하다고 생각한다. 단, 창고로 이용하기 위해서는 대형차량의 출입이 원활해야 한다.

만약 본인이 보유한 자투리땅이 시골 변두리 지역에 위치해 있다면 과도한 건축은 사치와 같다. 활용할 수 있는 여러 아이디어를 떠올려보면 혹시 농기구 창고를 건립해 경작자들로부터 소액의 임대료를 받는 사업은 어떨까? 단순한 농기구 창고 역할만 하는 것이 아니고 수리 서비스까지 사업을 확대한다면 활용가치가 높아지지 않을까? 또한, 묘목을 심어 판매하는 나무 재테크 사업도 기대해볼 만하다. 장기간 나무를 가꿔야 하는 사업이지만 최소한의 수익 보장은 되기 때문에 도전해볼 만한 사업이라고 생각한다. 도시민들에게서 큰 인기를 끌고 있는 주말농장 역시 하나의 방법이다. 지속적인 관리만 가능하다면 나쁘지 않은 선택이다.

교직 생활하다 정년 은퇴한 김은교 씨는 모아놓은 적금과 퇴직금으로 서울 강북권에 자투리땅 330㎡(100평)을 구입했다. 강북권 개발계획을 기대한 투자였지만 오랜 시간이 지나도 계획이 진행되지 않아 땅은 놀고 있었고 꼬박꼬박 세금만 내고 있었다.

안타까운 마음에 김은교 씨는 자투리땅을 활용하기로 마음먹었다. 그의 땅 근처는 다수의 대학교가 인접해 젊은 층의 주거 수요가 많은 곳이었다. 치안 시스템도 잘 갖춰져 있다 보니 지방에서 상경한 대학생들과 여학생들의 거주지로 안성맞춤이었다.

김은교 씨는 1층은 주차장으로 하고 층마다 두세 가구가 살 수 있는 5층 규모의 원룸주택을 건립했다. 대학 입학일 이전에 완공해 모든 세입자를 단시간 내에 확보할 수 있었다. 대학생의 형편을 고려해 보증금과 월세를 다소 낮게 책정했음에도 총 5억 원의 임대 수입을 올렸다. 공사비를 빼도 2억 원대의 순이익을 올릴 수 있었다.

다수의 부동산 전문가들 역시 상업지역 내에서는 임대사업이 가장 성공 가능성이 높다고 말한다. 단, 임대 대상이 어떤 계층인지 명확히 파악해야 한다고 조언하고 있다. 대학가처럼 유동인구가 많다면 상가로 활용하는 것도 방법이다. 최근에는 작은 땅에 상가를 건축해 테이크아웃 커피숍, 미니 주차 타워 등으로 활용하기도 한다.

변두리 땅이라면 나무 재테크도 가능

상업 인프라가 조성되지 않은 지역에 자투리땅을 보유하고 있다면 나무 재테크도 나쁘지 않은 선택이다. 건물을 올리기 부담스러운 지역이거나 식물이 잘 자라는 토질을 가진 변두리 지역, 임야나 친수구역 등 자연과 인접한 곳이면 나무 재테크의 성공 가능성이 더욱 높아진다.

강원도에서 농장을 경영하는 봉수 씨는 자신이 보유한 토지와 저가로 임대한 토지에 묘목을 심고 있다. 임대 토지를 포함해 총 1,652㎡(500평) 부지를 가지고 있으며, 6개월 또는 1년 단위로 묘목을 심는다. 현재 총 1만여 그루의 나무가 있다. 대부분 사과, 배 등의 열매나무가 아닌 벗나무, 단풍나무 등의 사철나무 수종이다.

대부분 1만 원 정도에 묘목을 구입해 3년이 지난 후 9~10만 원에 판매한

나무농장

다. 토지 임대비와 인건비, 비료 등을 빼더라도 한 그루당 6~7만 원 이상이 남기 때문에 잘하면 1년에 억 단위 수익을 기대할 수 있다.

나무 재테크는 느긋한 마음이 필요하다. 처음 나무농장을 시작할 때는 최소 3년 이상은 키워봐야겠다는 마음으로 시작해야 한다. 장단기 로드맵을 잘 짜야 성공 가능성이 높다.

보통 3년 이상 나무를 심을 계획이라면 최소 600~1,200㎡(180~360평) 정도의 부지를 권장한다. 물론 300㎡(100평) 미만의 자투리땅도 가능하다. 2년 주기 나무일 경우 900그루는 생산될 것으로 예상할 수 있다. 그러나 부지의 면적보다 더 중요한 것이 도로의 유무다. 이 사업은 5톤 차량이 수시로 출입해야 하기 때문에 충분한 도로가 확보돼 있는지가 중요하다.

또한 나무농장의 토지가 부족하다고 판단될 경우, 인근 땅에 국유지가 존재한다면 이를 임대받는 것도 하나의 방법이다.

'알짜 틈새상품' 주차장용지

04

바야흐로 집 없이는 살아도
차 없이는 못 사는 시대다.
우리나라의 자동차 수는
2천만 대를 넘어섰다.
이렇게 차가 늘어날수록
뜨는 땅이 바로 주차장이다.

　대한민국의 자동차 수는 해가 갈수록 늘어나고 있다. 특히 서울과 같은 대도시의 경우 교통문제, 주차난이 심화되면서 주차장사업에 대한 일반인의 관심도 커졌다.

　넉넉지 않은 주차공간으로 도심은 몸살을 앓고 있다. 공영주차장을 이용하면 안전하게 주차할 수 있지만 요즘에는 공영주차장마저도 넉넉하게 준비되어 있지 않아 사설주차장을 이용할 수밖에 없는 상황이 연출되고 있다. 그만큼 자동차의 숫자가 많고 도심에서의 주차공간이 턱없이 부족하다는 이야기다.

이러한 상황에 발맞추어 차량밀집지역인 도심지를 중심으로 유료주차장을 만들어 수익을 올리는 주차사업에 관심이 쏠리고 있다. 특히 주차장용지는 대부분 도심 부근의 상업지역에 있으면서도 분양가격이 다른 토지에 비해 저렴하다는 특징이 있다. 그래서 잘만하면 투자 사업비를 단기간에 회수할 수 있다.

그리고 주차장 전용건축물 연면적의 최고 30%(실평수 기준)까지 주차장 이외의 시설을 설치할 수 있게 됐다. 주차장용지에 대한 수익성이 대폭 향상될 것이라는 전망이다. 또한 시설물 인근 대지에 설치할 수 있는 부설주차장의 규모를 주차대수 8대 이하로 제한했던 규정이 1백대 이하로 상향조정되면서 주차타워가 더욱 활발하게 늘어나고 있다.

돈이 되는 주차장 개발 사례

지철 씨는 지난 2000년, 분당신도시 근린상업지역 내에 주차장용지 1,414㎡(428평)를 3.3㎡당 1백20만 원에 매입했다. 주차장용지이기 때문에 인근 상업용지보다 가격이 저렴했다. 게다가 여러 상업시설을 들일 수 있고, 주차타워의 건축비도 일반 상업시설의 약 60%밖에 되지 않았다.

결과적으로 지철 씨는 땅값, 건축비, 세금, 이자를 모두 따져봐도 많이 남는 장사를 했다. 지철 씨가 주차장사업 허가를 받을 때는 주차장 이외의 용도가 연면적의 20%까지로 제한됐지만 이제는 30%까지로 늘어나 수익성이 더욱 높아졌다. 연면적의 30%를 상가나 오피스텔을 지을 수 있는 것이다. 주차장을 임대해서 발생하는 수입도 짭짤하지만 상가와 오피스텔 분양 수익으로 토지비와 건축비를 다 뽑는 것은 물론이고 초과 수익까지 생겼다. 이렇게 주차장용지는 '좀 아는' 투자자들 사이에서 '알짜 틈새상품'으로 꼽히고 있다.

카페 회원인 민교 씨는 상속받은 수원 영통의 165㎡(50평) 정도의 자투리 땅을 보유하고 있었다. 그는 땅을 매도하고 싶었지만 평수가 작아 거래가 되지 않았다. 그렇게 활용도 하지 못한 채 3년이 흐른 뒤 나를 찾아와 컨설팅을 의뢰했다.

도심에서는 주차시설이 부족해 건물 내부에 자동 주차장을 설치하는 경우가 많다.

현장 조사를 해보니 근처에 관공서가 있었는데, 관공서의 주차장이 작다는 것이 눈에 들어왔다. 그래서 민교 씨에게 공인중개업소에 땅을 내놓을 때 주차장용지로 홍보하라고 알려줬다. 그렇게 그는 이 자투리땅을 주차장부지로 소개했고 일주일 만에 매수자를 찾을 수 있었다. 땅을 팔 때도 땅의 용도를 정해놔야 수월하게 거래가 이루어진다는 것을 잘 보여주는 사례였다.

일산 대화동에 주차장용지 1,090㎡(330평)을 매입한 카페 회원 비비탄 씨 외 12명의 공동지주들의 사례도 있다. 이들은 힘을 합쳐 매입한 땅에 파킹플라자를 완공했다. 지하 2층, 지상 9층 건물로 지상 5층 이상을 주차타워로 설계하고 3, 4층은 자동차 중고매매센터를 비롯한 자동차 관련 시설로, 2층은 상가로, 1층은 식당가로 꾸몄다. 소액 주주들이 돈을 모아 투자했기 때문에 큰돈이 들지 않았다. 애초에 땅값이 쌌기에 상가 임대료를 낮출 수 있어서 임대까지 성공적으로 마무리됐다.

주차장사업은 도심 내 나대지를 이용해 추진할 수 있고 공영택지개발지구에서 주차장사업용으로 특별히 공급되는 주차장용지를 이용할 수도 있다. 도심 내 자투리땅의 경우 상업용지에 해당하는 가격을 치러야 하는 데 비해 택지지구의 주차장용지는 입지와 가격 면에서 유리한 부분이 많다.

주차장사업으로 더욱 성공한 연예인 김희애 씨는 청담동 주차장(매수 당시 약 119억원)을 소유하고 있는데 이 주차장은 1층부터 4층까지 총 86대가 주차 가능하며, 월수입이 3천만 원을 웃돈다고 한다. 현재 매매가가 약 220억으로 뛰어올라 그 시세차익 역시 상당한 것으로 알려졌다.

주차장용지에 건물을 지어라

주차장 연면적의 30%는 건물을 지을 수 있기 때문에 주차장용지는 틈새시장을 노린 토지 투자자들에게 새로운 수익모델로 관심을 모으고 있다. 가장 일반적인 사례는 할인마트나 음식점으로의 활용이다. 이들 업종은 주차공간의 크기가 점포매출에 직접적인 영향을 끼치므로 70%를 차지하는 주차공간과 잘 어울리는 수익모델로 꼽히고 있다.

임대나 분양을 구상 중이라면 1층 중심의 가두형 상가(거리형)가 유망하다. 임대료가 높은 1층에 점포를 집중 배치하고 여타의 층에 주차장을 배치하면 수익률을 최대한 높일 수 있다.

주차장용지의 매력은 역시 주변보다 싼 지가와 낮은 건축비에 있다. 상대적으로 적은 투자비용에 힘입어 불과 30%에 해당하는 상가시설만으로도 인근 상가와 수익률 경쟁이 가능해지는 원가구조다. 다만 상가용으로 접근하는 만큼 배후수요가 충분한지 여부나 주변 상가와의 연계성, 소비자의 접근성 등에 대해 사전에 면밀히 검토할 필요가 있다.

안정적 수익을 원한다면 학교로 가라

05

학교가 있으면 당연히
학생과 학부모들이 몰린다.
사람이 모이면 땅의 가치는
당연히 오르는 법이다.
안정적인 수익을 원한다면
학교 주변의 땅을 보라!

　고수들이 이구동성으로 꼽는 '확실히 돈 되는 땅'은 몇 가지로 압축된다. 1순위는 행정수도 세종시와 새만금 같은 국책사업 개발지이며, 2순위는 신설 고속도로 IC 인근 땅이다. 여기에 각 지자체가 추진하는 각종 산업단지 주변도 기다림의 열매를 맛볼 수 있는 좋은 투자처들이다. 이런 땅들의 공통적인 장점은 인구 유입 증대로 각종 수요가 창출되어 지가상승을 기대할 수 있다는 것이다. 반면에 단점은 개발 진행 속도에 따라 이익 실현이 빠를 수도 있고 느릴 수도 있다는 점을 감수해야 한다는 것이다.

그런데 강의를 하다 보면 뉴스에서나 들어봤지 생전 밟아보지도 못한 땅, 언제 개발이 완료될지 불투명한 땅에 투자한다는 것에 거부감을 표하는 이들도 적지 않다. 또 대박까지는 필요 없으니 가까이에서 관리할 수 있고 은행이나 펀드보다는 조금 나은, 그러나 꾸준한 수익을 가져다줄 수익형 부동산을 추천해달라는 분들도 많다.

멀리 있는 곳 말고 내가 사는 곳에서 가까우면서도 가벼운 마음으로 접근할 수 있는 수익형 부동산에는 무엇이 있을까? 필자는 이런 안정지향 투자자들에게 학교 주변의 땅을 추천한다.

학교 주변 지역의 특성을 파악하자

학교 주변 땅이 좋은 이유는 투자 대비 효율성이 매우 높은 편이기 때문이다. 유동인구는 확실히 보장받을 수 있으면서 학교보건법상 학교환경위생정화구역(이하 정화구역)의 규제를 받기 때문에 일반적인 주거·상업지에 비해 저렴한 땅값이 매력이다.

정화구역 내 규제 업종은 총포사, 장례시설 등의 특수업과 노래방, 당구장, 유흥주점, 모텔 등이다. 상식적으로 생각해도 통학길에 자리해서는 안 될 업종들이다. 의식주와 관련한 기본적인 업종이라면 큰 영향은 없다. 물론 학교 인근에서 학생들을 대상으로 하는 사업을 생각한다면 제한 업종을 체크하고 지자체에 허가 여부를 확인할 필요가 있다.

학교 상권을 선택할 때의 기준은 자금 동원력과 함께 어떤 식의 투자를 염두에 두고 있느냐에 따라 결정하는 것이 좋다. 예를 들어 초등학교의 경우, 분식 등 소형 음식업, 문구용품점, 어린이집, 태권도나 피아노, 영어 등의 학원사업 정도가 긍정적이다. 세상이 점점 흉흉해지다 보니 초등학생 자녀를 둔 부모들은 학교와 집 사이의 거리를 크게 중시하며, 횡단보도를 건너 통학해야 하는지 건너지 않아도 되는지 등을 꼼꼼히 따진다. 이러한 지역에 빌라 등 주택 건축을 희망한다면 방범 등을 특히 강화한 설계와 고급 전원주택을 연상케 하는 디자인을 고려해봄 직하다.

정화구역 규제와 상대적으로 작은 시장 규모 때문에 학교 주변은 특히 땅값이 저렴한 편인데, 배후 인구와 향후 발전상을 고려해 학원 특화건물을 꾸며보는 것도 나쁘지 않은 아이디어다. 현재는 다소 열악한 환경이더라도 대규모 산업단지 등이 있어 수요가 발생할 만한 지역이라면 선점효과를 함께

홍대 앞은 상권이 발달된 대표적인 사례다. ⓒ네이버

누릴 수 있을 것이다.

　중·고등학교 인근 역시 초등학교 상권과 크게 차이는 없으며, 학업에 집중
할 수 있게 도와주는 시설 즉 독서실, 공부방, 전문학원 등이 추가된다. 요식
업도 지역에 따라 분식을 비롯해 샌드위치와 토스트, 저가 피자·스파게티 전
문점 정도까지는 괜찮다.

학교 상권은 대학이 '갑'

　대학의 경우는 한 지역 내에 주거와 상업시설이 혼재된 것이 보통이다. 대
학 주변 주거지에서 가장 추천하는 사업은 단연 주택임대사업이다. 학교마다
특성이 다르고 기숙사시설 유무 정도의 차이는 있지만, 대학은 통학생보다는
타 지역에서 전입한 학생들이 많다. 그래서 대학 주변은 항상 6개월~1년 단위

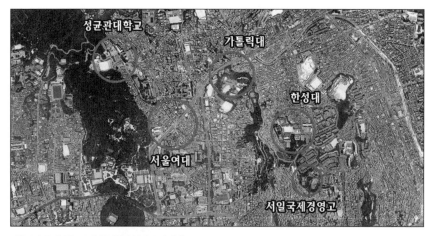

대학가가 몰려 있는 곳에 활성화된 상권 ⓒ네이버

의 월세를 희망하는 원룸 수요가 넘쳐난다. 최근 들어서는 살인적인 전세금 상승의 압박으로 대학가의 저렴한 방을 찾는 직장인들도 급속히 증가하는 추세라고 한다. 그리고 대학을 졸업하고 취업한 새내기 직장인들이 쉽게 대학 주변을 떠나려고 하지 않는 성향도 작용하고 있다.

이런 지역에서 자금의 여력이 있다면 건축물이 포함된 땅을 매입해 임대사업을 하는 방법이 보다 효율적이다. 굳이 비싼 대로변을 고집하기 보다는 시세가 저렴한 골목 안쪽을 택해 개발하는 것이 바람직하다.

지인 중 한 사람은 지난해 지방 대학가 근처의 땅을 하나 샀는데, 경사진 데다가 땅이 워낙 좁아서 공인중개사조차 여기서 뭘 할 생각이냐고 궁금해 하더란다. 그런데 그는 다 쓰러져가는 옛집을 땅콩집과 유사한 반지하 경량 조립주택으로 개·보수 공사를 했다.

그 결과 광고할 겨를도 없이 지나다니던 학생들의 성화로 임대 예약을 마감했다고 한다. 그는 월세가 아니라 1년 치 연세를 미리 받는 지역이라 첫해부터 투자비의 상당 부분을 회수했다며 흡족해하고 있다.

학교 근처 땅은 보통 어떤 사업을 하거나 임대차를 목적으로 접근하지만 의외로 학교 재단이 고객이 되는 경우도 많다. 학교 확장을 위해 인접지를 매수하는 경우가 있기 때문이다. 따라서 학교 주변에 저렴한 농지가 있다면 이런저런 가능성을 열어둘 필요가 있다.

지방대학 인근 상업지의 경우는 유흥시설 등 대부분의 업종이 가능하다. 하지만 학생들의 학교 선호도와 실제로 다니고 있는 학생 수의 변동을 살펴봐야 한다. 즉 해당 대학이 경쟁력이 있는지 커지는 중인지 옥석을 가릴 필요가 있다. 학생 수가 해가 갈수록 줄어드는 대학이라면 곤란하다.

상업시설이 적은 지방의 대학가 주변 ⓒ네이버

또 대학가는 어떤 업종이든 이익이 박하고 1년 중 4개월은 방학의 영향을 크게 받는다는 점에서 상당히 주의를 기울여야 하는 상권에 속한다.

수익성 부동산이라 하면 대부분의 사람들은 이미 조성되어 있는 상가나 원룸주택 등을 연상한다. 하지만 현재 현황은 그저 놀고 있는 땅이라도 배후 인구의 특성이나 향후 발전상에 맞추어 얼마든지 아이디어를 발휘할 수 있는 것이 땅 투자의 매력이다. 특히 학교 인접지는 특성이 명확하기 때문에 전문 투자자가 아니더라도 투자의 방향성을 쉽게 짐작할 수 있다는 장점이 있다.

주목할 만한 대학가로는 용인시 처인구 명지대학교 주변 땅을 예로 들 수 있다. 이곳은 단순히 명지대 주변이라는 장점만 있는 것이 아니라 역북도시 개발구역에 속해 있는 곳이기 때문에 투자가치가 높다고 볼 수 있다. 이 일대는 택지지구가 들어설 예정이어서 미니 신도시로 볼 수도 있는 지역이다. 명지대학교 입구에는 이마트가 들어와 있는데, 이마트가 얼마나 입지분석을 잘했는지를 알 수 있는 증거이기도 하다.

또 대전대학교 인근의 원룸부지도 안정적인 수익 창출이 가능하다. 역세권에서 다소 거리는 있지만 더 이상 도심이 커질 수 없는 상태여서 기존의 원룸은 고정 수익이 가능하다. 실제로 330㎡(100평) 기준 3.3㎡당 30만 원 정도에 원룸부지를 구입할 수 있고, 가까이에 주거 수요가 많아 수익률이 다른 지역보다 높은 편이다.

고수들만 아는
경매특수물건

06

옹기종기 모여 있는 분묘들

큰맘 먹고 땅을 샀다.
그런데 땅 한쪽에
묘비 없는 무덤이 있는 것을
뒤늦게 발견했다.

대체 어떻게 해야 할까?

필자가 처음 토지를 사게 된 경위는 부동산 경매를 통해서다. 그동안 수차례 기분 좋은 설렘과 함께 내 땅을 가지게 되는 경험을 했지만 그만큼 쓴맛도 봤다. 모든 경매물건이 행복한 결과로만 이어진다면 얼마나 좋을까? 하지만 현실은 그렇지 않았다. 토지가 내 품에 완전히 들어오기도 전에 문제가 생기는 일이 많아 투자자들은 골머리를 썩이기 일쑤다. 그런데 일부 고수들은 일부러 문제가 있는 소위 '특수물건'만 노리기도 한다. 그들은 '문제'를 가진 물건들이 비교적 저렴하다는 점을 알고 있기 때문이다.

이렇게 문제 있는 특수물건 중 하나가 바로 묘지가 있는 땅이다. 경매나 토지 거래를 하다 보면 '분묘기지권'이라는 용어를 자주 만나게 되는데, 분묘기지권은 토지 소유자는 아니지만 해

분묘개장공고(2차)

장사 등에 관한 법률 제48조(제27조, 제28조) 및 동법시행 규칙 제 18조(제19조)규정에 의거 아래와 같이 분묘개장을 공고하오니 연고자 또는 관리인은 공고기간내에 신고하시기 바라며 만약 기간내에 신고가 없을 시 무연고묘로 간주하여 임의로 개장함을 공고합니다.

1. 분묘의 소재지 : 경기 화성시 000
2. 분묘기수 : 5기
3. 개장사유 : 소유권이전, 개발
4. 개장방법
-   유연분묘로 확인시 연고자와 합의 개장
-   무연고묘는 공고기간 경과후 관계법령에 의거 임의 개장
5. 개장후 안치장소 : 경기 화성시 000
6. 공고기간 : 최초 신문 공고일로부터 3개월간
7. 신고 및 연락처 : 서울 강남구 대치동 김00
        02)333-0000
8. 기타사항 : 상기 분묘외 식별이 불분명하여 누락된 분묘 또는 공사중 추가로 발견되는 분묘의 공고는 이 공고로 갈음합니다.

20xx년 00월 00일
공고인 : 김00

분묘개장 신문공고 예시

당 토지에 조상의 묘를 둔 사람이 가지게 되는 권리다. 다시 말해 토지 소유주가 아니더라도 그 땅에 묘를 계속 둘 수 있는 권리를 일종의 지상권과 비슷한 관습법상의 권리라고 할 수 있겠다. 그냥 토지를 사놓고 신경 쓰지 않을 작정이라면 몰라도, 그 위에 건축행위나 개발행위를 하려고 했다면 분묘기지권은 상당한 장애물이 된다. 일부 매도인은 땅값에 영향을 줄 것을 예상해 묘가 있는 것을 몰랐던 척하며 구매자에게 넘기기도 한다. 매수인 입장에서는 황당할 수밖에 없는 일이다. 이처럼 뜻하지 않게 분묘를 마주하게 된다면 다음을 기억하도록 하자.

땅 주인의 허락 없이 봉분을 올렸을지라도 20년간 별 탈 없이 넘어갔다면 묘지를 옮길 수 없는 분묘기지권이 생긴다. 문제는 남의 땅에 몰래 무덤을 만들었거나, 무덤의 땅 소유권이 타인에게 넘어갔을 때 제아무리 땅 주인이

라 해도 개발 과정에서 허락 없이 남의 묘지를 파내면 현행법상 처벌 대상이
된다. 묘를 쓴 후손 입장에서는 조상의 무덤을 지키는 일이 당연할지 몰라도
땅 주인은 속이 탈 노릇이다. 땅을 샀는데 눈에 숨겨진 묘지라도 나온다면
당장 그 주위는 못 쓰는 땅이 될 수 있기 때문이다. 그래서 분묘기지권이 있
는 땅은 제값을 못 받는 경우가 비일비재하다.

이런 부작용을 고려해 정부가 2001년에 장사 등에 관한 법률을 개정했다.
개정된 법률에 따라 2001년 1월 이후 새로 생긴 묘지에 대해서는 분묘기지권
을 인정하지 않게 됐지만 그 이전에 설치된 묘지는 분묘기지권이 적용되기 때
문에 주의해야 한다.

실생활에서 우리가 분묘기지권을 맞닥뜨리는 경우는 두 가지다. 그것은
무덤의 후손을 모르는 경우와 후손이 있는 경우인데, 만약 무덤의 후손이 있
다면 땅 주인이 연락해서 이장을 권유해야 한다. 어렵게 연락이 닿은 후손들
상당수는 분묘기지권을 내세워 이장에 반대하거나 이장비용으로 거액을 요

제주도의 묘는 주변에 돌담을 만들어놓는다.

구하는 것이 태반이다. 일이 잘 안 풀려 이장을 거부할 때는 땅이 묶이게 되어 개발할 수 없게 되어 한마디로 골치 아픈 상황이 되어버린다.

반면, 무덤의 후손을 모르는 경우는 어떻게 해야 할까? 방법이 있다. 일단 중앙 일간지를 포함한 일간신문에 2회 이상 분묘의 연고자를 찾는 공고를 개시한다. 만약 2개월 정도가 지나도 그 후손이 나타나지 않으면 유골을 납골하거나 이장할 수 있는 허가가 난다. 고수들은 바로 이 점을 이용해서 연고자가 없이 버려진 묘가 있는 땅을 취득하는 것이다. 대부분 이 분묘 문제만 해결되면 실제 서너 배 이상 땅값이 오르니, 탐나는 투자처임에는 분명하다.

초보 투자자들이 이 분묘기지권에 대해 특히 주의해야 할 점이 있다. 바로 묘가 있어도 몰라보는 경우다. 현장답사를 다녀보면 제주 지역은 현무암으로 묘지를 만들기 때문에 땅과 묘의 경계 구분이 확실해 묘가 눈에 잘 띈다. 김제 같은 평야 지역도 논 한가운데 묘가 있는 경우가 많아 잘 알아차릴 수 있다. 그러나 산과 숲이 많은 강원도 일대는 묘가 숨어 있기 때문에 알아보기가 쉽지 않다. 현장답사 시 꼼꼼한 통찰력으로 묘지를 잘 찾아보는 것이 매우 중요하다.

유치권과 공유지분

사람들은 받아야 할 돈을 못 받았을 때 흔히 채무자의 물건을 대신 거머쥐곤 한다. 돈을 받을 때까지 보관하는 것인데 이를 법률 용어로 '유치권'이라고 한다.

부동산에도 유치권이 존재한다. 예를 들어 토지 소유자가 건물을 지었다고 하자. 그런데 공사 도중에 자금 부족으로 공사가 중단되었고 해당 토지가 경매에 넘어가버린 경우, 공사를 담당한 건축업자는 공사 대금을 받아내지 못해 토지경매에서 유치권 신고를 하게 된다. 공사 대금을 못 받은 건축업자가 유치권을 가지게 되는 것이다.

유치권이 설정되어 있는 토지는 법적으로 단단히 꼬여 있어 일반 투자자들은 입찰을 꺼리기 마련이다. 하지만 언제나 기회는 위험 속에 있는 법. 고수는 이를 잘 이용한다.

일반인들이 떠올리는 유치권 행사의 모습은 건물에 플래카드를 건 채로 보상하라며 협박하는 이미지다. 실제로 유치권자는 토지경매의 낙찰자에게 유치권을 주장하지만 공사 대금을 갚으라고 요구할 수는 없다. 경매를 통해 토지를 소유하게 된 사람에게는 유치권을 행사할 수 없는 것이다. 다시 말해 공사 대금을 못 받아서 생긴 유치권은 건물에 대한 권리를 행사할 수 있을

유치권 행사 중인 경고문

뿐이지 그 토지에 대한 권리는 아니라는 말이다. 토지를 낙찰받은 사람의 입장에서는 건물을 철거하면 그만인 일이다. 그러니 너무 '유치권'이라는 단어에 겁먹을 필요는 없다.

두 번째로 알아볼 것은 공유지분이다. 종종 경매에 공유지분인 토지가 나오는 경우가 있다. 이는 가족이나 형제들의 지분 형태의 상속일 가능성도 있고, 애초에 토지 공동구매로 투자했던 참여자의 지분이 경매로 나왔을 수도 있다.

공유지분이란 하나의 땅에 대해서 여러 사람이 지분을 나눠 가지고 있는 상태를 말한다. 공유지분 경매는 바로 이 공동 소유로 있는 지분 중 일부만 경매로 나온 것이다. 공유지분 토지는 공유자 전원의 동의가 없으면 토지 매도를 할 수 없기 때문에 무조건 시세보다 싸게 매입해야 하는 것이 상식이다. 바로 이 점을 파고들어 시세보다 싼 값에 토지를 구입하여 원래 시세만큼 매도하는 것이 고수들의 토지 투자다. 공유지분 특성상 소유관계가 적을수록 매도 시 갈등이 적기 때문에 되도록 지분관계가 비교적 복잡하지 않은 물건을 고르는 것이 현명하다.

그런데 이 공유지분 경매에는 앞서 말했듯 큰 위험이 따른다. 공유지분 협상이 잘 이루어지지 않을 상황이 대다수이기 때문이다. 이럴 때는 법원에 공유물분할청구소송을 해야 한다. 공유물분할청구소송은 지분권자들 간에 협의가 불가능할 때 할 수 있는 가장 강력한 방법이다. 즉, 법원에 공유물을 강제로 분할해달라고 요청하는 것이다.

예를 들어 이혼 부부를 살펴보자. 이혼 부부의 재산분할 시에는 집이나 토지가 부부의 공동명의로 되어 있는 경우가 대다수다. 따라서 경매를 통해 매각한 후 그 수익을 나누기도 한다. 이처럼 법원에서는 지분자들의 합의가 이루어지지 않아 현물분할이 어려울 경우, 경매를 통해 전체 부동산을 매각하고 매각 대금을 지분 비율대로 나누어주는 강제분할을 실시하는 것이다. 그런데 이때 강제 경매가 들어가게 되면 토지 시세보다 낮은 가격에 매도될 수 있고 또한 매도까지 오랜 시간이 걸리기 때문에 웬만하면 지분자들과 협의를 통해 토지를 매도하는 것이 좋다.

문중땅도 내 것으로 만들 수 있다

종중땅은 흔히 문중땅이라고도 불리는 가문의 땅이다. 예를 들어 2013년 방송됐던 MBC 드라마 〈백년의 유산〉을 떠올려보자. 100년 전통의 국수 공장 사장인 할아버지가 자신의 후계자를 뽑기 위해 100억짜리 땅문서를 걸고 후계자 경선을 진행한다. 100억 토지에 눈이 먼 자식들은 열심히 경선에 참여하지만, 후에 이 땅이 종중땅임을 알고 충격을 받는다.

종중땅은 가족들이 공유한 땅이라고 생각하면 쉽다. 다만 오랫동안 전해져오는 땅일수록 규모가 크고 지주가 여러 명이기 때문에 합의가 어렵다. 따라서 한 사람 말만 믿고 계약하기가 어렵고, 기다리는 시간이 길어 부담스럽게 느껴지기 때문에 일반 투자자들은 쉽게 도전하지 않는다. 만약 전원 동의 없이 몇몇이 모여 팔게 되더라도 소유권 없이 매매한 것이 되기 때문에 무효가 될 수도 있으므로 각별히 주의해야 한다.

하지만 종중땅도 내 땅으로 만드는 방법은 있다. 종중땅의 관리자격인 사람을 공략하는 것이다.

카페 회원인 스마일 씨는 필자에게 컨설팅을 의뢰했다. 그가 알려준 땅의 등기부를 확인해보니 종중에 속하는 땅이었다. 물론 옛날 같았으면 기겁하고 반대를 했을 것이다. 하지만 나름의 경험과 노하우가 있었던 필자는 지주를 만나 보기로 했다. 여기서 중요한 것은 지주 중에서도 리더를 만나야 한다는 것이다. 공유자가 많고 이해관계가 얽혀 있더라도 종중의 리더가 있다면, 그 사람이 중재 역할을 할 수 있기 때문이다. 필자의 경험상 문중의 리더를 만나서 협의하면 수월하게 문제가 해결되는 경우가 의외로 많았다.

나와 함께 리더격인 지주를 만나 대화를 하니 생각보다 쉽게 일이 해결됐고, 스마일 씨는 땅을 얻을 수 있었다. 단, 이 방법에서 중요한 것은 정직하게 행동해야 한다는 점이다. 괜히 편법으로 뒷돈을 주거나 하면 나중에 가서 반드시 탈이 나기 때문에 정직하게 리더를 공략하는 것이 중요하다.

종중땅 한가운데 있는 토지는 건축이 힘들 수 있다.

반면, 실패 사례도 있다. 종중땅이 필지로 구분되어져 하나의 필지만 사서 개발하려는 사람들의 경우인데, 이런 땅은 보통 지주들의 반대가 거세다.

예전에 한 지인이 이런 경우에 해당했는데 지인은 자신의 땅에 건물을 지으려했지만 바로 옆 토지에 문중의 묘가 있었다. 지주들은 건물을 짓게 되면 묘에 볕이 안 든다고 우르르 몰려와 시위를 했다. 그는 오기가 생겨 몰래 공사를 시작하려고 했고 그것을 안 지주 중 한 사람이 공사 날에 중장비 차량 앞에 드러눕는 바람에 자칫 인명피해까지 있을 뻔했다. 결국 그 지인은 오랜 시간 문중 사람들과의 마찰로 인해 건물을 지을 수가 없었고, 샀던 금액 그대로 땅을 도로 되팔 수밖에 없었다.

다시 한번 강조하지만 특수물건은 아무리 전문가라고 하더라도 인내심과 기다림이 필요하다. 사람이 얽혀 있는 경우가 많아서 그만큼 위험 요소도 크다. 섣불리 빠르게 진행하다가는 큰 낭패를 얻기 십상이다. 따라서 초보 투자자라면 전문가의 조언을 얻으며 세심하게 진행해야 할 것이다.

집이 포함된 땅에 투자하는 법

07

두 가지 시골 땅이 있다고 해보자.
A. 건물이 없는 빈 땅
B. 허름한 집이 딸려 있는 땅
땅을 산다면
A가 좋을까, B가 좋을까?
정답은 매수자가 그 땅을
어떻게 활용할지에 달려 있다.

도심이 아닌 시골 땅일 경우, 땅 위에 집이 있는 것을 좋아하는 사람도 있고 땅만 있는 것을 선호하는 사람도 있다. 대개 빈 땅을 선호하는 사람들은 보통 서울이나 수도권에 집이 있는 사람들이다. 혹시라도 다주택자가 되어 여러 세제 혜택에서 제외되지 않을까 하는 우려 때문이다. 이런 사람들이 잘 못 알고 있는 사실이 있다. 2014년부터 다주택자 양도세 중과제도가 폐지되어 2주택자는 주택을 팔 때 발생한 양도차익의 50%, 3주택자는 60%의 세율을 부담할 필요 없이 기본세율(6~38%)로 세금을 내게 된 것이다.

보통 농지라도 대개 부속주택이 딸려 있고 또 대부분은 미등기 주택들이다. 시골의 옛집들은 관습적으로 등기를 하지 않은 경우가 많아 매매계약서상 매매 대상에 토지와 지상 건물을 함께 표기한다. 이때 주의해야 할 것은 지목상 전, 답 등의 농지 위에 미등기 주택이 있는 경우 농취증 발급이 되지 않기 때문에 소유권 이전에 난항을 겪을 수도 있다는 점이다.

시골 주택은 노화도에 따라 A, B, C 등급으로 나뉜다. A급 건물은 상태가 깔끔해서 크게 손보지 않고도 세를 줄 수 있는 정도를 말한다. 매수 후 뭔가 개발을 하지 않고 묵혀 둘 작정이라면 땅과 집을 각각 빌려주어 소소하나마 임대수익을 올릴 수 있다는 장점이 있다. B급은 지붕이나 외벽, 담장, 내부 등에 약간의 손실이 있어서 수리나 리모델링이 필요한 상태를 말한다. 이 역시 투자자의 선택에 따라 비용을 들여 고쳐서 임대를 주거나 창고

땅 위에 미등기 폐가가 자리하고 있다. 이런 경우 차라리 철거하는 쪽이 낫다.

등으로 재활용할 수 있다.

주의해야 할 것은 C급 주택이다. 딱 봐도 폐가인 건물이다. 차라리 허물고 새로 짓는 게 훨씬 비용이 절감되는 경우다. 수도와 전기가 연결되어 있는 것은 장점이겠지만 집 철거에는 만만치 않은 비용이 들기 때문에 폐가가 딸린 땅을 살 때는 이런 추가비용을 감안해야 한다.

헌 집을 철거해 금싸라기 땅을 얻다

손이 타지 않은 땅을 사면 좋겠지만 이미 땅 위에 축사, 묘지, 가건물 등 누군가의 흔적이 남겨져 있을 때가 있다. 그런 땅들을 구입하기 전에는 어떤 때보다 깐깐한 시선으로 알아봐야 한다. 이때 눈여겨본 땅이 다른 단점들(축사, 묘지 등)을 가릴 만큼 좋은 입지 조건을 가지고 있다고 한다면, 당신은 리모델링을 해서라도 그 땅을 가져야 한다. 때때로 고수들은 남들이 기피하는 혐오시설을 안고 있는 땅을 일부러 구입할 때가 있다. 그 이유는 그런 땅일수록 저렴하게 구입할 수 있고, 건물의 철거나 묘지의 이전 등을 통해 황금 땅으로 만들 수 있기 때문이다.

필자의 먼 친척인 이모 군의 경우에도 철거를 통해 좋은 땅을 만들어낸 적이 있다. 이모 군은 지인의 소개로 당진에 있는 350㎡(105평)짜리 땅을 소개받았다. 소개받은 곳은 땅의 위치가 기가 막히게 좋았는데 2㎞ 떨어진 곳에 산업단지가 존재했고, IC와 가까워 창고부지로 활용하기에도 좋아보였다. 이런 땅이 어째서 3천만 원대에 나올 수 있었는지 처음에는 믿기지 않았다.

폐가에 현장답사를 온 모습

알고 보니 주변의 시세는 3.3㎡당 50만 원이었는데, 이모 군이 소개받은 땅은 폐가가 존재한다는 이유로 3.3㎡당 30만 원에 거래가 되고 있던 것이다.

이모 군은 직접 매물을 확인해보기로 했고, 도착하자마자 땅 위에 덩그러니 존재하는 99㎡(30평)의 폐가와 마주했다. 폐가 주변은 거의 공터나 다름없었고, 단독주택 형태로 을씨년스럽게 자리 잡은 폐가는 누구나 꺼림칙해할 만큼 흉흉했다. 이모 씨도 처음에는 구입하기가 꺼려졌으나 폐가를 제외한 입지 조건이 좋았기 때문에 투자하기로 생각을 바꾸었다고 한다.

보통 99㎡(30평)짜리 단층 주택의 경우 철거비용이 3.3㎡당 10~20만 원 정도가 든다. 폐기물처리 비용까지 합해서 대략 5백만 원 정도를 지불하면 철거가 가능하다. 주위 시세대로라면 5천만 원을 훌쩍 넘는 땅을 3천만 원에 구입할 수 있었으니 철거비용을 고려해도 훨씬 저렴하게 구입하게 된 셈이다. 이모 군은 거래 후 곧바로 집을 철거했고, 그 땅을 창고임대용으로 사용했다. 그 후 이 땅은 이모 군의 예상대로 창고임대료로 짭짤한 수익을 내주었고, 4년 정도 시간이 지나자 주변 산업단지의 영향으로 지가가 크게 올랐다고 한다.

건축물철거신고와 멸실신고

땅 위에 새로운 주택을 짓기 위해서는 기존 건축물을 철거해야 하는데, 철거는 내 임의대로 결정할 수 있는 일은 아니다. 우선 건축을 철거하기로 결심했다면 공사 7일 전까지 해당 지자체에 건축물철거멸실신고를 해야 한다. 철거신고와 함께 해체공사계획서도 함께 제출해야 한다.

그리고 철거 주택의 면적이 200㎡(60평) 이상인 경우에는 철거신고 전에 석면조사기관에 의뢰해 석면조사 결과 사본을 같이 제출해야 한다. 만일 석면 함유 건축물인 경우 1급 발암물질인 석면의 안전한 제거를 위해 전문 업체가 공사를 시행해야 한다. 전문 업체와 석면조사기관은 고용노동부의 석면관리 홈페이지에서 확인할 수 있다. 철거공사가 완료되면 폐기물 처리 내역과 관련 사진을 철거신고 접수기관으로 제출한다.

만약 건축물이 재해로 인해 멸실된

멸실신고 후 주택이 철거된 땅

경우에는 멸실 후 15일 이내 신고해야 한다. 건물을 철거했거나 건물이 멸실됐는데 신고를 하지 않는 경우 30만 원의 과태료를 물게 된다.

한편, 지자체에서는 철거에 대해서 일종의 지원을 해주기도 한다. 선착순 접수로 이루어지는 철거지원은 해당 지자체마다 신청 기간이 있는데 순위에 당첨되면 철거비용을 지원받을 수 있다.

그런데 토지와 건물이 한 사람의 소유일 때는 철거가 쉽지만 토지주와 건물주가 다른 사람일 때는 문제가 좀 복잡해진다. 보통 토지 소유주가 건물주에게 허락을 받고 철거를 시행할 수 있는데, 건물주가 등기상의 사망자이거나 건물주 추적이 힘든 경우에는 토지주의 임의대로 건물의 철거가 가능하다. 건물의 30~40%가 파손돼 방치되어 있는 경우에도 철거가 가능하다.

여차여차해서 멸실신고를 하게 되는 경우에는 보통 멸실비용은 2백만 원 정도가 소요된다. 멸실해주는 업체를 잘 만나야 하는 것도 중요하다. 예전에 친척 중 한 분이 서울에 살았는데 지방에 땅을 사면서 폐가를 멸실신고하기 위해 현지업자를 고용했다. 현지업자의 견적대로 2백만 원가량을 들여 공사했는데, 멸실이 끝나 땅에 가보니 멸실된 부속 폐기물들이 그대로 남아 있었던 것이다. 친척은 화가 나서 현지업자에게 따졌더니 멸실 후 청소에 관한 사후처리는 계약에 없었기 때문에 자신들은 책임이 없다고 말했다. 결국 친척은 처리비용 1백만 원을 더 들여 사후처리를 했다. 자신이 잘 모르는 지역에서 멸실신고를 하게 된다면 작은 사항이라도 꼼꼼히 계약한 후 진행하는 것이 좋다. 늘 그렇듯 돌다리도 두드리고 건너야 함을 명심하자.

한발 앞서 선점해야 할 시가화 예정용지 08

ⓒ네이버

내가 산 땅이 앞으로 시가지로
변한다면 얼마나 좋을까?
넓은 도로도 있고 빌딩도 있고
사람도 많고 차도 많은 시가지는
당연히 땅값도 비싸다.
그런데 시가지가 들어서도록
계획되어 있는 땅이 있다.
바로 '시가화 예정용지'다.

앞으로 10년, 20년이 지나도 그냥 빈 들판으로 남아 있을 땅을 사고 싶은 사람은 많지 않을 것이다. 지금은 허허벌판이지만 몇 년 후에는 번화한 시가지로 변할 땅을 사는 것은 많은 토지 투자자들의 꿈일 것이다.

어떤 땅이 앞으로 시가지로 변할지 정보를 미리 알 수는 없을까? 모두들 어렵게 생각하는데 생각보다 쉽게 알 수 있는 방법이 있다. 바로 시가화 예정용지에 대한 이야기다.

시가화 예정용지는 토지 투자에 있어 '금광'과 다름없다. 수익에 대한 보장이 확실하기 때문에 토지 투자자들은 반드시 긍정적인 마인드로 접근해야 한다. 두세 번 강조해도 절대 부족함이 없는 핵심 투자 포인트다.

도시의 발전을 대비해 필요한 개발 공간을 미리 확보해 두는 것이 시가화 예정용지다. 도시를 확장하거나 새로운 도시를 만들기 위해서는 땅이 필요해서 미리 준비해두는 것이다. 보통 시가화 예정용지가 되는 곳은 도시지역의 자연녹지지역과 관리지역의 계획관리지역, 개발진흥지구 중 개발계획이 아직 수립되지 않은 지역 등이다. 시가화 예정용지는 결국에는 도시계획이 이루어질 곳이기 때문에 금광이라는 말이 허튼 말은 아니다.

'시가화 예정용지'와 '시가화 조정구역'은 확연히 다르다

부동산 중개업소에서 '이 땅은 시가화 예정용지니까 구입만 해두면 큰돈이 된다'고 부추긴다며 믿을 수 있는 말이냐고 나에게 묻는 이들이 많다. 그럴 때는 진짜 시가화 예정용지인지 확인해 볼 수 있는 방법이 있다. 시·군·구청의 도시과를 방문해 도시기본계획도면을 열람해보면 문제가 해결된다.

여기서 한 가지 유의해야 할 점은 '시가화 예정용지'와 비슷한 '시가화 조정구역'과의 차이점을 분명히 알아야 한다는 점이다. 같은 '시가화'라는 말이 붙어 있지만, 시가화 조정구역은 시가화 예정용지와 확연히 다르다. 이 구역은 최단 5년에서 20년까지 도시개발이 유보되는 지역이다. 그래서 토지를 매입했어도 매각이 여의치 않아 장기간 묶일 가능성이 상존하는 곳이다.

시가화 조정구역은 도시지역과 그 주변의 무질서한 시가화를 방지하고, 단계적으로 개발하기 위해 일정 기간 동안 유보하는 것이다. 주로 신도시가 이전하기 전부터 사람들이 몰려들 것을 걱정해 해당 토지에 개발 및 건축 제한을 규제하는 것으로, 보통 생산녹지지역이 해당되는 경우가 많다.

유보 기간은 사안에 따라 차이가 있겠지만 대략 5~20년 이내이며 용도지역 및 지구에 관계없이 개발이나 건축을 할 경우, 허가를 받아야만 한다. 이 구역 안에서는 법에서 정한 일련의 행위 제한을 받게 되고, 위반 시에는 관련 법에 의거하여 처리된다.

우연히 알게 된 지인 A씨는 개발이 진행된다는 정보만 입수하고 오로지 지가가 저렴한 토지를 매입했다. 퇴직금을 포함해 3억 원 가까이 투자했지만 해당 구역이 시가화 조정구역이라는 사실을 뒤늦게 알고는 땅을 치며 후회할 수밖에 없었다. 토지 투자에 대한 지식이 부족한 상태에서 개발된다는 현지 공인중개사의 주장을 철석같이 믿었기 때문이다. 이는 시가화 예정용지와 시가화 조정구역의 차이를 명확하게 인지하지 못한 대표적인 실패 사례다.

이에 반해 시가화 예정용지는 도시기본계획상의 개념으로 주거지역이나 상·공업지역으로 활용된다. 보통 시가화 예정용지 안에서도 역세권 예정지 주변이 가장 알짜배기 땅이다.

국토종합계획은 20년 단위로 중앙정부가 수립하며 각 단계별로 순차적으로 개발된다. 현재에 이르러 4차 계획의 3단계(2011~2015년)가 마무리되고, 마지막 4단계(2016~2020년)가 시작되는 것처럼 시가화 예정용지의 개발 시기가 어느 단계에서 진행되는지 반드시 확인해야 한다. 참고로 국토종합계획이 '숲'이라면 도시계획은 '나무'라 표현할 수 있는데, 도시계획은 도시기본계획-도시관리계획-지구단위계획의 체계를 통해 수립된다. 이런 도시계획을 자세히 알고 싶다면 해당 시·군·구청에서 도시기본계획 도면을 열람해보면 확인할 수 있다.

시가화 예정용지의 지정은 각 지자체별로 수시로 이루어진다. 지자체에서 발표하는 도시기본계획을 정기적으로 확인하면 그 내용을 알 수 있다. 참고로 시가화 조정구역은 토지이용계획확인원에 표시되지만 시가화 예정용지는 표시되지 않고 황색점으로만 표시된다.

지자체가 시가화 예정용지를 지정할 때는 주변 지역의 개발상황, 도로 등 도시기반시설의 현황과 수요 등을 먼저 분석·파악하고 각 지역별 및 생활권별로 수용 인구, 개발 목적과 방법, 적정 밀도 등을 제시해 도시기본계획상에 반영한다.

이처럼 시가화 예정용지는 도시계획의 확장에 따라 향후 도시화 개발로 예정된 땅이기에 그만큼 투자가치가 높다. 땅값이 크게 상승할 여지를 가지고 있지만 대부분이 토지거래허가구역으로 지정돼 있어 외지인이 구입하기에 다소 어려운 것도 사실이다.

필자는 실제 토지 투자를 위해 수많은 사람들을 만나 의견과 정보를 공유하지만 시가화 예정용지에 대해서는 누구 하나 이견을 보이지 않을 만큼 확실하게 수익을 기대할 수 있는 투자 대상이다. 서울에 사는 B씨의 경우는 파주시의 파주읍, 문산읍, 월롱면, 탄현면, 교하읍이 시가화 예정용지로 지정된다는 정보를 입수하고 토지와 건물 등에 총 2억여 원을 투자했고, 그 후 실제로 두 배 이상의 수익을 올렸다. 이는 시가화 예정용지를 적극적으로 활용해 성공을 거둔 전형적인 사례다.

시가화 예정용지에 대한 감지력을 키워라

어느 지역이든지 유입 인구가 너무 늘어나서 도시 기능의 한계가 감지되면 이 기능을 대체할 만큼의 새로운 땅이 필요하게 된다. 현재의 부동인구와 추후 유입될 예상인구를 분석해 도시의 인프라를 구축하기 위해 주변 지역을 개발하게 되는 것이다. 예를 들어 거주할 수 있는 가구가 1천 채에 불과한데 예상되는 유입인구가 1만 명이라면 주거지역에 대한 개발이 이뤄지는 것이다. 이때 사업이 진행된다면 가장 먼저 도로정비사업이 진행되고 이후에 전기, 가스, 수도, 녹지공원, 학교 등의 주변 시설이 조성된다. 그리고 민간기업들의 아파트 건립이 이어진다. 혹시나 이와 같은 과정이 착착 진행되는 지역이 있다면 토지 투자의 적합지라고 판단하고 눈여겨봐야 한다.

오랜 세월을 시가화 예정용지로 선정될 만한 땅을 연구하고 관찰해본 결과, 도시지역 내 농지 중에서 주거지 인근에 위치한 자연녹지지역이 시가화 예정용지로 선정될 확률이 가장 높았다. 그

판교신도시 ⓒ네이버

인천국제공항 배후도시로 주목받는 영종 일대 ©네이버

리고 비도시 지역 중에서는 계획관리지역이 선정될 확률이 높다. 최근에는 생산관리지역까지 도시화되는 경우도 있어서 저평가된 생산관리지역도 눈여겨봐야 한다.

최근에는 성남시의 백현유원지가 기업 유치가 가능한 복합형 시가화 예정용지로 변경되고, 성남시 서현동과 동원동 일원에 시가화 예정용지 438,000㎡ (13만여 평)가 계획되기도 했다.

한편, 앞에서 시가화 조정구역을 주의하라고 언급했지만 언제나 예외는 있는 법이다. 규제가 해제되는 시간에 맞춰서 시가화 조정구역에 투자하는 전문가들도 존재한다.

현재 시가화 조정구역으로 알려진 대표적인 곳은 동탄 제2신도시 일대와 인천공항 배후도시로 한때 붐이 일었던 영종도 일대 등이 해당된다. 그러나 시가화 조정구역은 규제 기간이 지나면 주변 시세만큼 땅값도 오른다. 예를 들어 세종시도 2009년에 행복도시 주변의 마을을 자연취락지구로 지정·고시했는데, 당시 이들 지역은 시가화 조정구역으로 규제가 되고 있던 곳들이었다. 이 지역은 시가화 조정구역이 해제됨과 동시에 지가는 주변 시세를 따라 많이 올랐다.

지난 2007년 국토부는 동탄신도시 동쪽에 제2신도시 개발을 추진했다. 당시 신도시 발표로 부동산 시장의 불안요인을 철저히 차단하기 위해 고강도 투기억제대책을 시행했다. 주변 지역을 토지거래허가구역으로 지정했고 개발행위허가 제한지역, 보전녹지, 시가화 조정구역을 설정한 것이다.

또, 국토부는 지난 2002년에 인천 영종도 일대를 시가화 조정구역으로 지정하기도 했다. 이는 투기와 난개발을 방지하기 위해서였다. 이렇게 시가화 조정구역으로 설정되면 투자심리는 위축되어 상대적으로 저평가되기 마련이다. 그러나 그린벨트처럼 기약 없이 묶이는 것이 아니기 때문에 자식에게 증여하는 등 장기투자 대상으로 가치가 높다는 이면은 알아두도록 하자.

토지합필과 토지분할로 땅값을 올린다 | 09

©네이버

책마다 여러번 강조하는 부분이
바로 토지분할이다.
그만큼 중요하기도 하고,
사실 필자가 땅 투자로 돈 버는
방법 중 하나가 토지합필과
토지분할의 기법이다.

　필자가 누누이 강조하고 있는 것 중의 하나가 소액으로 시작하는 초보 토지 투자자라면 공동투자에 도전해보라는 것이다. 하지만 만약의 사태에 대비하여 공유지분이 아닌, 토지분할을 통해 토지 주인이 되라고 조언한다.

　토지분할은 생각보다 어렵지 않다. 최근에는 필자가 추천한 역세권 땅 12,000㎡(3,630평)의 농지를 네 명이 공동투자해 각각 5~6천만 원 정도의 투자금으로 땅을 매입한 사례도 있었다. 물론 이 땅은 필지분할을 통해 네 명에게 균등하게 배분했다. 이렇게 토지분할은 초보 투자자들이 적은 돈으로 입지 좋은 곳에 내 땅을 가질 수 있는 기회를 만들어 준다.

토지 투자를 하는 사람들은 보통 '싸게 사서 시간이 흐른 뒤 비싸게 파는 것'을 기본으로 생각한다. 물론 틀린 말은 아니다. 다만 단순 시세차익이 땅 투자의 전부는 아니다.

그렇다면 어떤 방법이 있을까? 내가 주로 쓰는 방법 중 하나는 여러 개의 땅을 모아 하나의 필지로 만들고, 이것을 다시 나눠서 수익을 발생시키는 것이다. 그렇게 나는 합필과 분할의 기술을 사용한다. 여기서 '합필'은 2필지 이상의 토지를 합쳐서 1필지로 만드는 것이고, '분할'은 1필지의 토지를 나눠서 2필지 이상으로 만드는 것을 말한다.

땅을 합치면 '합필', 땅을 나누면 '분할'

땅을 합치고, 다시 나눈다니 뭔가 어려워 보이지만 알고 보면 어렵지도 않은 일이다. 만약 당신에게 모여 있는 1,700㎡(500평), 990㎡(300평), 2,000㎡(600평)의 논이 있다고 생각해보자. 이 세 개의 논은 개발지 인근에 있어서 3년 정도 후면 지금의 시세보다 가격이 오를 것으로 예상된다. 하지만 땅의 모양이 고르지 않지 않다면 어떻게 할 것인가? 이런 경우 당신은 합필을 통해 땅의 모양을 예쁘게 만들 수 있다.

합필을 위해서는 합필하기로 한 땅의 지주가 동일인이어야 한다는 전제조건이 있다. 더불어 지목도 모두 같아야 한다. 만약 지목이 서로 다른 땅이라면 같게 만들 수 있도록 형질변경도 해야 한다. 이러한 조건에 맞춰 합필된다면 세 개의 땅의 가치는 더욱 올라갈 수 있다. 세 개의 논이 합쳐져 도로변에 붙은 직사각형 모양의 땅이 된다면, 단기간에 땅값이 오르게 되는 것이다. 만약 이 사례에서 합필된 4,690㎡(1,400평)의 땅 일부는 팔고, 일부는 전원주택을 짓고 싶다면 어떻게 해야 할까?

당연히 분할이 필요할 것이다. 그런데 분할에서는 면적이 중요하다. 예를 들어 경지정리된 논의 경우 농지법상 4,000㎡(1,200평)가 넘어야 2,000㎡(600평)로 분할이 가능하다. 그러나 지자체별로 토지분할에 관한 규제가 다르니 확인은 필수다.

이 사례에서 분할의 기준인 4,000㎡(1,200평)가 넘었으니 두 필지로 나눌 수 있다. 분할하는 데 드는 비용은 분할 면적과 분할 방법에 따라 40~80만 원 정도 소요되는 편이다. 분할 방법에 따라 분할비용이 조금씩 다르기도 한

도로에 붙은 땅에 막혀 안쪽 땅은 저평가를 받고 있다.

위 아래로 분할된 필지를 합친 후 다시 재분할해서 두 필지 모두 가격이 상승했다.

데, 지정분할일 경우 비지정분할보다 분할비용이 비싸다. 지정분할은 분할할 면적을 정하고 분할하는 것으로, 비지정분할은 분할 예정선을 지적도에 표시해 대략적인 분할 평수만 정하는 것이다. 분할의 전제조건도 필요한데, 우선 지적도상 도로가 있어야만 분할해준다는 사실을 기억하자.

못생긴 땅도 토지분할로 예쁘게 만든다

3년 전쯤 개발호재가 많은 지역에 3,300㎡(1,000평) 정도 되는 삼각형 모양의 땅이 있었다. 주변 시세는 3.3㎡당 40만 원에 거래되고 있었으나 매물로 나온 땅은 평수가 큰 것에 반해 모양이 경쟁력이 없어서인지 3.3㎡당 30만 원에 거래되고 있었다.

나는 지인 두 명과 함께 이 땅에 공동투자를 하기로 결정했다. 보통 사람들이라면 '삼각형 모양의 땅을 어떻게 필지분할하려는 거지?'라고 의문이 들었을 것이다. 나는 조금 다르게 생각했다. 삼각형의 땅이기는 하나 넓은 면적이 도로변에 인접해 있었고, 옆 지주도 삼각형 모양의 땅을 가지고 있었기 때문이다.

지금 생각해보면 옆 지주가 삼각형 모양의 땅을 가지고 있던 것은 큰 행운이었다. 두 삼각형 모양의 땅을 합치면 직사각형 모양의 땅이 어렴풋이 완성되었기 때문이다. 우리는 곧바로 옆 땅의 지주를 찾아가 서로의 땅을 교환하기로 했다. 즉, 우리가 산 토지에 침범한 옆 지주의 땅과 옆으로 침범한 우리의 땅을 합필하여 필지분할하기로 한 것이다. 이렇게 교환을 하고 나니 서로의 땅은 사각형 땅이 되었다. 이는 옆 지주도 마찬가지였다. 이렇게 삼각형 모양에서 사각형 땅으로 바뀐 토지를 균등하게 배분했고, 얼마 지나지 않아 인근 토지 시세와 동일한 가격으로까지 올릴 수 있었다. 물론 옆 지주의 땅도 마찬가지로 시세가 올랐다.

이 사례는 못생긴 땅을 '발상의 전환'을 통해 예쁜 땅으로 만든 것이다. 이렇듯 토지분할은 영리한 수익 창출을 일으켜준다. 좋은 땅을 좋은 가격에 되파는 것도 능력이지만, 어설픈 맨땅을 좋은 땅으로 만들어 좋은 가격에 되파는 것도 토지 투자의 즐거움을 더해주는 일이다.

토지분할의 역발상

예전에 상당히 곤란한 모양의 991㎡(300평) 땅을 경매물건으로 만난 적이 있다. 사실 이 물건은 두 번 정도 유찰되었지만 도로에 인접해 있었고 주변에

지분으로 경매에 나온 땅의 모양 ⓒ네이버

필지분할 후의 땅 모양 ⓒ네이버

호재도 많았다. 용도도 좋아서 주변 시세는 3.3㎡당 20~30만 원으로 거래되고 있었다. 그런데도 두 번이나 유찰된 이유는 지분으로 나온 땅이었기 때문이었다.

한참을 고민하던 나는 과감하게 이 땅을 낙찰받았다. 지분으로 나뉘어 있는 땅이기는 했으나 지분이 전체 토지의 2분의 1에 달했고, 입지와 용도가 훌륭하다는 장점을 놓치고 싶지 않았기 때문이다. 나는 이 땅을 낙찰받은 후 2분의 1의 지분을 가진 또 다른 지주를 찾아갔다. 그리고 그에게 제안했다. 땅을 필지분할해 나눠 갖자는 것이었다. 땅은 그림에서 볼 수 있는 것처럼 균등하게 나누기 힘든 모양이었다.

결국 나는 상대방에게 직사각형의 예쁜 모양의 땅을 주고, 나는 도로가 닿는 부분이 좁은 삼각형에 가까운 땅을 선택했다. 언뜻 보면 손해보는 것 같은 선택을 했지만 사실은 두 가지 이유가 있었다. 첫째, 땅 모양은 안 예뻐도 건축할 수 있는 면적이 충분했다. 둘째, 두 번의 유찰로 인해 충분히 땅을 싸게 샀기 때문에 필지분할 후 시세가 회복된다면 큰 차익이 남기 때문이었다.

집을 짓고 살 생각이 아니라면 투자자 입장에서 땅 모양은 크게 상관없다. 이 사례를 든 이유는 한 가지다. '생각을 바꾸면 수익이 발생한다'는 역발상을 위하여!

돈 되는 땅, 토임   10

토지 투자에서 가장 중요한 것은
바로 '현장'이다.
서류상으로는 보이지는 않는
땅의 장점과 단점이 현장에 가면
한눈에 들어오기 때문이다.
그래서 토지 투자는
'발품'으로 돈을 버는 것이다.

　토지 투자를 한다고 전국을 돌아다니다 보니, 각지의 토박이 부동산 중개업자들과 안면을 트고 지내게 됐다. 그런데 얼마 전에 한 시골 부동산에서 괜찮은 땅이 있다며 먼저 연락을 해왔다. 토지이용계획확인원을 통해 그 땅에 대해 알아본 후, 차를 끌고 직접 현장으로 향했다.

　기대 반 설렘 반으로 현장에 가서 나는 기겁했다. 지적도상에 있던 도로에는 온갖 잡동사니가 쌓여 있어서 차가 들어갈 수가 없었다. 인근에 새 도로가 뚫리면서 도로가 쓰이지 않고 방치되어 있었기 때문이다. 그래서 그 땅은 거의 맹지 상태나 다름없는 땅으로 전락한 상태였다. 차로 3시간 넘게 이동해 현장에 도착했지만 결국 시간낭비를 하고 만 것이다. 그러나 가보지 않았다면 이런 토지의 현황을 정확히 파악할 수 있었을까?

토지 투자 실무에서는 '현황'이라는 말을 종종 사용하는데, 서류나 지도상으로는 알 수 없는 토지의 실제 이용 상황, 현재 상황을 뜻하는 말이라고 생각하면 쉽다. 지적도, 위성지도, 거리뷰 등만으로는 100% 땅의 실제 모습을 알 수가 없다. 그래서 토지 투자에서는 현황을 제대로 파악하는 것이 제일 중요하다고 말한다.

그러나 관심 있는 땅까지 가기에는 거리가 너무 멀고 쉽게 가볼 수 없는 경우도 존재한다. 현황을 파악하기 힘들다고 그냥 포기해야 할까? 이럴 때는 땅을 팔려는 지주에게 직접 여러 장의 사진이나 동영상을 찍어 달라고 하는 것이 시간을 절약하는 방법이 될 수 있다. 필자도 지주나 지역 부동산 중개업자에게 사진을 부탁해 1차적으로 토지의 현황을 확인하는 습관을 가지고 있다.

현장에서 발견하는 행운, 토임

평창은 2018년 평창 동계올림픽까지 꾸준한 지가상승이 이루어질 곳이다. 그러나 평창은 임야비율이 높다는 특징이 있다. 나도 한때 평창만 줄기차게 돌아다니며 조사하던 시절이 있었다. 그때 한 곳에 투자했을 때의 이야기다. 나는 그 당시, 평창 토박이 부동산을 온종일 돌아다니고 있었다. 우연히 한 부동산에서 '급히 나온 땅이 있는데, 보러 가겠느냐'는 제안을 받고 찾아간 곳은 평창 진부면의 작은 마을이었다. 부동산에서 소개한 땅은 마을에서도 산등성이가 시작되는 곳에 있었다. 경사도 높지 않고, 개간한 흔적도 보여 나는 당연히 '전(田)'이라고 생각했다. 하지만 집으로 돌아와 토지대장을 확인해보니 그곳은 '토임'이었다.

토임은 토지 임야의 줄임말로, 토지대장상 지목이 '임야'로 등록되어 있고, 구릉지 형태로 경사가 완만하여 농지나 택지로 이용할 수 있다. 이 사실을 알게 된 필자는 빠르게 계산에 들어갔다.

농지나 다름없던 이 토임의 공시지가는 3.3㎡당 10만 원이었다. 보통 농지를 전용하게 되면 농지보전부담금은 공시지가의 30%로 계산해서 지급해야 한다. 하지만 토지대장상 임야인 이 토임은 전용할 때 대체산림자원조성

임야가 많은 지역에서는 토임을 적극적으로 활용하기도 한다.

비가 반영되어 3.3㎡당 1만 원을 지급하면 되니, 이야말로 저렴하게 투자할 기회였다. 이따금 사람들은 임야라면 건축이 힘들고 어려울 것이라 여겨 애초에 포기하는 경우가 있다. 그러나 토임은 같은 임야라도 정지작업 같은 부수적인 비용이 들지 않아 결과적으로 더 저렴하게 투자할 수 있다.

필자는 해당 토지를 주변 농지 시세보다 20% 저렴한 급매가에 구입하였다. 그리고 몇 년 후 귀촌을 위해 전원주택용 부지를 찾는 사람에게 차익을 남기고 되팔았다.

토임은 대부분 논보다는 밭인 경우가 많아 활용가치가 높다. 가격대도 임야보다는 비싸지만 지목이 밭인 경우보다 저렴하기 때문에 많지는 않지만 토임이 보인다면 매입에 긍정적으로 접근할 수 있다. 토임의 가장 큰 장점은 임야의 까다로운 개발 절차를 간소화할 수 있다는 점이다.

임야는 나무를 벌목해야 하고 경사도가 있어서 정지작업도 해야 한다. 이렇게 생각지도 못한 많은 비용이 들 수 있기에 임야 투자를 할 때 토임을 우선적으로 찾는 것이 좋다. 꼭 토임이 아니더라도 전답 경계선상의 임야도 나쁘지 않다. 추후 개발비를 낮출 수 있기 때문이다.

임야를 개발하면서 벌목하는 것이 말처럼 쉽지 않다. 일단 나무의 종류, 나무의 나이도 따져야 한다. 특히 소나무를 조심해야 하는데 그것도 토종 소나무라면 더 주의해야 한다. 왜냐하면 국가적 차원의 보호종이라 쉽게 벌목이 안 되기 때문이다. 그나마 외래종 소나무는 벌목허가를 해주는 관공서가 있으므로 해당 지자체의 조례를 잘 살펴보아야 한다.

토임은 임야를 개간해서 밭을 만든 경우가 많다. 그래서 경사가 거의 없는 구릉지 형태에 많이 있고, 산 중턱이 아닌 전답의 경계선상에 붙어 있어 보통

토임이 많은 지역의 특징을 가진 땅

도로가 확보되어 있다. 그래서 투자가치가 높은 경우가 많다. 토임의 전국 분포도를 보면 전국 임야의 5%도 안 되기 때문에 웬만한 투자자들은 실물을 보기조차 어려울 것이다. 필자 또한 수년간 부지런히 임장활동을 했지만 직접 목격한 토임은 몇 개 안 된다.

여기서 한 가지 주의할 점은 보통 초보 투자자들은 지목이 임야로 찍혀 있으면 무조건 경사도가 있고 나무도 빼곡히 있는 산이라고만 단정을 짓는다는 것이다. 생각보다 많은 밭들이 지목상 임야로 찍혀 있는 경우가 많다. 수십 년 전에는 실제로 산이었으나 중간에 지주가 개간해 논밭으로 쓰면서 전이나 답으로 지목변경을 거쳐야 하는데, 잊어버리거나 귀찮아서 못하는 경우 서류상에 그대로 임야라고 남아 있는 경우가 많다.

토임이 많은 지역

　그나마 토임이 많은 지역은 따로 있다. 대한민국을 동서로 반을 가르면 경기 서부, 충청남도, 전라남·북도를 잇는 서해안 라인과 강원도, 경상남·북도를 잇는 동해안 라인으로 나눠볼 수 있다. 서쪽은 알다시피 산들이 높지가 않기 때문에 토임이 상대적으로 드물다. 왜냐하면 워낙 평지가 많아 굳이 임야를 개간할 필요가 없었기 때문이다.

　하지만 강원도는 다르다. 임야와 비교하여 농지비율이 워낙 낮기 때문에 경사도가 낮은 임야를 개간하여 토임으로 만든 경우가 많다. 강원도에서 최근 이슈 지역으로 떠오르는 인제, 양양 등을 노린다면 소액으로 토임을 매입할 수도 있다. 인제, 양양 같은 경우 자동차테마파크와 동서고속도로가 2017년 완공 예정으로 호재가 많은 지역이다.

　평창도 좋지만 평창 지역은 10년 전부터 동계올림픽 이슈 때문에 뜨고 지기를 몇 번 반복해 땅값이 지나치게 높은 곳들도 있다. 그래서 평창은 거품이 있는 땅과 없는 땅을 잘 구별하는 능력이 필요하다. 평창 내에서도 원주-강릉간 복선전철 호재로 아직 지가상승이 가능한 곳이 남아 있다.

죽은 땅도 살리는 사도 | 11

'모든 길은 로마로 통한다.'
고대 로마시대에 서양의 문명의
중심지는 로마였고, 로마인들은
모든 지역을 도로로 연결시켰다.
오늘날 도로는 여전히 중요하다.
도로는 땅의 가치를 결정하는
핵심 요소다.

토지와 도로가 붙어 있느냐에 따라 땅값이 두 배 이상 차이가 날 수도 있다. 그래서 도로는 가장 중요한 입지 조건 중 하나다. 그래서 어떤 땅 주인들은 사비를 들어서라도 땅을 공공도로와 연결시키려 한다. 이렇게 지주가 사유지에 만든 도로를 '사도(私道)'라고 부른다. 사도는 개인이 설치하고 소유하는 사설도로를 말한다.

지주가 사도를 만들고자 할 때는 지자체장의 허가를 받아야 한다. 그리고 만약 사도의 소유주가 다른 사람의 통행을 제한, 금지하거나 사용료를 받는 등의 권리를 이행하려고 한다면 이것 역시 지자체장의 허가를 받아야 한다. 단, 사도가 공공성이 뚜렷할 정도로 통행이 많아지면 지자체가 도로의 관리비를 지주에게 보조해주고 공공도로처럼 사용하게 된다.

앞에서 여러 사례에서 살펴보았지만 도로가 붙은 땅을 만들기 위해서 많은 일을 할 수 있다. 사도, 현황도로, 구거 점용 등이 그 방법들이다. 개념이 헷갈릴 수도 있다. 하지만 모두 원래 길이 없던 땅에 길을 내는 방법들이다. 이들은 어떤 차이점을 가지고 있는 것일까?

정리하자면 현황도로는 지적도상에 나오지 않는 도로다. 하지만 말 그대로 현황상 도로로 사용되고 있는 길인 것이다. 당연히 정식 도로는 아니나 신청만 한다면 정식 도로가 되기 쉽다. 예를 들어 생긴 지 10년 이상 된 현황도로는 차량과 사람이 통행하면서 관습상 도로로 사용됐기 때문에 당연히

오른쪽에 보이는 하얀 포장도로는 정식 도로가 아니라 현황도로다.

정식 도로 개설이 쉽다. 일부 지자체에서는 이런 관습상 도로에 대해서 토지 소유자의 승낙 없이도 도로로 개설할 수 있다는 조례 근거가 있기도 하다.

또, 구거의 사용으로 도로가 만들어진 경우는 토지 주변으로 구거나 하천이 가로막고 있는 경우다. 사용하지 않는 공간을 활용해 다리를 놓거나 도로로 만드는 방법으로, 구거나 하천 점용허가를 받은 후 진입도로를 개설할 수 있다.

대부분 임야와 도로 사이의 구거에 하천 점용허가를 받아 자비를 들여 복개하거나 다리를 놓는다. 그 후 관계 관청에 기부채납을 하면 현황도로가 아니라 정식 도로로 인정을 받게 된다.

땅의 가치를 높이는 '사도'

사도는 맹지였던 땅에 생명을 불어넣기도 한다. 도로와 단절되어 있는 맹지인 경우, 도로와의 연결을 막고 있는 토지 소유자의 토지사용승낙서를 받아 도로를 개설하는 방법이 있다. 아니면 인접 토지를 아예 매입해버리거나 교환을 통해 내 땅으로 만든 후 사도를 개설할 수도 있다.

카페 회원인 땅풀 님은 잘 포장된 도로와 붙은 땅을 샀다. 그는 이 땅에 건물을 짓기 위해 각종 서류를 준비하다 보니 포장도로가 사도라는 것을 알게 되었다고 한다.

사도는 일반 도로와 달리 사도의 주인에게 사용승낙서를 받아야 한다. 그래서 승낙을 받으려고 사도 주인을 찾아가보니 터무니없이 5천만 원을 요구하는 것이었다. 청천벽력 같은 상황이었다. 마땅한 해결책이 없던 땅풀 님은 나에게 컨설팅을 의뢰했다. 땅풀 님의 문제를 해결하기 위해 지적도를 면밀히 살펴본 결과, 포장도로 말고도 반대편에 살짝 걸친 작은 지적도상의 도로가 존재하는 것을 발견했다.

그러나 지적도상에는 도로가 있었지만 실제 현장에는 도로가 사라지고 없었기 때문에 도로를 새로 내야만 하는 상황이었다. 땅풀 님은 현황에 도로가 없다는 사실에 잔뜩 겁을 먹었다. 하지만 나는 땅풀 님에게 1천만 원이면 충분히 도로를 만들 수 있다고 조언했다. 결국 그는 용기를 내서 새로 도로를 만들었다. 그렇게 땅풀 님은 도로에 접한 땅에 건축을 할 수 있게 되었다. 결과적으로 그는 사도 주인이 제시한 금액인 5천만 원보다 훨씬 저렴하게 도로를 해결한 것에 크게 만족했다.

지주나 토지사용권을 가진 자가 자신의 땅 내부에 일부 토지를 잘라내어

ⓒ네이버

사도의 모습

사도로 만드는 경우가 있다. 특히 전원주택단지는 진입도로와 내부 통행도로를 사도로 개설해서 진입로를 확보하는 경우도 있다. 또, 개인 전원주택지도 도로용 토지를 따로 매입해 기존 도로와 연결하기도 한다. 단독으로 진입도로 토지를 매입하기 힘든 경우에는 주변 지주와 협의해서 진입도로용 토지를 공동으로 매입하는 방법을 사용하기도 한다.

주의해야 할 것은 아무리 사유지의 도로라도 공용으로 사용되고, 현황도로로서 공공연하게 사용되고 있다면 소유권을 행사할 수 없을 수도 있다.

사도를 만드는 방법

사도를 어떻게 만드는지 구체적으로 알아보자. 앞에서 설명한 대로 지자체의 승인이 떨어지면 사도를 낼 수 있다. 내 땅의 일부를 도로화하는 것에 대해서 트집 잡힐 일이 없다면 승인은 난다. 그다음은 비용이 얼마나 드는지의 문제다. 보통 비포장 사도와 포장 사도는 비용 차이가 많이 난다.

포장 사도는 보통 우리가 흔히 보는 아스팔트나 콘크리트로 포장되어 있는 도로를 말한다. 보통 포장 사도는 주인에게 타인의 출입을 막을 권리가 없다. 사도를 포장도로로 만들 때는 지주뿐만 아니라 일반인들도 사용이 가능해 타인의 출입을 막을 권리가 없고, 지적상의 도로가 될 확률이 높다. 콘크리트 포장의 경우 5백만 원 이상의 비용이 든다.

반면, 비포장 사도는 돌이나 모래 등으로 길을 만든 것을 말한다. 콘크리트에 비해 가격이 저렴하다는 장점이 있는데 보통 1백~2백만 원 정도가 든다. 총 길이가 20m가 넘는다면 옆 지주와 공동으로 작업해 비용을 줄이는 방법을 택하는 것도 좋다. 옆 지주도 오히려 저렴하게 사도를 내는 일이므로 흔쾌히 동의해줄 가능성이 높다.

사도의 포장은 건물을 개발하거나 맹지의 시세를 회복시키는 등의 효과를 가져온다. 포장된 사도는 장기적으로 보았을 때 충분한 투자가치가 있다. 특히 개발호재지역 근처의 사도는 일반도로로 활용될 가능성이 높다. 사도는 땅과 지주에게 새로운 기회, 다양한 기회를 줄 것이다.

물론 위 예의 땅풀 씨처럼 빠져나올 구멍이 있다면 문제가 되지 않지만 방법이 없다면 맹지나 다름없는 땅이 되어 낭패가 된다. 그래서 토지 투자 시에는 내 토지와 붙어 있는 도로가 있는지, 그 도로는 누구의 것인지 등을 꼭 파악해야 한다.

삼각형 땅을 살리는 역발상 투자

12

ⓒ네이버

입지 좋고 호재 많은 땅이 있다.
게다가 주변 시세보다 땅값도 싸다.
한마디로 매력적이다.

그런데 땅 모양이
특이하게도 삼각형이다.
사야 하나, 말아야 하나?

　토지 투자의 노하우를 가르치는 대부분의 책이나 강연에서는 사각형의 반듯한 모양의 땅을 사라고 말한다. 대개 삼각형 모양, 막대기 모양, 초승달 모양 같이 특이하게 생긴 땅에는 투자하지 말라고 가르친다. 그런데 토지 투자를 하기 위해 현장답사를 다니고 지적도와 토지이용계획을 들여다보면 특이한 모양의 땅들을 굉장히 많이 볼 수 있다.

그들의 말처럼 네모반듯한 땅이 아니면 무조건 피해야 할까? 이럴 때 역발상, 생각의 전환이 필요하다. 어떤 모양의 땅이든 어떻게 꾸미느냐에 따라 가치가 달라질 수 있다는 사실을 알아두자.

토지 투자는 크게 두 가지 방식으로 접근할 수 있다. 첫째는 해당 토지에 건물을 지어 수익을 기대하는 방식이고, 둘째는 인근 개발호재에 따라 지가 상승이 이루어지면 그 시세차익을 노리는 방식이다. 삼각형 땅은 위의 첫 번째 방법을 통해 특이하게 생긴 토지의 단점을 극복할 뿐만 아니라 더욱 그 가치를 높일 수 있다.

오늘날 전 세계적으로 조그만 공간을 활용하려는 흐름이 유행을 타고 있다. 이런 추세는 경제가 발전할수록 밀집된 도심이 발전하고, 1~2인 가구들이 늘어나는 현상과 무관하지 않다. 과거에는 커다랗고 넓은 공간에서의 생활을 기대했다면 지금은 많은 사람들이 나만의 집, 독창적이고 유일무이한 공간을 원하고 있다. 그렇다 보니 꼭 네모반듯한 땅이 아니더라도 어떻게 건물을 설계하느냐가 더욱 중요해지는 것이다.

실례로 건축 설계 일을 하는 정수 씨는 거주하면서 토지 투자를 병행하려는 목적으로 서울 외곽에 삼각형 모양의 소규모 땅을 구입하고 건물을 지었다. 서울 외곽이라도 3.3㎡당 5백만 원의 상대적으로 비싼 땅이었다. 하지만 주변 입지가 좋았고 실거주지와 투자 목적지로서는 안성맞춤인 곳이었다.

정수 씨는 건축 설계를 하는 본인의 직업을 살려 독특하면서도 창의적인 건축 디자인을 선보였다. 유동인구가 많은 지역적 특성상 이국적인 건축 디자인은 금방 눈길을 끌기 시작했고, 사진 동호회들의 주목받는 출사지로 선정될 만큼 인기도 높아졌다. 이와 같은 관심은 상상하지 못했던 부분이지만 결과적으로 땅값이 더 올라가는 결과를 낳았던 것이다. 땅 모양보다는 어떻게 활용하느냐가 중요하다는 것을 보여주는 전형적인 케이스였다.

사실 삼각형 땅은 가장 못난이 땅으로 불린다. 도심지역의 삼각형 땅은 그 모양이 이상해도 이미 높은 지가를 형성하고 있는 경우가 많아 시세차익을 기대하기에는 무리가 있다. 그러나 도심 변두리의 삼각형 토지(전, 답 등)는 비교적 지가가 낮기 때문에 충분히 성형비용을 들여 시세차익을 노릴 투자지로 만들만한 가치가 있다. 빈 공간의 활용법을 찾거나 인접지 매입으로도 충분히 매력적인 땅으로 변신시킬 수 있다는 것이다. 즉, 오늘날 땅의 가치는 모양만으로 결정되는 것이 아니고 위치나 지목, 개발호재, 접근성, 건축물 등의 부가 요소들로 인해 결정된다.

선입견 가득한 삼각형 땅

삼각형 토지는 좋지 않은 선입견이 가득한 땅이다. 개발도 쉽지 않고 풍수학적으로나 여러 가지로 저평가되기 일수다. 예부터 뾰족한 꼭짓점 부분은 기운을 응집시키지 못한다 해 집터로서는 불합격이었다. 그런데 풍수지리도 지키면서 삼각형 땅을 잘 사용할 수 있는 방법이 있다면 어떨까?

만약 마음에 드는 토지가 나왔는데 삼각형이다. 모양이 좋지 않음에도 입지와 접근성이 좋고 여러 가지 호재가 겹쳐 이 땅을 꼭 매입하고 싶다면 삼각형의 꼭짓점 부분의 토지에 대한 활용 방안을 체크해야 할 것이다. 삼각형 땅이라는 틀에 박힌 선입견을 극복할 수 있는 방법은 생각보다 많다.

보통 대부분의 삼각형 땅 소유자들은 이 꼭짓점 부분의 토지를 주차장으로 많이 활용한다. 그 외에도 나무를 심거나 물품 창고, 간이 놀이터, 휴식처, 작은 정원 등으로 조성할 수 있다. 구거가 옆에 붙어 있다면 전략적으로 이용해 공간을 확장할 수도 있다. 인접한 토지를 구입해 땅 모양을 근본적으로 바꾸는 방법도 가능하다.

　또한 삼각형 땅에 전원주택을 지을 때는 앞마당이 좁은 것이 유리하다. 꼭짓점이 뒷마당으로 되어 있다면 실질적으로 사용할 수 있는 범위가 좁아져 잘 쓰지 않는 앞마당만 넓어진다. 반대로 꼭짓점이 앞마당이 되면 뒤쪽 공간을 폭넓게 사용할 수 있어, 창고 및 텃밭으로 활용이 용이하다.

　삼각형 땅이라도 시기와 장소에 따라 제값을 하거나 그 이상의 수익을 줄 수 있기 때문에 무턱대고 나쁘다고 판단하기 어렵다. 고정관념과 편견을 깨면 수익을 올릴 수 있는 기회는 얼마든지 있다.

　이와 같은 삼각형 땅을 비롯한 못난이 땅들이 가장 큰 혜택을 볼 수 있는

삼각형 모양의 땅 ⓒ네이버

구획정리사업이라는 것이 있다. 구획정리사업이란 택지개발 및 지역 발전을 위해 토지 이용을 효율화하려고 토지의 구획을 변경하는 작업을 말하는데, 이때 본 땅 모양과는 상관없이 균등하게 필지를 분할·교환한다. 이 구획정리사업이 예정된 곳에서는 땅 모양과 상관없이 매입 거래량이 훌쩍 뛰어 삼각형 땅과 같은 못난이 땅들이 빛을 보기도 한다. 고수들은 미리 이러한 정보를 수집해 저평가된 못난이 땅을 매수·매도해 수익 창출을 노린다. 물론 아래와 같이 잘못된 정보 수집으로 인해 피해를 본 사례도 있다.

사업가 재훈 씨는 구획정리사업이 진행된다는 정보를 입수하고 평소 눈여겨본 개발지 인근의 삼각형 땅을 구입했다. 구획정리사업인 만큼 땅의 생김새는 고려하지 않고 오로지 지가가 저렴한 땅을 노렸고, 3.3㎡당 20만 원에 330㎡(100평)를 싼값에 구입했다. 그 후, 구획정리사업이 진행되고 보니 3.3㎡당 30만 원으로 다른 토지의 보상가와 별반 차이가 없었다.

삼각형 땅은 어떻게 활용하느냐에 따라 팔색조처럼 변신할 수 있다. 오히려 네모난 땅보다 초기 투자비가 적어 차익이 더 클 수도 있기에 마냥 무시할 순 없는 존재다. 마음에 드는 토지가 삼각형 땅이라면 가장 적절한 활용 방법을 찾아 가치를 높이는 노력이 더 필요하다.

괴상한 모양의 땅도 해법은 있다

그런데 사실 불규칙한 모양의 땅은 삼각형 모양의 땅만 있는 것이 아니다. 평수는 넓으나 막대기 모양으로 생겨서 사용하기가 힘든 땅도 있다. 다음은 그런 땅에 투자한 회원의 일화다.

2년 전 카페 회원인 호쾌한 씨가 나에게 도움을 구하며 카페에 글을 올린 적이 있다. 초보자인 자신은 어떻게 이 일을 풀어나가야 할지 막막하다는 글이었다. 그 글에 따르면 그는 우연히 자신도 몰랐던 땅이 있는 것을 알게 되었다. 오래전에 부모님이 땅을 처분하면서 남은 작은 땅이었다. 그런데 호쾌한 씨의 말로는 이 땅은 있으나 마나 한 땅이라는 것이었다.

이 땅은 충청남도청 이전으로 한창 지가가 오르고 있는 홍성에서도 국도와 인접해 있는 좋은 입지를 가지고 있었다. 하지만 그에게서 땅 모양에 대한 이야기를 듣고 고개를 끄덕일 수밖에 없었는데, 그의 땅은 아래의 사진처럼 되어 있었다.

안타깝게도 도로와 인접해 있기는 했지만 막대기 모양으로 땅이 남아 있어 개발을 할 수 없었다. 뿐만 아니라 땅 모양이 이렇다 보니 팔아도 제값을 받을 수 있을지 의문이 드는 땅이라는 것이었다.

하지만 나는 그에게 역발상의 가치를 알려주었다. 내게 필요 없는 땅이 누

어설픈 막대기 모양의 땅 ©네이버

막대기 모양 가운데 땅을 제외한 주변 땅들 ©네이버

군가에게는 필요한 땅이 될 수도 있다는 점이다. 호쾌한 씨와 함께 토지등기부를 살펴보니 주변의 오른쪽 땅과 왼쪽 땅의 지주들이 성씨가 같다는 것을 알아냈다.

자세히 조사해 보니 호쾌한 씨의 막대기 모양 땅을 기준으로 두 개로 갈라진 땅들은 한 가족의 땅이었다. 만약 그들이 가족사업으로 개발을 원하는 경우에는 호쾌한 씨의 땅이 반드시 필요한 상황이었다. 나와 호쾌한 씨는 곧바로 지주들을 수소문해보았고, 해당 땅의 지주들은 멀지 않은 곳에 살고 있었다. 우리는 지주 중 한 명을 찾아가 자초지종을 설명했다. 혹시 땅을 개발할 생각이 있다면 시세보다 저렴하게 사기를 권했다. 그러나 지주는 오히려 경제 상황이 좋지 못해 땅을 급매로 내놓은 상태라고 말했다. 호쾌한 씨는 그 말에 풀이 죽어버렸지만 나는 돌아오는 길에 그를 설득했다. 지주가 급매로 내놓은 땅을 사는 것도 좋은 투자 방법이었기 때문이다.

호쾌한 씨의 땅은 긴 막대기 모양으로 사용가치가 거의 없었지만, 지주의 땅과 붙어 있기 때문에 하나의 땅으로 만들면 예쁜 직사각형 모양이 되었다. 그리고 도로의 코너 땅이 되어서 시세 회복은 따 놓은 당상이었다.

게다가 입지나 호재는 이미 알아본 대로 충분해 3~4년만 기다려도 수익을 내는 것이 가능했다. 호쾌한 씨는 잠시 고민을 한다고 했고, 3일 후 지주를 통해 직거래로 땅을 구입할 수 있었다. 역시나 땅을 합친 후에 지가는 바로 올랐다. 2년이 지난 지금은 처음 구입한 비용보다 1.5배가량이 올랐다고 한다. 요즘 같은 불경기에 땅값이 1.5배가 올랐다는 것은 정말 운이 좋은 경우다.

또 다른 특이한 모양의 땅 중에는 아래의 사진 속처럼 손잡이가 달린 국자 모양의 땅도 있다. 이런 형태의 땅은 주로 도심 속에서 자주 발견된다. 건물

국자 모양의 땅 ©네이버　　　　　　　초승달 모양의 땅 ©네이버

을 세우기 위해 토지 일부를 도로에 접하게 만들었기 때문이다. 물론 도로에 예쁘게 붙은 땅이 활용도가 높지만 입지가 좋고 앞으로 건설해도 적합한 부지라면 손잡이 부분을 도로부지로 확보하고, 나머지 부분에 건물을 올리면 된다. 지금은 이상한 땅 모양 때문에 지가 차이가 나는 저평가된 땅이어도, 주변이 개발되고 건물이 세워진다면 지가가 회복될 수 있다.

또 다른 사진 속의 땅 역시 초승달 모양에 가깝다. 도로에 접한 부분은 좁고 중간 부분이 넓은 이런 모양의 땅은 양쪽 끝에 도로가 지나가면 필지분할을 통해 그 가치를 올릴 수 있다. 위의 사진 같은 경우에 하나의 땅을 필지분할해 건축하면 두 개의 땅 모두 도로가 접한 땅으로 활용될 수 있다.

땅을 보다 보면 땅 안에 또 다른 땅이 있는 경우가 있다. 옛날에 그 자리가 묘지로 쓰여 번지가 다르게 표시가 되기 때문에 나타나는 현상이다. 이럴 때 어떻게 활용해야 할지 난감해하는 사람들이 참 많다.

만약 위의 사진처럼 건축할 면적이 넓다면 가운데를 분할하여 쓸모 있는

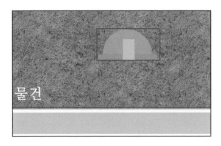

가운데가 뚫린 땅

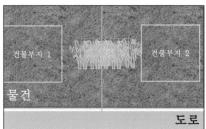

가운데를 가리고 토지를 분할한 후의 모습

땅으로 만들 수 있다. 가운데 묘나 공터가 있는 경우에는 대나무나 벽으로 가려 안보이게끔 해서 이색적인 공간 구성을 하면 된다. 이렇게 땅을 나누고 건물을 세우면 주변 시세만큼 회복될 수 있다.

규제완화를 노리는
취락지구 투자

13

©네이버

그린벨트 지역에 가본 적이 있는가?
그린벨트 안에도
집들이 있고 마을이 있다.
이곳을 흔히 취락지구라고 부른다.
취락지구는
사막의 오아시스 같은 존재다.

취락지구는 흔히 가옥들이 모여 있는 생활 근거지(마을)를 의미한다. 현재는 녹지지역, 관리지역, 농림지역, 자연환경보전지역, 개발제한구역 혹은 도시자연공원구역 안에서 취락을 정비하는 용도지구의 하나로 이야기하는 곳이다. 취락지구로 지정되면 해당 용도지역 및 용도구역에서의 규제보다 완화된 건축 제한과 건폐율을 적용받게 된다. 취락지구 안의 주민 생활 편익과

복지 증진을 위해 사업을 시행할 수도 있다.

보통 취락지구는 크게 '자연취락지구'와 '집단취락지구' 두 가지로 구분한다. 위에서 설명한 대부분은 '자연취락지구'에 해당하며, 개발제한구역(그린벨트)의 취락을 정비하기 위해 필요한 지구를 '집단취락지구'로 본다.

우리는 투자자의 입장에서 이들 지역을 관찰해볼 필요가 있다. 첫째로 집단취락지구다. 개발제한구역이라고 불리는 그린벨트는 대부분의 사람들이 알고 있듯이 건축하기 힘든 곳이다. 그러나 그린벨트 내 취락지구는 예외적으로 건축이 가능하다. 그린벨트가 해제될 경우, 보통 취락지구가 먼저 해제될 정도로 완화된 규제가 적용되는 지역이다. 따라서 이들 지역은 그린벨트 해제의 가능성을 가진 건축 가능한 곳을 상당히 저렴하게 투자할 수 있는 셈이다.

두 번째는 이와 달리 이미 땅값이 높은 축에 드는 도시지역에서는 상대적으로 저렴한 자연취락지구가 시세차익을 위한 투자에 적합하다. 도시지역이

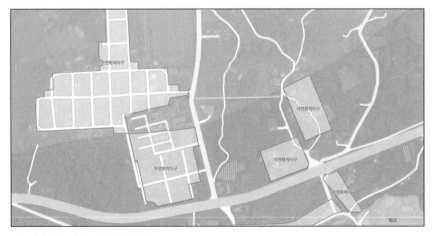

제주 지역 자연취락지구 일대 ⓒ네이버

확장되는 경우 자연녹지는 건폐율이 20% 정도지만 취락지구는 60%여서 자연녹지 취락지구를 중심으로 개발이 이뤄질 가능성이 높다는 특징이 있다.

필자와 카페 회원들이 주로 투자하는 계획관리지역도 마찬가지다. 계획관리지역 내 취락지구는 개발 압력을 받게 되면 종상향의 가능성이 높아진다. 대표적인 예가 평택항 인근에 배후 주거지를 조성하기 위해 포승읍의 계획관리지역이 주거지역이나 상업지역으로 편입되어 자연스럽게 종상향이 이뤄진 경우다. 어떤 용도지역이더라도 그 안의 취락지구는 활용될 가능성과 가치가 높다는 사실을 인지해두는 편이 좋을 것이다.

규제완화의 신호, 취락지구 지정

취락지구로 지정됐다는 이유만으로 규제가 완화되는 경우가 많다. 규제가 까다로운 곳에 취락지구가 지정된다면 그것만으로도 개발행위 제한이 완화될 거라고 보면 된다. 최근에는 기존 취락지구에 적용되던 규제도 대폭 완화되는 실정이다. 경기 고양시에서는 그린벨트에서 해제된 49개 취락지구의 건축 규제가 완화되기도 했다. 그리고 소·중규모의 취락지구는 규제완화로 용적률이 120~150%에서 140~170%로 상향 조정되었다. 대규모 취락지구의 용적률은 기존 130~160%에서 150~180%로 높아졌다. 즉 4층 정도 높이까지 집을 짓는 게 가능해진 것이다. 이렇게 취락지구의 규제가 완화되면 재산권 행사에 제약을 받아온 취락지구의 주민들이 직접적인 수혜를 받게 되며, 해당 용도지역에서의 토지 개발에도 탄력을 받게 된다.

취락지구는 같은 개발제한구역이라 하더라도 사람들이 살고 있어 규제가 완화되는 상태로, 후에 제1종 일반주거지역 등으로 상향 조정되는 경우가 많다. 그래서 토지 투자자라면 늘 주목해야 하는 땅이다.

필자가 운영하는 카페에서 활동하는 회원 중에 유난히 걱정 근심이 많고 소심했던 왕소심이라는 회원이 있었다. 그는 땅을 사기까지 다른 사람보다 몇 배의 시간이 소요될 만큼 심사숙고하는 성격의 사람이었다.

왕소심 님은 긴 시간의 고민과 망설임 끝에 취락지구 근처의 땅을 사기로 결정했다. 그가 구입한 땅은 개발제한구역 내 자연취락지구였다. 건물을 지을 수 있는 땅이어서 농업용 창고로 임대사업을 하기로 마음먹고 땅을 매수했다. 하지만 그 회원은 시간이 흐를수록 조바심을 내기 시작했다. 작은 지가의 변동에도 민감하게 반응할 정도였다. 본래 개발제한구역에 속한 땅은 기다림의 미덕이 필요한 법이다. 그는 2년이 지나도 좀처럼 지가가 오르지

강동 취락지구 일대 ⓒ네이버

않자 의문을 품기 시작했다. 금방이라도 풀릴 줄 알았던 규제가 풀리지 않았기 때문이었다. 이런 경우는 인내심을 가지고 지켜봐야 하는데도 그는 그러지 못했다.

결국 그는 3년째가 되자마자 참지 못하고 땅을 팔아버렸다. 원래 샀던 가격과 거의 차이가 없었기 때문에 사실상 헛수고를 한 셈이 됐다. 그런데 운명의 장난처럼 땅을 팔고 몇 개월이 지나자 이 지역은 규제가 풀려 종상향이 이루어졌다. 당연히 지가는 크게 올랐다. 조금 더 기다렸다면 그는 큰 차익을 얻을 수 있었을 것이다. 그는 도시계획이 잡혀 있었는데도 가시화되지 않는다는 이유로 기다리지 못했고 믿지 못했기 때문에 투자는 결국 실패로 끝나고 말았다.

물론 투자를 할 때 끊임없는 의심과 집착이 투자 실패의 길로 들어서는 것을 막아주기도 하지만 토지 투자의 특성상 인내심과 기다림 역시 꼭 필요한 미덕이라는 것을 잊지 말자.

확 달라진
계획관리지역 투자법 | 14

계획관리지역의 토지

2013년 말의 일이다.
어느 날, 밤 9시 뉴스를 보다가
환호성을 질렀다.
기뻐서 소리 지르게 만들었던
뉴스는 바로 계획관리지역의
건축행위 규제를
풀어준다는 것이었다.

2014년부터 계획관리지역의 건축행위 규제를 풀어준다는 뉴스는 토지 투자자들에게 그야말로 희소식이었다. 기존의 계획관리지역은 그 자체로도 충분히 투자가치가 높은데 거기에다 규제까지 풀어준다고 하니 날개를 달았다고 생각했기 때문이다.

정부가 부동산 규제에 대한 정책을 확 바꿨다. 정부가 부동산 규제를 기존의 포지티브 규제체제에서 네거티브 규제체제로 바꾼 것이다. 처음 듣는 사람들은 "포지티브가 좋은 것 아니냐"며 잘 이해가 되지 않을 것이다. 하지만 설명을 들으면 그렇게 어렵지 않다. 이 정책의 변화는 다음과 같다.

'포지티브' 방식은 '할 수 있다'로 규제를 만들어놓는다. 학교를 예를 들면 '학교에서는 공부만 할 수 있다'라는 규제를 걸어놓는다. 그러면 학생들은 학교에서는 공부밖에 못하게 된다. 운동해서도 안 되고, 예체능을 해서도 안 되는 것이다. 즉, 할 수 있다고 허락해준 것 외의 개발행위는 허락되지 않는 것이다.

반면 '네거티브' 방식은 반대로 '할 수 없다'로 규제해놓는다. 그러면 금지된 것 이외의 모든 개발행위가 가능해진다. 이렇게 정부는 토지 소유자 중심의 규제로 부동산 활성화를 꾀하고 있는 것이다.

좀 더 자세하게 설명하자면 정부는 2014년부터 상업지역, 준주거지역, 준공업지역, 계획관리지역에서의 건축 제한을 네거티브 방식으로 전환했다. 토지 투자와 토지 개발의 폭이 더 넓어진 셈이다.

계획관리지역 투자에 주목하라

부동산 규제가 완화되면서 그중에서도 특히 계획관리지역 투자가 주목받고 있다. 계획관리지역은 용도가 다양해 개발용지로도 손색이 없다. 그래서 소액 투자자, 일반 투자자들의 주요 투자처이기도 하다. 계획관리지역은 자연녹지지역, 생산관리지역과 함께 시가화 유보지역 중 하나다. 그래서 장차

도시화가 예상되는 지역이다. 하지만 이미 시가화되어 있는 중심지역과는 접근성이 떨어져 자체적인 도시화는 어려운 것이 사실이다. 계획관리지역은 이러한 특징 때문에 다른 지역에 비해 상대적으로 땅값이 저렴하다는 장점이 있다.

2013년과 2014년에 걸쳐 부동산 규제에 큰 두 가지 변화가 있었다. 첫째가 네거티브 시스템으로의 변화였고, 둘째가 비도시지역의 일부 지구단위 계획에 성장관리방안 수립제도가 도입되었다는 것이다. 즉, 이 방안이 수립된 지역에 포함되어 있는 계획관리지역은 지자체의 조례에 따라 건폐율과 용적률이 더 완화될 수 있다. 본래 계획관리지역의 건폐율은 40% 이하, 용적률은 100% 이하다. 그런데 지자체의 조례에 따라 완화되면 건폐율은 최대 50%까지, 용적률은 최대 125%까지 상향될 수 있다. 소액 투자자와 일반 투자자에게는 더없이 좋은 투자 환경이 만들어진 것이다.

따라서 계획관리지역의 토지에 투자한다면 다가구, 단독주택 등을 지어서

개발하기 좋은 계획관리지역

임대사업을 시작해보는 것도 일정한 수익 증가에 도움이 될 수 있을 것으로 보인다. 더 정확히 말하면 아파트, 음식점·숙박시설(조례 금지지역), 공해공장, 3,000㎡(900평) 이상의 판매시설, 업무시설, 위락시설 등만 금지시설로 관련 법에 열거되어 있다. 따라서 이 금지 사항들만 피한다면 어떤 시설도 들어설 수 있기 때문에 부동산 투자 활성화에도 긍정적인 영향을 줄 수 있다.

계획관리지역 땅에 다른 용도지역이 섞여 있는 경우

가끔 큰 평수의 땅이 반은 계획관리지역이고 반은 농림지역으로 나누어져 있는 경우도 있다. 이런 경우는 보통 주변 시세보다 저렴하게 땅이 나오는 데, 무조건 거부하기 보다는 잘 살펴보자. 같은 평수더라도 이런 땅의 농림 지는 거의 거저 주는 가격으로 나오기 때문이다. 이런 경우 건축이 안 되는

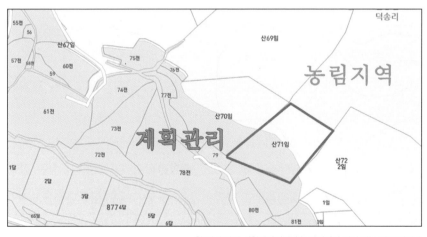

한 필지 안에 계획관리지역과 농림지역이 섞여 있는 땅 ©네이버

농림지역 안에 있는 작은 계획관리지역 ⓒ네이버

농림지역은 가든이나 농장으로 활용하고, 건축이 되는 계획관리지역은 건물이나 식당을 짓는다면 넓은 평수를 효율적으로 활용할 수 있다. 실거주자의 경우라면 귀농용 토지로도 적합하다. 한쪽에는 집을, 한쪽에는 텃밭을 만들어 활용할 수 있기 때문이다. 사실 계획관리지역의 땅으로만 같은 평수를 구입하려면 그 땅값이 터무니없이 비쌀 것이다. 이렇게 농림지역이 약간 섞여 있는 정도라면 땅값이 그만큼 내려가기 때문에 투자할 가치는 더 높아진다고 볼 수 있다. 첫 번째 그림처럼 평수가 큰 규모는 필지분할해 차익을 얻는 것도 좋은 방법이 될 수 있다.

반면, 두 번째 그림처럼 다른 용도지역들이 섞여 있는 땅도 있다. 주변은 모두 농림지역인데 어째서인지 몇 필지만 계획관리지역인 것이다. 이런 경우는 계획관리지역에 해당되더라도 개발이 이뤄지기가 매우 힘들다. 용도지역만 보고 좋다고 생각해서 시세차익을 노리는 투자에 나섰다가는 낭패를 볼 수 있다. 실수요자이고 특별한 이유 때문에 무조건 건축하고 싶은 경우를 제외하고는 이런 땅은 그다지 가치가 없다. 섣불리 접근했다가는 투자 실패로 이어질 수 있어서 특별히 조심해야 한다.

여담으로 세종시의 토지 투자 사례를 이야기해보겠다. 카페의 정연수 부소장이 많이 안타까워했던 사연이다. 3년 전 한 사람이 정연수 부소장을 찾아와 자신이 구입한 땅에 대해 물었다. 그 땅은 2차선 도로변 계획관리지역으로 당시 시세가 3.3㎡당 50만 원이었지만 40만 원 급매로 나온 물건이었다고 한다. 의뢰인은 서류상 건축에 문제가 없어 이미 투자를 결정한 상태로 상당한 계약금을 지불했다고 한다.

그런데 부소장이 이 땅을 살펴보고는 깜짝 놀랐다고 한다. 이곳은 문화재 보호구역으로 주변에 문화재 발굴로 인해 건축 제한을 받아 건축행위가 거의 불가능한 지역이었다. 결국 그는 계약금만 날린 채 투자는 하지 않았다.

이 일을 계기로 부소장은 토지 거래를 할 때 반드시 지자체에 건축행위 관련 문의를 하라고 회원들에게 강하게 조언한다. 그게 아니면 토지거래계약서에 특약 사항으로 건축제한 상황이 발생했을 때는 계약을 무효화하는 사항을 미리 추가로 작성하기를 권한다. 그러나 투자를 하면서 조심하고, 또 조심해야 하는 것은 결국 투자자 자신의 문제다.

틈새 재테크,
국공유지 투자

15

국공유지 토지

필자가 매번 강하게 주장하는 것이
국공유지를 적극 활용하라는 것이다.
국공유지는 투자금이 부족해도
저렴하게 매입할 기회가 있어서
'틈새 재테크'로 딱 알맞다.

국공유지는 국가나 지자체가 소유한 토지다. 국가 소유의 땅은 국유지라
고 하고, 지자체 소유의 땅은 공유지라고 한다. 현재 국공유지는 전 국토의
20% 수준에 육박하고 있다.

초보 투자자들은 부동산 투자에 나섰다가 자금이 부족하다는 이유로 쉽
게 포기하는 경우가 있다. 실제로 내가 만난 많은 초보자들이 억 단위의 금

액을 가지고 있어야만 토지 투자를 할 수 있다는 선입견을 가지고 있었다. 하지만 실제 토지 현장답사를 갔다 오면 소액으로도 충분히 투자가 가능하다는 것을 알게 된다. 아마도 앞에서부터 이 책을 쭉 읽어온 독자라면 다양한 소액투자 방법과 다양한 소액물건이 존재한다는 것을 인정할 수밖에 없을 것이다. 소액 토지 투자를 선호한다면 국공유지에 대한 투자는 도전해볼 만한 포인트다.

국공유지는 국가나 지자체에서 효율적으로 관리하고 운영한다. 그런데 시간이 지나 활용가치가 떨어졌다고 판단되면 용도 폐지 절차를 거쳐 일반인에게 매각 또는 임대한다. 그래서 일반 대지에 비해 지가가 반값 정도로 저렴해서 소자본 투자로 딱 맞는 대상이 된다.

가격 부담이 적은 국공유 부동산

국공유지는 대체로 입지가 좋으면서도 지가가 매우 저렴하다. 국유재산법에 의해 감정평가업체가 현재의 지가를 참작해 예정 가격을 매기는데 거품 없는 순수한 땅값을 제출한다. 따라서 주택은 거래 시세의 20~30%, 토지 및 기타 재산은 30~50%까지 매우 저렴하게 공개매각된다.

더구나 국공유 부동산 임대의 경우, 대부료(국유지에 부과되는 임대료)는 일반 시장의 임차비보다 매우 저렴하고 조건도 유리해 개인 사업자들에게 큰 인기를 얻고 있다. 대부 기간은 1년에서 10년까지이며 기관에 따라 중·장기 분할 납부도 가능하다. 자금이 부족해도 국공유 부동산을 적절히 이용한다면 큰 이익이 될 수 있다.

그러나 이런 국공유지의 장점을 땅 장사에 이용해 부당한 이득을 취하려는 움직임이 많아지고 있다. 제주도의 경우 국공유 재산의 환매특약을 악용한 제3자 매각을 제한하기 위해 제주투자진흥지구 제도를 개선한다고 밝혔다. 즉, 임대 후에 투자가 완료되면 매각 방식으로 전환하고, 국공유 재산 환매 특약 기간을 5년에서 3~4년으로 단축시킨다는 계획이다.

실제로 B회사는 저렴한 가격에 서귀포시 성산포 해양관광단지 국공유지 개발부지를 매입한 후, 중국계 자본이 설립한 회사에 40여억 원의 시세차익을 남기는 매각을 해 논란이 불거졌다. 이와 같은 사례가 단초가 돼 제도를 개선해야 한다는 목소리가 높아진 것이다.

국공유지 예시

국공유지로 내 집 마련하자

　재개발지역 내 국공유지를 저렴하게 매입해 아파트 분양권을 부여받을 수도 있다. 일명 '국공유지 점유권 투자'라 명명되는데, 이곳에 건립된 무허가 주택을 매입하는 방식이다. 다만, 무허가건물확인원을 통해 합법적으로 소유권 이전이 가능한 상태여야만 한다. 즉, 무허가건물관리대장에 등재돼 있어야 점유권을 인정받게 되는 것이다.

　참고로 서울시에서 발표한 '기존무허가건물' 조건에 대해 살펴보자.

- 1981년 12월 31일 현재 무허가건물관리대장에 등재돼 있어야 할 것.
- 1981년 제2차 촬영한 항공사진에 나타나 있어야 할 것.
- 재산세 납부대장 등 공부상 1981년 12월 31일 이전에 건축했다는 확증이 있어야 할 것.
- 1982년 4월 8일 이전에 사실상 건축된 연면적 85㎡(25평) 이하의 주거용 건축물로서, 1982년 제1차 촬영한 항공사진에 나타나 있거나 재산에 납부대장 등 공부상 1982년 4월 8일 이전에 건축했다는 확증을 받은 무허가건축물이어야 할 것.
- '공익사업을 위한 토지 등의 취득 및 보상에 관한 법률 시행규칙' 부칙 제5조에 의한 무허가건축물 중 조합 정관에서 정한 건축물일 것.

　이 조건 중 하나라도 만족한다면 권리 보장의 자격을 취득할 수 있다. 통상 사유지보다 20~30% 저렴해 투자수익이 크고 재개발사업 초기에 소자본으로 내 집 마련이 가능하다.

재개발 국공유지에 투자할 때 유의해야 할 점은 기존 점유권자가 자치구에 점용료를 해마다 납부하는지 확인해야 한다는 점이다. 납부를 미루다가 이주비 등으로 공제당하는 경우가 종종 있어, 반드시 해당 자치구를 찾아 납부 내역을 체크해야 한다. 그리고 실제 거주하는 원주민을 통해 매입이 이뤄지면 등기비용이 절감된다. 일부 자치구의 경우는 등기비 없이 명의 변경이 가능하기도 하니, 반드시 자치구의 특혜가 있는지 확인하는 것이 좋다.

또, 국공유지 매입은 '대지'로 평가한 가격이어야 한다는 판결이 나온 바 있다. 지난 2010년 A재개발 조합은 사업구역 내 국유지에 대해 착공 전까지 소유권을 취득해 사업을 시행하라는 조건으로 시행 인가를 받았다. 이후 해당 자치구청은 도로용지 매각을 위해 평가한 감정가는 대지 기준으로 3.3㎡당 1백50만 원가량이라 발표했다.

이후 재개발 조합은 도로를 대지로 한 감정가는 부당하다며, 감정액을 제

국공유지 예시

외한 나머지 금액을 돌려달라고 소송을 제기했고 2심은 승소했지만 최종심에서 패소하게 됐다. 따라서 도로, 하천 등 국공유지 매입에 대해서는 지목에 대한 사전 조사가 필요하게 됐다.

국공유지 매입을 진행하다 보면 현황도로에 대해 유·무상 귀속의 명확한 기준이 필요할 때가 있다. 예를 들어 C회사가 공공유지를 매입했는데, 이 대지가 지자체에서 공공용지의 협의 취득 후 도로로 용도변경하고 지구단위계획까지 등록됐다면 이는 무상귀속이 된다. 즉, 구거 및 하천은 무상양도의 대상이 되고 현황도로가 무상귀속이 된다. 그러나 지자체에서 도로로 변경하지 않은 대지, 임야, 전 등일 경우는 유상양도를 통해 도로 조성 후 기부채납을 해야 한다. 이때 C회사가 후자일 경우라면 이중 부과를 해야만 하는데, 사업자 입장에서는 부당한 측면이 있지만 현행법상 어쩔 수 없다.

다양한 활용이 가능한 국공유지

구거나 하천부지처럼 국유지에 속한 땅도 일부분을 점용허가받아 텃밭으로 쓰는 경우도 존재한다. 내 땅은 661㎡(200평) 정도더라도 바로 옆에 330㎡(100평)의 국유지가 존재하는 경우에는 점용허가를 받으면 텃밭으로 활용하고, 시간이 지난 다음 불하를 받으면 5분의 1가량 저렴한 가격에 내 땅으로 만들 수 있다. 실제로 필자의 지인도 부안에 있는 땅을 이렇게 활용했는데, 개발지 근처가 계획관리지역 땅이어서 보통 3.3㎡당 30만 원에 거래되었던 곳이 불하를 받아 6만 원대로 저렴하게 구입할 수 있었다고 한다. 덤으로

국공유지를 텃밭으로 활용하는 방법도 있다.

시세차익도 다섯 배가 올라 국유지였던 땅만 되팔아도 꽤 만족할 수준이었다고 한다.

건축 자재업을 운영하는 대우 씨도 크고 많은 양의 자재를 딱히 보관할 곳이 없어 비싼 임대료를 지불하며 공지를 활용하고 있었다. 그러나 시장경기 침체로 수입이 증가되지 않았고, 지주 역시 계약만료 전 임대료를 과하게 인상하는 요구를 하는 바람에 사업의 존속 여부조차 불확실해졌다.

이때 지자체에서 국공유지를 임차할 수 있다는 정보를 접하고 바로 공개입찰해 용도에 맞는 값싼 대지를 임차할 수 있었다. 그 결과 개인 소유의 대지를 임차하는 비용에 비해 운영비가 반값으로 줄어들어 사업을 순조롭게 유지할 수 있었다고 한다.

국공유지 매각 및 대부 입찰 참여방법

국유재산 매각과 대부 입찰을 준비 중이라면 한국자산관리공사에서 운영하는 온비드(www.onbid.co.kr)를 통해 다양한 매물을 검색하고 확인할 수 있다. 또한, 각 국가기관 홈페이지의 매각 부동산 섹션이나 신문의 매각 공고, 시청 재산관리과, 구청 재무과에 문의해도 상세한 정보를 얻을 수 있다. 이렇게 접근하면 대부분 시세보다 싼 값에 낙찰되기 때문에 소자본으로 투자 및 임대가 가능하다.

한편 전라남도는 위성영상시스템, 지적행정시스템, 투자유치지원시스템 등 각종 토지정보시스템을 활용하는 '국공유지 투자유치 시스템'을 구축한다고 밝혔다. 이 시스템은 이미 구축된 시스템 안에 '투자유치 가능 국공유지에 대한 종합분석 자료'를 일괄 제공해 신속하고 정확한 투자 정보를 한눈에 볼 수 있도록 구축할 예정이다. 이처럼 전라남도를 제외한 다른 자치단체에서도 이와 같은 시스템을 구축할 계획을 준비하고 있다. 일일이 지자체를 방문하지 않아도 국공유지에 대한 신속하고 정확한 정보를 확인할 수 있는 길이 열리고 있다.

1. 이우열 씨는 소액으로 투자를 시작하려 한다. 신도시 100m 이
   내의 보전관리지역 농지와 신도시 개발 예정지 500m～1㎞ 이내
   의 계획관리지역 농지 중 소액으로 투자하기 좋은 곳은?

① 신도시 100m 이내 보전관리지역 농지   ② 신도시 개발 예정지 500m～1㎞ 이내
　　　　　　　　　　　　　　　　　　　　　　계획관리지역 농지

2. 개발지 인근 계획관리지역 495㎡(150평)와 개발지 200m 이내
   자연녹지지역 330㎡(100평) 중 미래가치가 높은 땅은?

① 개발지 인근 계획관리지역 495㎡   ② 개발지 200m 이내 자연녹지지역 330㎡

3. 김건축 씨는 건축할 땅의 소액 투자처를 찾고 있다. 개발지에서 1㎞ 거리의 삼각형 모형의 땅과 개발지에서 3㎞ 거리의 예쁜 모양의 땅 중 건축물을 올리기 좋은 곳은?

① 개발지에서 1㎞ 거리의 삼각형 모형 땅   ② 개발지에서 3㎞ 거리의 예쁜 모양 땅

4. 8m 도로에 붙은 땅 330㎡(100평)와 4m 도로에 인접한 국유지가 포함된 땅 661㎡(200평) 중 어느 땅에 투자하는 것이 더 좋을까?

① 8m 도로에 붙은 땅 330㎡   ② 4m 도로에 인접한 국유지가 포함된 땅 661㎡

전국 유망 지역 분석 14

　경북의 주요 호재 중 하나는 많은 사람들도 알고 있듯이 경상북도청 이전이다. 경상북도청 이전은 경상북도교육청 및 신도시 개발과 함께 이루어진다는 점에서 근로자들을 비롯한 인구 유입이 기대되는 대형 호재다. 이미 경상북도청과 도교육청 신청사 일대는 상당한 변화가 이루어졌다. 2015년 9월 도청의 진입로가 개통되었고, 수상-교리간 국도대체우회도로가 연말에 개통되는 등 교통 환경 발전이 눈에 띈다. 그 외에도 바이오일반산업단지 확장과 경북 3대 문화권 사업까지 제법 튼튼한 개발계획이 경북 안동 지역을 중심으로 진행되고 있다.

　과거 1980년대 지방자치단체 개편으로 대구가 광역시가 되면서, 경북도청은 대구에 남겨진 채로 고립되었다. 이에 경북 행정중심기관인 도청이 행정구역에 위치해야 한다는 지적에 따라 이전이 결정되었고, 그 결과 안동시와 예천군의 접점지인 안동시 풍천면과 예천군 호명면 일대가 이전 부지로 최종 선정된 것이다. 안동시 풍천면과 예천군 호명면은 경북의 중심에서 북쪽으로 멀리 떨어진 지역이나 풍수지리적으로 길한 지역이고, 자연경관이 뛰어나 명당이라는 평가를 받는 곳이다.

　이제 경상북도청 이전지를 중심으로 발전하게 될 경북 안동 지역의 투자 포인트에 대해 알아보자. (자료 도움 : 안동복덕방 공인중개사 김주열 대표)

호재1. 경상북도청 이전과 도청 신도시 개발

　경상북도청 이전의 특징은 도청 이전 사업과 신도시 조성을 함께 추진하는 것이다. 사업 시행자는 '도청 이전을 위한 도시 건설 및 지원에 관한 특별법'과 관련 조례 등에 따라 경상북도개발공사가 지정했다.

©네이버

2010년부터 2027년까지 3단계로 나누어 진행되는 경상북도청 이전 신도시 건설 사업은 현재 80~90% 공정률을 보이는 1단계 사업인 기반조성 공사를 마무리할 예정이다. 도청 신도시의 개발 방향은 역사와 전통이 살아 있는 문화도시, 저탄소 녹색성장을 주도하는 전원형 생태도시, 인구 10만 명의 복합형 자족도시다. 경상북도청 신도시의 공무원 임대아파트는 지난 12월 첫 입주를 시작했다. 그 외에도 2년 사이 도청 인근에 분양된 민간아파트의 분양률이 90%가 넘었다. 이를 시작으로 정주 여건 조성사업이 본격적으로 진행되고 있다. 2016년에는 유치원 6곳과 초등학교 7곳, 중학교 4곳, 고등학교 3곳 등이 개교된다. 특히 경상북도청이 이전하는 안동시 인구는 도청 신도시의 영향으로 2009년 이후 7년 연속 증가하는 수치를 보이고 있다.

그러나 도청 이전과 신도시 개발의 수혜지로 알려진 안동시 풍산읍, 풍천면 일대는 부동산 거래가 소강상태에 접어든 것도 사실이다. 호재가 있어도 부동산 경기악화로 움직임이 원활하지 않고, 물건도 많지 않기 때문이다. 도청 이전지와 신도시 개발이라는 호재는 단기투자보다 장기투자를 기대해야 할 상황이다.

또한 도청 이전이 문경 세계군인체육대회와 경주 세계문화엑스포 등 국제적 행사 및 도청 이전지의 정주 여건이 갖춰지지 않았다는 이유로 2015년 11월 초에서 2016년 2월로 총 5회나 연기된 바, 투자자들의 입장에서는 애가 타지 않을 수 없었다. 다만, 앞으로 북부 지역으로 이주할 직원이 2천 명가량이나 되어 작년 11월 도청 신도시의 상업용지 66필지가량을 공급하였다. 현재 기반시설이 없어 일대 개발이 시급한 곳으로, 경북 지역은 개발 압력에 의해 그 가치가 상승할 지역이라는 것을 알 수 있다. 투자자들은 인내심을 가지고 장기적으로 내다봐야 할 것이다.

해당 토지는 뛰어난 자연경관을 자랑하
며, 마애선사유적전시관 및 마애솔숲과 3
분, 단호 샌드파크와도 5분 거리에 위치하

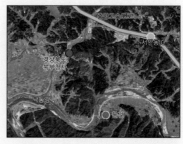

ⓒ네이버

고 있다. 두 개의 땅은 도청 이전과 신도시의 영향권에
포함된 안동시 남후면 단호리의 1,359㎡(411평), 1,203
㎡(363평)이다. 3.3㎡당 15~20만 원 선의 농림지역이
나 낙동강생태학습관, 검암습지생태지구 등과 인접해
전원주택이나 투자용 땅으로 적합하다고 분석되었던
땅이다. 실제로 2010년 인근 시세는 3.3㎡당 6~10만 원에 거래되었던 토지다.

호재2. 도청 이전 신도시 수혜지 안동의 경제

도청 소재지의 등장으로 함께 기대를 모으는 것이 비즈니스 기회의 창출이다. 안
동시 풍천면과 예천군 호명면 일대는 중앙고속도로 서안동IC, 예천IC와 인접해 있
다. 또, 중부내륙고속도로가 가까워 산업 발전에 기여할 충분한 교통 인프라를 가
지고 있다. 2016년 말에 예정된 상주-영덕 고속도로가 완성되면 접근성이 대폭 개
선될 것으로 보인다. 더불어 고속철도망인 경북선이 인접해 있다는 점도 호재로 작
용한다.

경북의 동서축과 남북축이 교차하는 지점에 자리 잡은 경상북도청 이전 신도시는
각종 개발사업을 이끄는 역할을 맡을 것으로 보인다. 안동 종합유통단지를 비롯
해 경북 바이오일반산업단지, 경북 바이오벤처프라자 등과 연계해 R&D, 물류, BT
산업은 물론 관광산업에 이르는 풍부한 비즈니스 기회와 가능성이 경북 지역에 확
충될 것이다. 또, 풍산읍 노리에 내륙지 수산물유통센터가 곧 준공된다.

사실상 도청 이전으로 수혜를 받는 지역은 안동 전역이라고 해도 과언이 아니라

는 것이 전문가들의 의견이다. 그중에서도 풍산읍이 가장 수혜지역으로 꼽히고 있는데 현재 풍산읍의 사업지역은 3.3㎡당 4백만 원에 거래될 정도로 높은 지가를 형성하고 있다. 주거지역도 3.3㎡당 1백80~2백만 원으로 거래가 활발한 편이다. 도청 이전, 신도시 개발을 담당하는 건설 노동자들이 앞으로 10년간 공사를 진행하기 때문에 그들을 대상으로 한 원룸, 다가구주택 사업이 유망하다고 전문가들은 분석하고 있다.

대박땅꾼의 투자 포인트②

안동 풍산읍 상리리에 붙어 있는 답 1,322㎡(399평)와 1,134㎡(343평) 땅이다. 신도청 청사와 경북 바이오일반산업단지 등의 영향으로 풍산읍 일원에 도시 팽창이 일어날 것으로 보인다. 향후 주거지역으로 편입될 가능성이 높은 지역이며, 전원주택이나 주거단지로 개발될 가능성도 높다. 당시 해당 토지는 자연녹지로 3.3㎡당 27~28만 원 선에 거래되었으나, 이는 장기적으로 봐야 하는 토지에 해당된다.

©네이버

호재3. 북부 지역 3대 문화권 사업

3대 문화권 사업은 문화, 생태, 관광을 접목시켜 한국 문화의 세계화를 이끌고, 국·내외 관광객이 찾는 명소로 개발하기 위한 경북 안동의 주요 사업이다. 안동시는 이를 위해 2018년까지 5천억 원을 투입해 도산면 동부리 일원에 세계유교선비문화공원과 한국문화테마파크를 조성한다. 또 유림문학 유토피아, 전통빛타래 길쌈마을 등이 조성될 예정이다.

관광특구 사업의 수혜지는 안동을 기준으로 도산면 일원으로 볼 수 있다. 도산면은 안동의 낙동강 관광 인프라에 속하는 낙동강생태학습관, 하회마을 등이 모여 있는 곳으로 현재 농림지, 계획관리, 보전관리가 대부분이기 때문에 지가는 3.3㎡당 6~15만 원을 형성하고 있다. 전문가들은 소액투자 시 시간을 두고 저렴한 땅을 구입해 임대사업을 진행할 것을 권유했다. 상가건물이나 원룸, 임대사업을 진행하는 것은 주변에 상가시설이 많지 않아 전망을 밝게 보고 있고, 외지인들도 아직 안동 지역 호재에 비해 투자가 많지 않기 때문에 오히려 투자 적기라는 것이다. 도산 지역에 투자하게 된다면 보통 5년 이상의 기다림 후 매도하는 것이 적절할 것으로 보인다.

대박땅꾼의 투자 포인트③

유교랜드, 골프장, 가족호텔 등이 들어선 안동문화관광단지와 연계된 숙박시설과 음식점으로 유명한 안동시 중가구리에 위치한 물건이다. 계획관리지역의 전으로 4,406㎡(1,332평)이며 3.3㎡당 35만 원 선에 거래 중이다. 투자용으로도 적합하나 숙박사업 및 음식점 등으로 최적의 위치를 자랑한다는 것이 현지 전문가들의 의견이다.

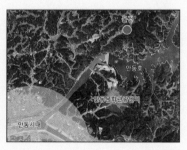

ⓒ네이버

우리나라 최대의 국책사업 중의 하나인 새만금사업에 대해서는 익히 들어보았을 것이다. 새만금 간척사업은 부안에서 군산을 연결하는 세계 최장의 방조제 33.9㎞를 축조해 이 안에 토지를 조성하고 경제, 산업, 관광을 아우르는 것을 목표로 하는 대규모 국책사업이다.

새만금사업을 통해 신항만과 연계된 명품복합 신도시와 세계 최대 규모 수준의 신재생에너지단지가 들어선다. 생물자원 보존과 간척지를 명소화하기 위해 생태환경용지를 이용하여 녹색성장을 도모하고, 관광레저용지에는 숙박, 레저, 오락, 휴양의 국제적 관광지를 만들 예정이다. 이에 따라 군산, 김제, 부안 등 세 개 지역이 새만금과 동반 성장을 계획하고 있다.

그중에서도 군산은 사실상 세 지역 중에서 이미 가장 지가가 많이 오른 지역이다. 필자가 답사 프로그램을 운영한 지 10년이 되어가는데 2008년도 초창기에 답사왔던 회원들은 군산을 투자처로 많은 관심을 보였다. 하지만 2008년도 이후 현재까지 군산 내 특정지역(수송지구 등)을 빼놓고는 나머지 면 단위 지역은 보합세를 유지하고 있어 투자할 곳이 없다고 생각하는 이들이 적지 않다. 그러나 기회는 있다.

군산 지역은 새만금 특별법이 포함된 고군산군도 연륙교가 준공되면서 네 개의 섬이 연결된다. 이로 인해 관광객이 증가하고 펜션사업 투자자들의 관심이 뜨거워질 것이라고 예상하고 있다. 새만금 방조제 관할권을 군산이 담당하게 되면서 방조제의 다기능부지인 명소, 부지 1,983,000㎡(60만 평)가 주식회사 한양에 공모되어 사업에 탄력이 붙었다. 이에 실투자자들은 상업지역과 숙박지역 용지 분양에 관심을 가져볼 만하다. 즉, 지금의 군산은 실수요 투자자에게 적합한 새만금 영향권 지역으로 성장했다. 이제부터 군산 투자를 단기, 중기, 장기로 나누어 알아보자.

(자료 도움 : 군산 리더공인중개사 조전숙 대표)

호재1. 실수요자들의 투자처, 미장택지개발지구

미장택지개발지구 공사 중인 모습 ⓒ네이버

이미 기반시설이 들어선 미장택지의 투자는 실수요자들의 투자에 적합하다. 미장택지 주변은 현재 관공서가 집중되어 있는 조촌동과 인접해 있으며, 페이퍼코리아가 군산2국가산업단지로 이전하게 되면서 배후 주거지로서의 가치가 더 높아졌다.

군산의 중심부에 미장택지개발지구가 2016년 5월 준공됨에 따라 아파트가 입주하면서 정주인구가 활성화될 것으로 내다봤다. 지역 전문가는 이에 따라 군산에서 자리 잡을 실수요자들이라면 투자로 토지 위에 수익성을 창출하는 상가건축을 조언했다.

한편 미장지구의 미래는 군산에서 최대 시세를 자랑하는 수송동과 비교할 수 있다. 수송동은 현재 간선도로와 이면도로가 인접한 상업용지가 3.3㎡당 8백~9백만 원, 주거지역은 평균 3.3㎡당 4백50만 원에 형성되어 있음으로 미장지구의 먼 미래와 견줄 만할 것이다.

대박땅꾼의 투자 포인트①

군산시 미장택지개발지구인 이 물건의 2014년 당시 지목은 대지로, 330㎡~776㎡(100~235평)에 이르는 물건이다. 주변에 근린생활시설이 들어와 있으며, 산업단지의 배후 주거지로서의 역할을 담당할 곳이었다. 현재 3.3㎡당 4백~5백50만 원을 호가하고 있으며 30~35m, 8~10m 도로가 접한 코너 땅이다. 도시개발이 진행 중인 구역으로 향후 수익이 창출되는 상가건물 용지로 적합하다.

호재2. 군산 투자의 기회, '동군산'

신군산역과 수혜지 ⓒ네이버

사실상 지가가 이미 많이 올라 있는 군산에서 투자 기회를 보고 있다면, 동군산에 해당하는 군산의 신역세권을 주시해야 한다. 과거 군산 화물역이라는 이름으로 군산시 대명동 일대에 자리 잡았으며, 이 역을 중심으로 군산의 중심 역세권이 이루어져 있다. 이미 기반시설이 모두 들어선 군산 화물역은 관광이나 여행자가 들어설 수 없다. 오로지 기업의 물류수송용으로 활용되고 있기 때문에 앞으로 일반 투자자들의 군산 투자 시 주목해야 하는 곳은 내흥동의 '신군산역'이다.

그동안 답보 상태에 놓였던 군산 신역세권 택지개발사업은 2014년도 5월에 사업에 착수했다. 이 사업을 통해 역사 부근인 내흥동과 성산면 성덕리 일원이 부도심으로 자리 잡게 될 예정이다.

또, 신역세권 주변으로 서해안고속도로 군산IC, 국도 27호선과 29호선 등의 교통망이 연계되어 있어 호재로 작용한다. 군산 신역세권 개발과 더불어 상업지역 및 주거용지 개발계획사업이 2017년도에 잡혀 있는 만큼 지금부터 1~2년 후까지는 투자할 타이밍이 존재한다. 그 후 5년 정도 후에 만족스러운 시세차익을 얻을 수 있는 기회가 올 것이다.

한편, 특히 군산 내부에서 눈에 띄는 성과로 평가받는 페이퍼코리아의 공장 이전 사업 역시 동군산에 위치하고 있다. 그동안 페이퍼코리아는 도심 속 대규모 공장으로 지역 주민들의 민원이 끊이질 않았는데, 동군산으로 이전을 확정하면서 2015년 본격 이전작업이 착수되었다. 이는 2018년까지 완료할 계획이라고 한다.

군산시 성산면 둔덕리에 위치한 논 2,975㎡(900평)이다. 둔덕리 입구에 위치한 8~10m 도로와 접한 코너 땅이며, 3.3㎡당 38만 원으로 접근성이 좋다. 군산IC 인접 지역으로 교통이 좋아 향후 투자가치가 상승할 것으로 보인다. 실수요자들의 경우 전원주택지로 추천한다.

호재3. 그래도 새만금이 호재다

새만금사업은 확실히 단기성 투자로는 적합하지 않다. 하지만 장기적으로 보았을 때 매력적인 투자처임에는 분명하다. 군산은 이 새만금사업의 영향을 직접적으로 받아왔고, 앞으로도 그 영향력은 더 커질 것이다.

새만금사업의 영향에 들어가는 군산은 산업용지로 사용되는데, 지금도 새만금 산업단지내에 OCI, 일본 도레이사, 벨기에 솔베이실리카사의 화학단지가 조성되고 있다. 또, 한중 FTA 체결과 한중 경협단지 조성으로 인한 중국 자본 및 산업 인구 유입도 기대된다.

군산의 산업단지에 입주하는 기업이 늘면서 배후도시의 필요성은 점차 커지고 있다. 중·장기적인 시각에서 보았을 때는 산업단지 인근의 옥산

새만금국가산업단지 예정지와
중장기 투자 지역 ⓒ네이버

면과 산북동을 주목해볼 필요성이 있다. 옥산면은 기반시설이 모두 들어선 군산 중심과는 거리가 조금 떨어진 곳이지만, 산업단지와의 거리만으로 보았을 때는 군산 중심과 비슷한 거리이다. 또, 아직 1억대로도 충분히 토지 투자를 할 수 있는 매물들이 있다.

옥산면 당북리의 경우 계획관리지역이 3.3㎡당 30~40만 원대에 형성되어 있다.

따라서 실수요자에게 있어서는 귀농과 귀촌, 근로자 수요에 맞춰 원룸 건축에도 용이한 지역이다. 옥산면에 비해 절대농지가 많은 옥구읍 선제리의 경우 약 1~2년 전, 제1종 일반주거지역에 속한 밭이 보통 3.3㎡당 40~60만 원이었다. 계획관리지역의 밭인 경우 3.3㎡당 30~50만 원에 거래되곤 했다. 최근 시세는 제1종 일반주거지역은 50~1백만 원, 계획관리지역은 40~60만 원에 거래가 되는 것이 보이기도 한다.

마지막으로 군산시 산북동도 놓쳐서는 안 될 투자 포인트다. 산북동 생산녹지는 수십만 평에 이르는데, 혹자는 "이 넓은 땅들이 언제 개발되느냐"며 빈정거리기 일쑤다. 그러나 나는 이곳을 긍정적으로 평가한다. 군산에 있는 대부분의 택지지구는 생산녹지가 주거지역이 된 사례다. 이곳도 당장에 변화가 힘들어도 5년 이상의 기간을 잡는다면 수많은 개발 여파로 개발될 것으로 보인다. 참고로 나를 포함한 많은 카페 회원들이 투자한 곳이기도 하며, 현재 산북동 생산녹지는 3.3㎡당 30~50만 원 정도에 거래되고 있다.

새만금에 관심을 가진 많은 투자자들이 이미 군산의 지가가 많이 상승하여 투자할 가치가 없다고 생각하는 사람들이 많은데 절대 그렇지 않다. 군산 중심지에서 조금 벗어난 지역에 중·장기 이상의 투자 기간을 잡는다면 충분히 그 지가가 오를 가능성이 있는 곳이다.

대박땅꾼의 투자 포인트③

이 매물은 군산시 옥산면 당북리에 위치한 생산녹지 답 4,900㎡(1,400평)이다. 군산의 중심지인 수송택지와 인접한 도로변 농지로, 접근성이 양호한 특징을 가지고 있다. 미장택지 공사가 마무리되면 택지조성연계가 가능하다. 주변에 자동차전용도로와 전북대병원 예정지, 초등학교가 인접해 미래 수익이 높을 것으로 보인다. 현재 3.3㎡당 60만 원에 거래되고 있다.

ⓒ네이버

토지 투자 전문가들이 앞다퉈 선호하는 투자 유망지가 있다면 그곳은 바로 충청남도 당진시다. 석문국가산업단지를 비롯해 평택 당진항, 당진 합덕역 등의 호재가 현재 진행형에서 미래 진행형까지 가득하기 때문이다.

당진은 수도권을 비롯해 바다 건너 중국과도 인접한 지리적 이점을 가지고 있다. 게다가 나날이 발전하는 교통망은 당진의 가치를 높이는 데 큰 몫을 하고 있다. 당진의 교통망은 인천국제공항까지 90분, 서울까지 60분, 목포까지 2시간, 청주까지 90분이 걸리는 교통 인프라를 구축하기에 이르렀다. 또, 뛰어난 철강산업과 국가산업단지 등 각종 산업단지가 하나둘 건설되면서 무역 중심지로 발돋움하고 있다. "당진 땅은 사놓기만 해도 옥토가 된다"는 농담 같은 말이 있을 정도다.

당진에서 주목해야 할 호재들을 정리해보았다. 첫 번째는 당진시청이 있는 당진 대덕수청지구다. 대덕수청지구는 당진시의 인구가 점차 늘어남에 따라 만들어진 도시로서 앞으로 당진의 중심부를 담당할 것으로 보인다. 두 번째 호재는 각종 산업단지다. 산업단지가 만들어짐에 따라 늘어날 근로자와 경제활동을 주목해야 한다. 세 번째는 교통이다. 당진과 연결되는 고속도로와 복선전철이 끊임없이 개발 중이다. 수도권과 근거리이고 인구 유입이 빨라 투자 분위기가 뜨거운 당진에 대해 알아보자. (자료 도움 : 당진 한빛부동산 황규현 대표)

호재1. 당진시청이 있는 대덕수청지구와 센트럴시티

투자자의 입장에서 건축물을 올려 투자하기에 가장 적합한 곳은 아무래도 기반시설이 모두 들어선 곳일 것이다. 당진에서 기반시설이 들어와 시내권이라 불릴 수 있는 곳이 바로 당진시청이 있는 대덕수청도시 개발구역이다. 대덕수청지구 주변에는 택지지구 조성공사가 곳곳에서 이루어지고 있다. 당진 시내는 당진 버스터미널을 기준으로 당진 버스터미널과 인접한 센트럴시
티지구가 개발 예정이고, 왼쪽으로는 당진 1도
시가 개발 예정이다. 대덕수청지구는 그중에서도
당진시청과 당진교육지원청이 자리 잡고 있으며,
센트럴시티지구와 당진 1도시에 비교했을 때 터
가 모두 닦여져 있는 상태다. 그러나 경지만 정돈되어 있을 뿐 건물이 올려지지는
않았다. 따라서 이 지구는 상가나 주택 등을 개발할 실수요자들에게 적합하다.

대덕수청지구의 경우 과거 3.3㎡당 80만 원에 거래되었던 지역들이 현재 3.3㎡
당 3백30만 원에 시세 형성 중이다. 시청 옆이나 시청 주변은 시세가 3.3㎡당 4백
50~8백만 원까지 올라 있다. 터미널 인근 도로변에 접한 땅도 3.3㎡당 8백50~1천
만 원까지 형성되어 있다.

현재는 당진 수청2지구 도시개발사업을 2016년에 착공하여 2020년까지
478,000㎡(144,595평) 부지를 개발해 단독주택, 공동주택, 근린생활시설과 공원
을 건설할 예정이다.

대박땅꾼의 투자 포인트①

이 땅은 대덕수청지구에 자리 잡고 있으며 주변에 도
로를 끼고 있다. 당시 주변 시세는 3.3㎡당 80~3백
30만 원의 다양한 거래가를 보이고 있었다. 아직 건
물들이 들어서지 않고 있지만 현재도 지가가 급속히 상승하고 있
는 지역이다.

호재2. 당진의 산업단지

당진이 주목받은 이유 중 가장 중요한 것이 바로 '산업단지'다. 석문국가산업단지와 현대제철, 동부제철 등의 산업단지가 당진에 어떤 영향을 주게 될 것인지는 울산, 포항 등의 사례에서 충분히 짐작할 수 있다. 과거 당진은 현대제철이라는 호재로 인해 송산과 송악 일대의 지가상승이 매우 컸다. 이 근방은 거의 10년간 꾸준히 땅값이 올랐다.

사실상 현대제철은 아직까지도 당진의 가장 큰 호재라고 볼 수 있다. 현대제철뿐 아니라 현대제철의 하청업체, 협력업체가 계속 늘어나는 중이기 때문이다. 더불어 현대제철을 포함한 대형 철강기업 여섯 개가 모여 철강벨트를 형성하게 되니, 종사자만 15만 명에 이를 것으로 보고 있다.

이렇듯 산업단지는 곧 인구의 유입을 일으키고, 경제활동을 활성화시키고 있다. 송악IC와 당진IC를 통과하면 군포첨단산업단지의 동부제철, 동국제강 철강공장과 현대제철로 이어지는 교통망도 한몫하고 있다.

재미있는 점은 여기에 있다. 대형 공장만 해도 2백여 개가 넘는 당진의 석문국가산업단지는 공장 조성 시 기숙사 건축을 금지하고 있다. 즉 2백여 개의 업체에 평균 1백 명의 근로자가 일한다고 추산했을 때 약 2만여 명의 공단 근로자가 거주할 곳이 필요하다는 의미다.

특히 석문국가산업단지 인근인 고대면과 석문면

석문국가산업단지

이 앞으로도 크게 성장할 것으로 보이는데, 여기에서 주의할 것은 석문면 옆에 있는 대호지면과 정미면이다. 대호지면은 절대농지 비율이 높고, 정미면은 임야가 많기 때문에 개발하기가 수월하지 않기 때문이다. 따라서 투자 목적이 아닌 전원생활은 정미면을 추천하지만, 투자가 목적이라면 석문면과 고대면을 주목해야 할 것이다.

석문국가산업단지 내 지원시설 부지는 공단의 중앙에 위치하며 5만 평의 근린생활시설 지역으로 현재 조경 중이다. 이 석문국가산업단지 내 지원시설 용지는 이미 보통 3.3㎡당 1백만 원 이상에 거래되고 있지만 프리미엄이 확실한 지역들이 많다.

　산업단지 주변의 60만 평의 경우 주변으로 38번 국도가 지나가고, 대한전선 등이 자리 잡고 있어 전원주택지나 원룸용지로 활용하기 적합하다. 실제 과거 산업단지 주변 전원주택지로 인기가 있는 계획관리지역 내 땅은 3.3㎡당 40만 원에서 현재 80~1백만 원 정도로 올랐고, 원룸용지로 각광받는 고대면 성산리의 경우도 3.3㎡당 40만 원에서 70~1백만 원으로 올랐다.

　더불어 송산 일반산업단지를 비롯해 2013년에는 송산2 일반산업단지 2-1공구 2,645,000㎡(80만 평)가 준공되었고 현재 글로비스, 삼우, 현대자동차 등이 입주해 가동 중이다. 주변 주거지구에는 아파트를 비롯해 상가건물과 주택들이 속속 입주하고 있다. 물론 주의해야 할 것은 있다. 이 일대에는 농림지역이 많음에도 기획부동산이 계획관리지역 시세로 팔리고 있어 많은 피해자가 속출하고 있다는 점이다.

대박땅꾼의 투자 포인트②

석문국가산업단지 내 지원시설 용지이며 100~250%의 시세 상승이 예측되고 있다. 그만큼 프리미엄이 확실한 위치로 보고 있으며, 분양 평수는 661㎡(200평)대에서 1,983㎡(600평)대로 근린생활시설이 예정되어 있다.

사진은 석문국가산업단지 내 주거단지 주변의 지원 시설구역의 용지다. 계획관리지역으로 지목은 전이 며 시세는 3.3㎡당 60만 원 내외로 구성되어 있다. 전문가들은 근로자들을 대상으로 한 전원주택지나 원룸용지로 활 용하는 것을 추천하고 있다.

호재3. 당진의 교통과 서해안 복선전철

인구가 늘어나면 필요에 의해 도로나 철도가 개 발되는 일은 당연한 일이다. 당진 역시 인구가 늘 어나는 것과 비례해 교통 환경 역시 편리해지고 있다. 서해안고속도로를 타면 서울까지 1시간 30분이면 갈 수 있다. 또 당진-천안간 고속도로, 대사-석문-가곡 국도 등을 통해 아산, 화성, 수

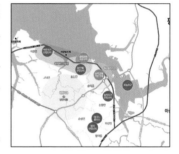

원 등과의 거리를 단축시켰다. 항상 필자는 인구와 도로는 땅 투자에 떼려야 뗄 수 없는 호재라고 강조한다. 바로 이 도로망의 발전과 동시에 주목해야 하는 것이 있 다면 바로 복선전철이다.

2015년 5월 22일 홍성역에서는 서해안 복선전철 건설사업 기공식이 열렸다. 서해 안 복선전철이 중요한 것은 서해안 복선전철로 합덕역세권이 개발될 것으로 보이기 때문이다. 서해안 투자에 있어 당진 합덕역세권은 장기적인 안목에서 반드시 주시 해야 하는 호재다. 합덕은 석문국가산업단지와 거리가 있어 상대적으로 저평가되 어 있던 곳이다.

서해안 복선전철은 중국을 상대로 하는 무역의 증가로 중요성이 커지고 있다. 즉 그동안 태평양을 중심으로 한 무역이 중심이었기 때문에 무역항이 남해안, 동해안

에 몰려 있었다. 따라서 경부선에 물동량이 집중되는 양상을 보였는데, 서해안 복선전철로 인해 분산되어 원활한 서해안 무역이 가능해질 것으로 보인다. 서해안 복선전철은 2020년 개통을 목표로 북쪽으로는 화성 송산에서 시작되어 원시, 소사, 대곡 노선을 통해 경의선까지 이어진다. 또, 아래로는 2019년 홍성-대야를 잇는 장항선과 이어지도록 사업을 추진하고 있다. 그리고 이 서해안선에 해당하는 곳이 바로 당진 합덕역이다.

특히나 서해안 복선전철의 정차역인 합덕, 안중, 송산은 화물 취급시설이 설치돼 물류처리역으로서의 기능을 갖기 때문에 그 영향력이 더욱 기대될 수밖에 없다. 남당진의 유일한 역세권이 될 당진 합덕역은 서울 강남고속터미널과 같이 영화관, 쇼핑센터 등 버스, 전철이 환승하는 구간이 된다. 더불어 대산에서 오는 산업철도, 안홍에서 오는 산업철도, 화상 송산에서오는 KTX까지 환승되는 트리플역세권이 될 것이다. 사담으로 필자가 3~4년 전에 구입한 합덕역 인근 땅은 19~20만 원에 구입했는데, 현재 60~70%가 올랐고 최근에는 인근 업자들이 팔 생각이 없냐며 먼저 연락하는 즐거운 현상이 나타나고 있다.

물론 이처럼 기대되는 지역에도 함정은 있기 마련이다. 합덕면 근처 면천면 일대는 송전탑과 축사단지가 많아 3.3㎡당 10만 원대 땅들이 많다. 특히 소액의 초보 투자자들은 송전탑과 축사단지의 유무도 판단하지 못한 채 '당진'이라는 이유만으로 커다란 장밋빛 꿈을 꾸고 잘못된 투자를 하기 일쑤다. 이들 지역은 3년 후를 계획해도 지가가 오르기는 힘들 것으로 생각된다. 늘 언급했듯이 땅은 오르는 곳만 오르기 때문이다. 위에서 말한 바와 같이 합덕역세권이나 계획관리지역, 도시지역에 투자하는 게 안전하다.

합덕역은 인근에는 합덕인더스파크라는 호

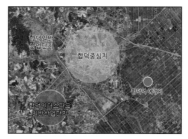

©네이버

재가 함께 있다. 합덕인더스파크는 충청 지역에 처음으로 만들어지는 의료특화산업단지로, 당진시 합덕읍에 위치해 서해안고속도로 당진IC, 송악IC에서 15분 거리다. 이 지역에 입주하는 기업의 경우 취득세, 재산세, 법인세 등을 감면해주고 창업자금과 경쟁력강화자금, 경영안전자금, 혁신형 중소기업자금 등을 지원해주기 때문에 완공된다고 하면 엄청나게 많은 기업들이 유입될 것으로 보인다. 현재 동아쏘시오홀딩스, 동아제약 등이 전국에 산재한 모든 공장을 이전한다는 소식도 있다. 또, 대전-당진간 고속도로 고덕IC에서도 5분이면 도착할 수 있다. 더불어 현대제철과 합덕역이 이어지는 산업철도가 예정되어 있으며, 역세권 개발과 4차선 확장도로 준공 예정으로 앞으로 합덕의 가치는 더욱 상승할 것으로 보인다. 합덕인더스파크 인근 계획관리지역의 땅은 2012년 3.3㎡당 30~40만 원에서 현재 3.3㎡당 50~70만 원 정도에 거래되고 있다는 점을 주목하자.

앞서 언급한 군산, 김제와 같이 새만금사업의
수혜지 중 하나인 부안은 미래가치가 가장 높은
곳이라고 할 수 있다. 군산에서 부안을 잇는 새
만금 방조제가 개통되면서 군산시의 관광객들이
부안군으로 이동하는 현상을 보이고 있다. 실제
로 새만금 기본구상 및 용지 배치상에는 군산이

ⓒ네이버

산업용지로 특화되어 있다면, 부안은 관광과 레저용지로 특화되어 있다.

그러나 이런 호재에도 아직 저평가되어 있는 부안은 우리 같은 일반 개인투자자
들에게 있어 아주 좋은 투자처다. 앞으로 활성화될 관광산업에 발맞춰 해안가를
중심으로 하는 펜션과 호텔 같은 숙박시설을 포함, 휴게소 부지와 같은 토지의 투
자가치도 높아지고 있는 실정이다. 중요한 점은 그럼에도 소액투자로도 지가상승
을 기대할 수 있는 곳이 많이 남아 있다는 것이다. (자료 도움 : 부안 혜성부동산 이호
재 대표)

호재1. 부안의 관광

부안이 대표적으로 이끌고 나갈 사업은 역시 관광이 될 것으로 보인다. 부안군도
'다시 찾는 관광지' 개발을 위해 99억 원을 들여 변산해수욕장 관광지 조성사업을
추진하고 있다. 더불어 새만금 관광의 중심 도시를 만들기 위해 변산 녹색해양 관
광자원 조성사업과 변산 오토 캐라반 조성사업 등으로 사계절에 강한 체류형 관광
지로 변모를 꾀하고 있다.

또한 새만금 내부에 카지노, 고급호텔 등의 복합리조트가 조성될 예정인데 국내 관
광객과 해외 관광객까지 아우르는 대형 관광단지가 탄생할 것으로 보인다. 지자체

역시 이러한 호재를 안고 있어서인지 방조제 개통으로 예상되는 관광객을 연간 1천만 명 이상으로 예상하고 있다.

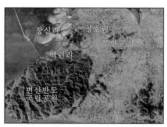

부안군 백련리, 장신리, 청호리 ⓒ네이버

그도 그럴 것이 지금도 여름철 휴가 기간이 되면 부안의 숙박업소는 한 달 전에 예약해야 할 정도로 숙박할 곳이 부족하다. 이러한 점에서 실수요자의 부안 투자는 임대사업과 음식사업을 염두에 두는 것이 좋을 것으로 보인다. 대표적인 토지 투자 유망 지역은 새만금 바닷가 인근이나 시가지 주변, 서해안고속도로 나들목 등이 꼽히며 매립지 인근의 투자처로는 하서면 장신리와 백련리가 주목된다. 현재 백련리, 장신리, 청호리 일대 계획관리지역 농지는 3.3㎡당 45~55만 원대로, 2~3년 전에는 3.3㎡당 30만 원에 거래가 되었던 곳이다.

한편 새만금 내부에 명품복합단지 16,528,925㎡(5백만 평)가 개발되고 있으며, 복합단지 안에는 명품아울렛, 카지노, 호텔, 테마파크 등이 조성될 예정이다. 따라서 현재 부안 투자를 시작해도 4년 후에나 파는 것이 가장 큰 시세차익을 얻을 수 있다는 것이 전문가들의 의견이다.

대박땅꾼의 투자 포인트①

이 땅은 새만금 명품복합단지에서 400m 거리의 수혜지다. 도로가 위아래로 붙어 있어 건축 시에 활용가치가 높고, 구거 폭이 넓어 실제로는 1,322㎡(400평)가 넘는 땅처럼 활용할 수 있다. 현재 부안 하서면 장신리에 위치한 1,173㎡(355평) 땅은 생산관리지역에 속해 있으며 매매가는 1억3천만 원이다. 새만금국제공항 예정도로에 인접해 추후 관광객을 상대로 하는 배후 상업지로 성장할 것으로 보인다.

호재2. 부안의 신재생에너지단지

부안에서 주목해야 할 산업은 관광뿐만이 아니다. 부안은 신재생에너지단지를 통해 기업과 가정에서 실용화할 수 있는 에너지개발사업을 하고 있다. 신재생에너지단지는 지난 2011년 총 1,050억 원이 투입되어 테마체험시설과 연구단지, 산업단지 등이 조성된 곳이다.

신재생에너지단지에서는 태양광, 풍력, 수소연료전지에 대한 연구를 진행한다. 태양광의 경우 한국산업기술시험원과 전북대 소재개발센터가 각종 장비와 인력을 확보해 입주 기업에게 활용하게 해준다. 수소연료전지를 개발하는 센터는 지상에 수소연료전지 시험동과 수소 스테이션을 두고 있다. 시험동에서는 수소연료전지의 성능을 점검하고, 수소 스테이션에서는 물을 전기분해해 수소를 시간당 24㎥씩 생산하고, 350기압으로 1,400㎥까지 압축 저장하며 수소 품질 검사를 한다.

또, 부안은 신성장동력사업을 유치하기 위해 제2농공단지를 준공하고, 제3농공단지를 착공준비 중이다. 농공단지는 농어촌 지역의 농어민 소득증대를 위해 산업을 유치, 육성하기 위해 조성하는 공업단지다. 농공단지의 입주 업종은 대부분 태양광 관련, 바이오, 금속, 전기, 전자장비 등의 사업을 유치하게 되며 연간 160억원의 소득 효과를 가져오게 된다. 이미 준공된 제2농공단지는 1천여 명의 고용창출 효과를 가져왔다.

부안은 선진국형 도시로 탈바꿈하기 위해 집중투자하는 모습을 보여주고 있다. 부안군은 부안읍에서 추진되고 있는 소재지 종합정비사업을 비롯해 매창 사랑의 테마공원 조성사업, 에너지테마거리 정비사업, 부안읍 진입로 확장포장사업, 읍사무소 신축 등 5개 사업에 투자할 예정이다. 이에 따라 유입 인구와 근로자들의 숙식을 위한 원룸사업이나 상가를 건축하는 것을 전문가들은 권유했다. 주요 투자 지역으로는 제1종, 제2종 일반주거지역으로 구분되어 있는 계화리와 의복리로 3.3㎡당 평균 65~75만 원에 거래가 되고 있다고 덧붙였다.

계화리와 하서면, 동진면은 직접 영향을 받는 개발지 인근이기 때문에 시세가 오늘 다르고 내일 다르다. 중·장기적으로 볼 때는 상서면과 주산면을 추천한다. 계화리 등의 지역보다 분명 거리감이 있지만, 새만금이 완공되는 2020년 이후부터 떠오를 지역으로 저평가되어 있기 때문이다. 지금도 계획관리지역은 3.3㎡당 30만 원 선에 시세가 형성되어 있다.

대박땅꾼의 투자 포인트②

이 매물은 부안 계화면 계화리에 있는 456㎡(138평) 규모의 대지이며 7천6백만 원에 거래되고 있다. 도시지역 내 제1종 일반주거지역으로 새만금 개발지인 미니신도시에서 400m밖에 차이가 나지 않고, 개발 여파를 직접 받는 수혜지로 보고 있다. 2차선 도로가 땅의 북쪽으로 잡혀 있어 추후 2차선 도로변 땅이 될 것으로 보이며 실수요자들이라면 상가, 원룸, 고급 전원주택과 펜션 등 다양한 활용이 가능하다.

대박땅꾼의 투자 포인트③

부안 계화면 의복리에 있는 373㎡(113평) 대지는 도시지역 내 제1종 일반주거지역으로 매매가가 총 5천4백만 원이다. 새만금 개발지에서 500m밖에 떨어져 있지 않은 수혜지 중 하나다. 땅이 도로의 남측, 우측 삼면에 붙어 있어 상가, 음식점으로 활용하기 좋다. 땅 앞으로 수로가 있어 베네치아처럼 관광 수로가 만들어질 예정이다.

"서울을 똑 닮은 도시가 있다." 풍수지리 전문 가들이 새로운 행정수도인 세종시를 볼 때 하는 말이다. 정부세종청사가 자리한 곳은 앞으로 금 강이 흐르고 국사봉, 원수봉 노적산과 전월산, 형제봉이 전형적인 배산임수 지형을 만들어내어 풍수지리적으로 좋은 기운을 가지고 있다고 말 한다. 일명 삼산이수라고 부르는 원수산, 전월

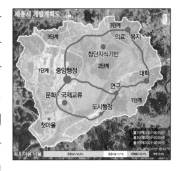

산, 괴화산 그리고 금강과 미호천이 있어서인지 기나긴 부동산 경기 침체 속에서도 세종시의 토지 거래 활동은 멈추지 않고 있다.

세종시의 행정중심복합도시(이하 행복도시) 건설은 주변 지역 부동산까지 함께 가 치 상승을 일으키고 있다. 또 투자 유망 지역의 전형적인 특징인 인구 증가와 산업 단지 개발이 이루어지고 있다. 세종시에서는 전의일반산업단지, 소정일반산업단지, LED산업단지, 청송산업단지, 명학일반산업단지, 노장일반산업단지, 국제과학비즈 니스벨트 등이 만들어지고 있는 중이다.

이미 수도권만큼 비싸진 땅이지만 아직 소액 투자자들에게 기회가 남아 있는 세 종시에 대해 알아보자. (자료 도움 : 대한민국 세종시 부동산연구소 김형선 박사)

호재1. 행복도시의 탄생

세종특별자치시의 부동산이 주목받게 된 가장 핵심적인 이유는 정부의 36개 행정 기관과 16개의 국책연구원이 이전했다는 것이다. 세종시는 애초에 수도권에 집중되 어 있는 인구와 행정, 문화 인프라 등을 분산해 국토 발전의 균형을 이루기 위해 계 획되어진 도시로 최근 몇 년간 전국에서 가장 인구가 많이 증가한 도시 중 하나다.

현재 1만6천여 명의 공무원들이 정부세종청사에
서 근무하고 있으며, 2012년과 2013년에는 15
개월에 걸쳐 전국 최고의 부동산 가격 상승률을
보이기도 했다. 지금도 세종시는 인구 증가율이
매우 가파르게 오르고 있는 실정이며, 개발 속도를
고려해볼 때 2030년까지 80만 명 정도의 인구를
예상하고 있다.

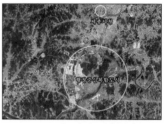
세종시 장군면 위치 ⓒ네이버

　이러한 강력한 움직임 덕택에 세종시의 땅값은 웬만한 수도권 못지않다. 세종시
장군면 봉안리와 대교리 일대는 행복도시와 가장 인접한 곳이다. 봉안리 일대는
2~3년 전만 해도 도로변 계획관리지역 농지가 3.3㎡당 30만 원에 거래되었다고 한
다. 현재 이곳은 3.3㎡당 2백~3백만 원에 거래되고 있다. 또 봉안리 일대에 자리 잡
은 남양유업 세종공장 인근은 3년 전까지만 해도 계획관리지역 임야가 3.3㎡당 25만
원을 호가했으나, 지금 현재 일부 토목공사를 마친 곳은 3.3㎡당 3백만 원에 거래되
고 있다.

대박땅꾼의 투자 포인트①

 이 땅은 행복도시 인근 금남면에 자리 잡은 도시지역
내 생산녹지인 1,112㎡(336평)의 답이다. 금남면은 장군
면과 함께 행복도시 개발로 인해 지가가 지속적으로
상승하는 지역이다. 향후 미래가치가 풍부하면서, 개발이익도 볼 수
있는 물건으로 35m의 대로와 접해 있다. 주변 시세가 3.3㎡당 3백
50만 원에 거래되는 데 비해 3.3㎡당 3백만 원에 거래되고 있다.

호재2. 교통과 산업단지

　세종시는 전국 어디서나 그 시간 이내 진입이 가능하다는 교통 강점을 가지고 있다. KTX로 1시간이면 서울에 도착하고, 천안-논산 고속도로와 경부고속도로가 지나간다. 1번 국도는 세종시의 도심 한가운데를 가로지르고 서울세종고속도로가 2022년 개통을 목표로 건설에 들어간다. 세종시는 전국 주요 도시와 연결되는 교통의 중심지로 매력적인 곳이다. 세종-오송역 연결도로, 세종-대전 유성 연결도로, 세종-대덕테크노밸리, 세종-정안IC, 오송-청주 연결도로가 모두 세종을 중심으로 만들어지는 교통망이다.

　앞으로 구리에서 세종으로 이어지는 서울세종고속도로의 개통으로 독일의 아우토반처럼 대한민국의 대동맥이 될 것으로 보인다. 개통되면 서울과 세종의 소요 시간이 1시간 40분에서 1시간으로 단축될 것이다. 서울세종고속도로의 수혜로 세종시 전 지역의 시세가 상승을 할 것으로 보이지만 연기IC 주변과 수산IC, 서세종IC 인근이 특히 수혜를 받을 것으로 보인다. 연기IC는 서울세종고속도로가 세종에서 천안으로 연결된 국도 1호선과 만나는 지점이다. 이곳에는 전동면 청송산업단지가 자리 잡고 있는데 전동면은 세종시에서 상당히 저평가된 지역으로 고속도로 건설로 주목받을 것으로 보인다.

　수산IC는 세종-공주간 고속화도로와 서울세종고속도로가 만나는 지점이다. 세종에서 비즈니스를 목적으로 투자하는 사람은 수산IC에서 정부세종청사가 있는 행복도시로 이동할 것으로 보이며, 세종-정안간 도로 중 IC가 있는 용암, 덕학, 중흥IC 주변 토지가 전원주택지로 주목받을 것으로 보인다. 서세종IC는 장군면의 서울-세종간 고속도로의 종점으로 장군면의 토지가 조명받을 것으로 보인다. 또 인접 지역인 공주가 서울이나 세종시의 손길이 닿는 지역이 될 것으로 보인다.

　교통 인프라가 구축되면 가장 먼저 효과를 보게 되는 것은 산업단지다. 세종시는 서울세종고속도로뿐만 아니라 당진-상주간 고속도로, KTX 철도 건설 등으로 유입되는 인구와 함께 물류센터와 산업단지가 점차 증가하고 있다.

　세종시는 조치원일반산업단지를 중심으로 수많은 산업단지가 전의면, 전동면, 소정면을 중심으로 전의일반산업단지, 소정일반산업단지, LED산업단지, 청송산업단지, 노장일반산업단지, 국제과학비즈니스벨트 등이 자리 잡거나 혹은 건설되고 있는 상태다. 특히 전의면 양곡리에 위치한 LED산업단지는 2015년 착공에 들어가면서 지가 형성에 급물살을 타고 있다.

　세종시가 2013년까지 지가상승 최고치를 기록하며 지가가 많이 상승한 상태이다. 지역에 따라 차이는 있겠으나 세종 중심부(행복도시)는 이미 개인 소액 투자자가 투자할 수 있는 수준이 아니며 중심부의 투자 트렌드 자체가 가수요에서 실수요로 이동하는 추세다. 개인 투자자들이라면 이 인근의 저평가된 토지를 매입해 물류센터와 의류타운, 푸드타운, 전원주택을 구축하길 권한다고 전문가는 조언했다.

　단, 세종시에서 토지 투자로 다가구 등의 부동산 개발을 계획하고 있는 사람들은 특히나 주의해야 할 점이 있다. 몇 년 전부터 5천여 명의 주민들이 농사짓고 소를 키우고 살던 소박한 세종시의 행복도시 인근이 원룸촌으로 탈바꿈되고 그 수도 어마어마하다. 약 2012년부터 3년간 150동 가까이가 준공된 것이다.

　그러나 세종시의 높은 지가상승률에 많은 투자자들이 몰려 정부세종청사 인근에 각종 아파트, 원룸이 들어서며 장군면의 원룸 인기가 예전 같지만은 않다. 2016년 말 서울세종고속도로를 착공한다는 소식이 있어 장군면 일대는 또 한 번 들썩일 것으로 보이지만, 입지를 제대로 따져 투자하지 않으면 손해를 볼 수도 있다는 점을 염두에 두자.

　더불어, 세종시는 2015년 초 성장관리방안이 수립되어 개발행위허가 제한지역이 곳곳에 잡혀 있다. 실제 지적도를 떼어보면 일부 토지들에 '개발행위허가 제한구역(다가구주택, 환경오염시설 등)'이 찍혀 나온다. 그러나 이 개발행위허가 제한은 빠르면 올해 상반기에 풀릴 것으로 보이니 이러한 악재를 잘 이용하여 입지가 좋은 저평가된 토지를 구입해 오히려 더 큰 수익을 낼 수 있을 것으로 보인다.

대박땅꾼의 투자 포인트②

세종시에서 가장 지가가 상승한 곳은 누가 뭐래도 장군면이다. 장군면은 현재 세종시에서 가장 많은 인구거주지역인 행복도시와 가깝다는 장점이 있다. 앞으로 인근 지역인 대전, 공주, 논산, 충청권의 인구 유입으로 장군면이 행복도시 대체지로서 최적의 위치라는 전망이다. 벌써 금강과 계룡산이 내려다보이는 조망권이 있는 전원주택부지는 3.3㎡당 3백~4백만 원 이상을 호가하고

장군면 전원주택부지

있다. 원룸을 지을 수 있는 계획관리지역이 3.3㎡당 4백~5백만 원, 2차선에 접한 근린생활시설을 지을 수 있는 용지는 최근 8백만 원을 호가하고 있다. 필자가 추천하는 전원주택부지는 세종시에서 손색이 없는 부지로 3.3㎡당 1백50만 원으로 행복도시 개발로 인해 지속적으로 지가상승이 예상되는 지역이라 개발 이익을 볼 수요자에게 추천하는 바다.

대박땅꾼의 투자 포인트③

세종시 전동면 계획관리지역에 자리 잡은 이 물건은 청송산업단지 인근에 있는 토지다. 총 2,009㎡(608평)의 답은 3.3㎡당 60만 원에 거래되고 있으며, 2차선 도로에 접해 있어 다용도로 활용이 가능하다.

필자의 카페 회원이 약 4만 명이 되어간다. 그 중 대부분이 투자용 땅을 문의하지만 가끔 전원주택지를 찾는 분들이 있다. 이들에게 어디를 선호하느냐 물어보면 대부분 양평 지역을 1순위로 꼽는다. 그만큼 양평은 서울에서 가깝고 산세 좋고 물이 좋아서 어느 정도 투자금액이 있는 사람

©네이버

은 양평을 선호할 수밖에 없는 것이다. 이러한 인기에 투자금액대가 1억 원대인 것은 찾기 힘들 정도로 금액이 올라간 상태라 소액 투자자들에게는 그림의 떡이지만 투자금액이 있는 사람들은 꾸준히 찾는 지역이 양평이다. 또한 인구가 조금씩 늘어나며 10만 명이 채워졌고 조금씩 국가 차원에서 개발 제한을 풀어준다면 시 승격까지도 충분히 가능한 지역이라 그 매력이 더 높다.

'물의 도시'라 불리는 양평은 전원주택지의 가장 이상적인 곳으로 명성이 자자하다. 서울 면적보다 1.5배 큰 양평은 울창한 산림과 가로 지르는 남한강이 젖줄 역할을 하고 있어 전원주택지로서 인기가 매우 높다. 더구나 수려한 풍광 외에 생활 제반시설도 완벽히 갖추고 있어 귀농·촌을 꿈꾸는 사람들이 도심권 생활을 병행할 수 있다.

과거와 다르게 요즘 귀농·촌을 준비하는 세대는 꾸준히 도심에서만 지낸 가정이 있는 세대들로, 빡빡한 회색빛 도시에서 벗어나 자연과 동화되기를 원한다. 그 이유로는 질병 치료와 아이들 교육 목적이 가장 크다. 따라서 산속처럼 인적 드문 곳이 아닌 어느 정도 도시생활 제반시설이 갖춰진 곳을 선호하고 있다. 그 기준에서 최적화된 지역이 바로 양평이다. (자료 도움 : 지테크 부동산 이창섭 대표)

호재1. 사람이 모이는 도시

　양평은 고속도로와 같은 교통 인프라가 잘 갖춰져 있어 사통팔달의 요충지로도 손색없다. 서울까지 1시간 이내면 도달할 수 있고 마산-화도로 이어지는 중부내륙고속도로와 서울-춘천간 고속도로가 이미 개통되어 있어 관광객과 인구 유입이 활발하다. 또한 광주IC에서 양평을 지나 원주까지 이어지는 제2영동고속도로가 2016년 개통 예정이기에 동서남북의 진·출입 역시 원활하다. 서울에서 용문까지 이어지는 경의중앙선의 존재로 인근 용문산, 중미산 등의 관광객 및 서울 출퇴근 직장인 수요 역시 증가하고 있다.

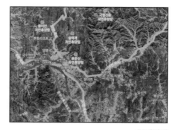

©네이버

　더불어 양평은 앞서 언급했듯 꾸준한 인구 유입으로 시 승격을 앞두고 있다. 양평군 스스로가 승격에 강한 의지를 갖고 인구 증가 시책을 발표, 추진하고 있다. 현재 총인구수는 10만5천여 명으로 시 승격 요건이 충족되는 15만 명까지는 무난히 달성할 것으로 예측되고, 현재 미전입된 기업체, 의료 및 교육기관 종사자들의 전입까지 완료된다면 시간이 더욱 단축될 것으로 보인다.

　이와 같은 인구수 증가에는 전원주택사업이 큰 역할을 하고 있다. 한때 시내로 쉽게 접근할 수 있으며 유명산과 용문산의 기운을 받고 있는 옥천면 용천리 일대가 전원주택에 거주하려는 세대들로 이미 문전성시를 이뤄 뜨거운 열기를 발산했다. 이를 대신할 차기 대상지로 옥천면 신복리 일대가 새롭게 주목받고 있다. 그 이유에는 한화복합휴양단지 개발계획이 확정됐기 때문이다.

　만약 투자 개념이 아니라 안락한 전원생활을 원하는 사람들은 눈을 돌릴 필요도 있어 보인다. 강이 조망되는 땅들은 토지만 억 단위를 넘기 때문에 개천 정도로 만족할 수 있다면 지평면, 단월면 같은 외곽 지역도 눈여겨보자. 이 같은 외곽 지역은 서울과의 거리 때문에 보통 선호 지역 시세의 절반가인 5천만 원 정도에도 전원주택 부지 매입이 가능하다. 경매에서 찾아보면 3천만 원대도 볼 수 있다.

호재2. 한화복합휴양단지 조성과 관광 호재

지난 1980년 당시 명성개발이 조성했던 옥천면 신복리 중미산 기슭의 한화리조트가 한화복합 휴양단지로 새롭게 리모델링된다. 이미 운영되고 있는 한화리조트 부지를 포함해 9,005,180㎡ 규모에 1조2천여억 원의 사업비가 투입되는 거대

옥천면 신복리 위치 ⓒ네이버

사업이다. 오는 2020년 완공을 목표로 하고 있으며 숙박시설, 워터파크, 아웃렛, 산림·생태교육시설 등으로 꾸며진다.

지금까지 이 사업은 '수질오염총량관리제'로 인해 장기간 개발허가가 통과되지 않아 양평군이 가진 최대의 고민거리이자 숙원사업이었다. 이에 관련 기관을 수차례 방문해 사업의 타당성을 설명하고, 지속적인 업무 협의를 제시한 끝에 규제완화가 통과됐다.

이 휴양단지가 조성되면 1천8백여 명의 일자리가 창출될 예정이고, 연간 관광객 4백만 명, 지방세 40억 원, 인구 6천여 명 유입 등의 효과도 발생하기에 지역 발전에 지대한 영향을 끼칠 것으로 보인다.

대박땅꾼의 투자 포인트①

양평군 옥천면 신복리는 새롭게 조성되는 한화복합 휴양단지와 직접 거리가 1㎞에 불과해 직접적인 영향을 받는 곳으로, 가장 크게 시세가 상승할 것으로 기대되는 지역이다. 승용차로 서울까지 40분 거리이며 경의중앙 선 아신역과는 10여 분이 채 안 걸린다. 해당 물건 위치는 대부산

의 수려한 경관이 조망되는 알짜 매물로 총 826㎡(250평)에 매매가는 1억7천5백만 원이다. 3.3㎡당 70만 원이며 지목은 임야다.

이외에도 2013년 완공이 예정되어 있었으나 6년째 공사가 지연된 '남한강 예술특구' 조성도 고려해봐야 하는 사업이다. 남한강 예술특구는 강상면 화양리 한국방송광고진흥공사 남한강연수원 부지 내 52,014㎡로 조성될 예정이다. 창작스튜디오 16개, 갤러리 20개, 아트텔 80실, 아트페어 전시관 1개 등으로 꾸며진다. 따라서 강상면 아트빌리지에서 강하면 바탕골예술관을 연결하는 88번 국도의 10여㎞ 구간이 닥터박 갤러리, 마나스 아트센터 등 미술관이 배치된 아트로드로 불려진다.

또한 양평군은 남한강 아트로드와 양평대교 건너 양근천 일대를 연계하는 '양평 문화의 거리'도 동시에 추진하고 있어 파주시 헤이리 마을처럼 예술의 고장으로 발돋음시킬 계획이다. 이 사업은 오는 2016년 개관을 목표로 하고 있다.

해당 사업이 성공적으로 마무리되면 양평 지역은 예술과 전원생활이라는 특수성을 가지게 되며, 친자연청정지역이라는 이미지는 더욱 강조돼 인구 유입이 증가될 전망이다. 양평군은 강력하게 추진하고 있는 인구 증가 시책이 시 승격 프로젝트에도 큰 도움이 될 것으로 기대하고 있다.

대박땅꾼의 투자 포인트②

양평 시내와 5분 거리에 위치한 곳으로 양평 시내에 있는 제반생활시설을 적극 이용할 수 있다. 남한강 물줄기를 바라보는 조망이 뛰어난 곳으로 최근 고급 전원주택지로 인기 상승 중이다. 양평읍 회현리에 있는 이 물건은 약 661㎡(200평)에 매매가는 1억4천만 원이며, 3.3㎡당 70만 원이다. 지목은 전이며 토목공사가 완료된 상태로 바로 건축할 수 있다.

호재 3. 독일타운 및 물류단지 조성

양평군 양동면 삼산리 일원의 62만㎡(187,550평) 군유지에 한국과 독일의 경제 협력을 위한 산업타운이 조성된다. 이곳에는 독일타운과 한독 복합산업 및 농축산물

물류단지 등으로 꾸며질 예정이다. 경의중앙선 양동역과 인접해 있으며 조성될 제2영동고속도로 양동IC와도 가깝다.

또한, 대한민국 경제 발전의 견인차 역할을 했던 파독 광부와 간호사들을 기리는 뜻으로 155,000㎡(46,887평) 부지에 지상 1층 규모의 단독주택과 지상 4층 규모의 공동주택 250여 가구가 조성된다. 이에 따라 해당 부지의 지구단위계획구역 지정 및 지구단위계획 주민제안서를 군에 제출해 적정성 검토를 요청 후 승인이 완료되면, 올해 내로 착공식을 가질 예정이다.

잦은 홍수범람지역, 수변구역 등 까다로운 토지 투자처라고 생각되었던 여주가 바뀌고 있다. 여주는 지난 2013년 118여 년 만의 시 승격과 함께 4대강 사업으로 홍수 피해에서도 벗어났으며, 기업들의 투자 유치에도 적극적으로 임하고 있다. 지금 여주는 영동고속도로, 중부고속도로

ⓒ네이버

와 더불어 제2영동고속도로가 만들어질 예정이다. 또, 성남-여주간 고속전철, 이천-문경 철도, 평택-강릉 철도 등이 개발되면서 교통의 요충지로 각광받음과 동시에 양평, 가평 등과 함께 제2의 세컨하우스 부지로 주목받는 곳이 되었다.

여주 투자는 한마디로 수도권 실수요 투자자들에게 적합한 지역이다. 전문가의 말에 따르면, 전원주택 실수요자나 창고, 임대사업을 하는 실수요자들에게 적합한 부지라고 한다. 투자 목적으로 여주를 방문한다면 평창 동계올림픽이 끝날 2020년에 처분하는 것이 옳다. 이제부터 여주 투자에 있어 예의주시해야 하는 투자 핵심지역에 대해 알아보자. (자료 도움 : 여주 동아부동산 공인중개사무소 김기석 대표)

호재 1. 더할 나위 없는 여주역

여주를 가로지르는 37번 국도를 따라 내려오면 현재 여주의 가장 큰 호재인 여주역 부지를 만나게 된다. 여주역은 국책사업의 일환인 성남-여주 복선전철과 반도의 동서를 잇는 여주-원주, 이천-충주-문경 철도가 지나는 길목이기도 하다. 특히 이미 착공에 들어간 성남-여주 복선전철은

여주역사 공사 현장

판교신도시에서 여주까지 1시간 이내 접근이 가능하게 만들어, 서울 출퇴근 가능 지역에 속하게 될 것으로 보인다. 더불어 이 구간은 강원도 강릉이나 충북 제천 방면으로 연결될 가능성이 높은 라인이다. 향후 인천-강릉, 평택-강릉의 간선철도의 노선으로 장거리 열차가 운행될 곳이라 충분한 잠재력을 지니고 있다.

교통의 핵심이 될 여주역의 수혜지로 떠오르는 곳에 대한 관심이 높은 가운데, 여주 지역 현지 전문가가 지목한 곳은 바로 역세권에 해당되는 교동이다. 그의 말에 따르면 교동은 환경이 깨끗하고, 2016년 상반기에 개통 예정인 여주역과 가까워 전원주택지와 같은 거주 용도로 적합하다고 한다. 또 양평에 비해 지가가 저렴하고, 교통이 놀라울 정도로 개선되고 있는 점이 투자가치 상승에 한몫하고 있다고 전했다.

실제 교동의 주택부지는 3.3㎡당 1백~1백50만 원대에 형성 중이며, 전원주택의 도시가스와 같은 기반시설이 들어가 있는 부지는 3.3㎡당 2백~2백50만 원대에 거래되고 있다. 그밖에 가업동, 능현동, 상동, 하동, 삼교동, 연라동 등이 역세권의 영향으로 지가의 동반 상승효과가 일어날 것으로 보인다.

더불어 서울과 우수한 접근성을 가진 여주는 교통의 강자다. 여주 지역에 건설된 혹은 건설 중인 고속도로 IC만도 무려 7개에 달하는데, 이는 유일하게 여주에서만 볼 수 있는 현상이다. 영동고속도로를 비롯해 중부내륙고속도로, 2017년 완공 예정인 제2영동고속도로가 개통되면 수도권과 전국을 잇는 교통의 중심지가 된다. 이런 훌륭한 교통망 덕분인지 여주 곳곳에는 이마트, 코카콜라, KCC 등의 대규모 물류센터들을 쉽게 만날 수 있다.

여주IC와 인접한 여주 점봉동은 여주 투자의 핵심과 같다. 이곳에 투자하기 위해서는 원룸 수요자들을 위한 임대업이나 전원주택사업을 추천

여주 이마트 물류센터

한다. 또 창고임대업 역시 추천 사업으로 떠오르고 있다. 창고 임대업부지는 대개 3.3㎡당 40~50만 원에 형성되어 있다.

대박땅꾼의 투자 포인트①

여주시 가업동은 역사가 들어설 교동 바로 옆에 자리 잡은 곳이라서 역세권의 영향을 온전히 받아들이게 될 것으로 보인다. 추천 물건인 가업동의 임야
16,500㎡(5,000평)는 3.3㎡당 70만 원에 시세가 형성되어 있다. 일반 주택부지에 비해 다소 높은 가격이지만 4차선과 인접해 있고, 여주역사와 2㎞ 이내로 가까워 투자 대비 좋은 수익을 얻을 수 있는 입지를 가지고 있다.

대박땅꾼의 투자 포인트②

2013년 추천받은 계획관리지역의 점봉동 18,000㎡(5,700평) 원
룸부지는 도시가스가 이미 들어온 곳으로 3.3㎡당 1백50만 원에 형성되어 있다. 원룸사업을 예정 중인 실투자자에게 적합하다. 부지 앞으로 37번 국도가 지나고 있으며 여주역세권과도 인접한 지역이었음으로 여주역 개통 후 지가상승이 예상된다.

호재 2. 소비자들의 지갑을 열게 만드는 곳

37번 국도를 따라 내려오면 여주를 가로로 가르는 영동고속도로와 마주하게 된다. 영동고속도로를 중심으로 위쪽은 신세계에서 투자한 여주 프리미엄 아웃렛이 자리 잡고 있으며 아래쪽으로는 반려동물테마파크가 조성될 예정이다. 여주 프리미엄 아웃렛은 누적 방문객만 2천5백만 명이 넘어선다. 게다가 2013년 10월부터 이루어진 확장 공사로 기존의 264,400㎡(8만 평)의 규모가 463,000㎡(14만 평)으로 두 배 넓어졌다. 또, 여주 프리미엄 아웃렛의 아래쪽으로는 375 아웃렛과 같은 업체들이 단지로 조성되어 있어 외지 고객을 꾸준히 유치하고 있다.

여주 375 아웃렛 / 여주 프리미엄 이웃렛

반려동물을 키우는 가구의 증대로 반려동물테마파크 역시 투자호재로 작용할 전망이다. 여주 프리미엄 아웃렛과 마찬가지로 여주IC를 통과 후 만날 수 있다는 접근성을 지니고 있으며 396,694㎡(12만 평) 부지에 유기견보호시설, 애견박물관, 공원 및 캠핑장 등이 2018년까지 조성될 예정이다.

여주 프리미엄 아웃렛과 반려동물테마파크라는 호재로 수혜지역으로 떠오르는 곳은 바로 상거동이다. 상거동은 남여주IC, 여주IC, 영동고속도로와 인접해 있다. 특히 상거동 도로변에 있는 부지들은 이 호재들의 영향을 바로 받고 있어 3.3㎡당 2~3백만 원에 거래 중이다. 상거동만큼 주목해야 하는 곳으로는 하거동, 삼교동, 능현동으로 투자 포인트를 잡을 시 주목해야 한다는 것이 전문가의 의견이다. 이 근방의 시세는 계획관리지역 평균이 3.3㎡당 40~50만 원으로 향후 더 오를 것으로 보인다.

여주 프리미엄 아웃렛과 375 아웃렛에 인접해 있어 투자 1순위인 상거동에 대해 알아보자. 상거동은 영동고속도로가 가로지르는 지역으로 주변에 점봉동, 하거동 등과

상거동 임야

상거동 전답

함께 주요 투자 포인트다. 이곳의 계획관리지역 임야 6,600㎡(2,000평)는 3.3㎡당 50만 원에 거래되고 있다. 임야의 옆으로 길이 나 있어 향후 원룸이나 창고부지로도 적합하다.

또, 같은 계획관리지역에 자리 잡은 상거동 전답 1,900㎡(600평)은 3.3㎡당 50만 원에 거래 중이다. 위의 임야와 마찬가지로 도로와 접해 있으므로 개발과 투자 모두에 적합한 물건이다.

지난 2013년 12월 롯데 프리미엄 아울렛이 개장한 첫 주말, 이천은 길게 늘어선 자동차 행렬로 인산인해를 이뤘다. 롯데 아울렛의 등장으로 과거 3.3㎡당 10만 원짜리 맹지도 현재는 1백만 원이 될 만큼 지가 변동이 이루어졌지만, 이 정도 호재는 이천의 다양한 꿈틀거림 중 하나일 뿐이다. 이천은 국책사업인 성남-여주 복선전철(2016년 상반기 개통 예정, 총11개 역)과 이천-충주와 평택-원주가 환승되는 구간을 담당하게 된다. 또, 이천을 중심으로 영동고속도로와 중부고속도로가 교차해 지나가니 여주와 함께 교통의 요충지 역할을 맡게 되었다. 게다가 마장신도시와 이천 행정타운 신도시의 개발은 투자자들의 시선을 자연스럽게 사로잡는다.

 '이천은 경기 동남부 지역의 마지막 남은 개발지역'라는 말이 있는 만큼 전원생활을 준비하는 실수요자나, 투자용 토지를 찾는 투자자들을 위한 다양한 매물이 있어 이천을 주목해도 좋다.

 롯데 아울렛 근처에는 근로자들이 숙식할 원룸들이 많아 수익형 사업을 준비하는 사람들이라면, 롯데 아울렛 근처에 투자를 생각해보아도 될 것이다. 교통부터 개발사업까지 다채로운 호재로 들썩이는 이천의 투자 포인트를 짚어보자. (자료 도움 : 이천 와우부동산중개사무소 박규선 대표)

호재1. 아시아 최대 규모의 롯데 아울렛

 이천 42번 국도를 따라가면 호법면과 마장면을 잇는 곳에 롯데 아울렛이 수도권 쇼핑객들을 유혹한다. 지난 2013년 12월에 처음 개점한 롯데 아울렛의 파급효과는 상당했다. 주말마다 서울에서 롯데 아울렛을 방문하는 쇼핑객들로 오

이천 롯데 프리미엄 아울렛

픈 10일 만에 30만 명이 찾았고, 지금도 주말이면 도로는 주차장이 될 만큼 긴 줄이 이어져 있다. 이처럼 문전성시를 이루는 아울렛 인근인 표교리와 현재는 도로 공사 중인 단천리가 수혜를 입을 것으로 보인다.

단천리는 아울렛에서 내려오는 길목에 있는 곳으로 다른 곳에 비해 상대적으로 저평가받고 있는 지역이다. 현재 단천리의 계획관리지역 농지는 3.3㎡당 50~1백만 원까지 다양하게 분포되어 있다. 대지는 3.3㎡당 80만 원, 임야는 3.3㎡당 40~50만 원부터 거래가 된다. 아울렛이 들어서 있는 표교리의 농지가 3.3㎡당 1백만 원 전후에 시세가 형성된 것과 비교하면 절반가인 셈이다. 현재 표교리는 롯데 아울렛의 배후 주거지로 활용될 가능성이 높아 실수요 투자자들에게 원룸부지와 음식점 부지로서 주목받고 있다.

대박땅꾼의 투자 포인트①

 롯데 아울렛에 근접한 이 토지는 아울렛에서 시작해 해당 물건이 있는 호법면 단천리를 향해 도로공사 중이다. 현재 3.3㎡당 70만 원에 거래되고 있는 약 3,000㎡(900평)의 물건이다.

ⓒ네이버

이곳은 마장면 서이천IC와 롯데 아울렛을 거쳐, 모가면 남이천IC를 연결하는 도로로 향후 개발의 한 축으로서 성장할 것으로 예상된다.

해당 물건이 위치한 토지 뒤에는 SK하이닉스 소유의 산이 1,322,314㎡(40만 평) 있고, 인근에 이상득 전 국회의원 가족 소유의 영일목장도 위치하고 있어 앞으로 많은 변화가 예상되는 토지 중 하나다.

호재2. 중리·마장택지지구

특수전사령부와 제3공수특전여단은 위례신도시 조성에 따라 40여 년간 주둔해 온 서울 송파구에서 마장면 일대로 이전이 본격화되었다. 그동안 마장면으로 특전사군부대 이전이 이루어진다는 소식에 따라 길고 긴 갈등이 있었으나 상생합의서가 마침내 체결된 것이다.

마장지구는 이천시 마장면 일대 67만㎡(202,675평)를 택지로 조성하여 군인 영외숙소와 기반시설을 건설하는 개발사업으로, 인근에 영동고속도로의 덕평IC와 서이천IC를 끼고 있다. 마장택지지구는 2012년 착공하여 2015년 완공하기로 예정되어 있었으나 보상 과정의 문제로 완공이 2017년까지 연기된 상태다. 그런데도 마장택지의 개발로 이천은 인구 유입과 수요 증대를 기대할 수 있게 되었다.

마장택지지구만큼이나 이천의 지도를 바꾸는 데 일조할 것으로 예상되는 중리택지개발 사업은 중리동과 증일동 일대 61만㎡(184,525평)에 공공주택과 편의시설을 2019년까지 짓는 것이다. 중리지구는 이천역으로 인한 유입 인구를 받아들일 수 있는 이천역세권의 배후 주거지로서의 역할을 담당하게 될 것으로 보인다.

또, 서이천IC와 연결되는 곳으로 패션물류단지와 롯데 아울렛이 있어 생활시설의 개발이 촉진될 것으로 보인다. 특히 군부대 이전부지로 활용되고 있는 회억리 390만㎡(120만 평) 일대는 군부대의 영향으로 서이천IC의 2차선이 4차선으로 확장되었다. 42번 국도와 이어진 곳은 모두 호재라인이라 불리는데, 이치리의 경우 42번 국도와 인접하여 계획관리 농지가 3.3㎡당 60~4백20만 원까지 다양하게 거래되고 있다. 게다가 행정타운 신도시와 덕평IC까지 이어져 있어 투자 시 놓치지 말아야 할 포인트로 주목해야 할 것이다.

대박땅꾼의 투자 포인트②

 증일동은 중리택지지구 개발, 성남-여주선 이천역 2016년 개통, 이천시청과 세무서, 경찰서 이전 등 주요 행정기관이 이전한 곳으로 시청 주변과 본 토지 일대는 구획정리가 이루어지면 지가가 더욱 오를 것으로 예상되는 지역이다. 주변 시세가 3.3㎡당 2백~3백만 원을 호가하는 지역이지만 이 땅은 지주가 급히 내놓은 땅으로 3.3㎡당 1백30만 원에 측정되었다.

ⓒ네이버

호재3. 철도 교통의 핵심, 이천역과 부발역

수도권과 강원권을 잇는 성남-여주간 복선전철 사업은 투자자들 모두의 관심사가 아닐까 싶다. 분당에서 출발해 광주를 거쳐 이천에 진입하는 복선전철은 신둔역, 이천역, 부발역을 거쳐 여주로 이어진다. 특히 부발역은 충주로 연결되는 중부내륙노선과 동서를 잇는 평택-원주간 철도가

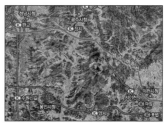

성남-여주선 ⓒ네이버

모이는 환승 센터이기도 해, 몇 년 전부터 투자 바람이 맹렬하게 불기도 했다. 현재는 부발역 근방이 기획부동산에 의해 터무니없이 갈기갈기 조각나 있어 주의가 요구된다.

하지만 해당 지역 전문가는 부발역보다 눈여겨 봐야 할 곳으로 이천역을 지목했다. 이천역은 859,504㎡(26만 평)의 행정타운에 속해 있고, 마장택지지구 개발 후 중리택지지구가 뒤이어 개발될 곳이기 때문이다. 행정타운은 중리동과 증일동, 율현동을 아우르며 이미 시청과 경찰서, 세무서 등이 이전을 완료한 지 오래다. 특히 이 부근의 자연녹지지역은 3.3㎡당 1백50만 원부터 시세가 형성되어 있으며, 중리동의 제1종 일반주거지역은 맹지도 3.3㎡당 1백50만 원부터 시작한다. 또 농지는 3.3㎡당 70~2백만 원까지 다양할 정도다. 그러나 길 여부 상관없이 땅을 사두는 게 좋다는 것이 전문가의 주장이다. 현재는 난개발을 막기 위해 개발을 제한하고 있지만 전원주택의 건축은 가능하다.

단, 소액투자를 한다면 신둔역 인근에 투자하는 게 좋다. 이천역과 부발역이 투자자가 몰린 상태이기 때문에 오히려 저평가되어 있는 것으로 보인다.

진리동의 자연녹지로 용도는 답인 790㎡(240평)의 이 물건은 이천 전철역이 인접해 있고, 6차선 도로와 접한 토지이다. 특히 859,504㎡(26만 평) 중리택지지구 신도시 개발지구와 접해 있으며, 미란다 온천호텔 인근의 상업지구와 멀지 않다. 전철역, 신도시, 온천지구 등 토지가치의 상승 요인을 모두 담고 있다. 전철 개통과 신도시지구 개발이 신호탄이 되어 인접 토지가 본격적으로 개발될 것으로 예상되어 투자 시에 주목해야 할 포인트다.

ⓒ네이버

호재4. 현지 전문가만 아는 이천의 숨은 진주

'권력자의 땅 근처에 투자하라'라는 말이 있다. 이 말은 전문가들이 공통적으로 전하는 투자비법 중 하나이다. 이천 지역에 이런 땅이 있다면 바로 영일목장 인근일 것이다. 영일목장은 이명박 전 대통령의 친형인 이상득 의원 가족이 소유한 땅으로 인근에 남이천IC가 있고, 그 주변에 사돈 기업의 골프장이 존재한다. 덕분에 영일목장 주변 땅값은 지난 2009년 사업승인 후에 크게 올라 3.3㎡당 5만 원에서 1백만 원이 넘는 시세차익을 낸 사람이 있을 정도이다. 따라서 투자할 때는 군수나 시장이 사는 근처에 투자하거나 근처에 땅이 있다고 하면 오히려 지가가 오를 가능성이 높다. 또, 이천의 2020도시기본계획에는 영일목장 인근 모가면에 모가도시계획이 잡혀 있다. 평택-여주를 잇는 철도계획으로 송갈역이 만들어지면 차후에 주목받는 이천의 호재로 자리 잡을 듯 보인다. 현재 이 근처 보전관리지역은 도로변 보전관리지역도 3.3㎡당 40~60만 원부터 시작하며, 계획관리지역은 3.3㎡당 80만 원에 달한다.

2차선 도로에 접한 보전관리지역 1,028㎡ (311평) 과수원은 토지에 관심 있는 사람이라면 누구나 알고 있는 이상득 의원의 영일목장에 인접해 있다. 서이천IC를 거쳐

ⓒ네이버

롯데 아울렛, 영일목장, 남이천IC를 연결하는 길목에 위치한 이 땅은 현재부터 미래의 개발가치가 좋은 땅이다. 남이천IC로의 도로 완공 시 불과 3~4분 만에 도달 가능한 위치다. 남이천IC 인근에는 향후 원주-평택을 연결하는 송갈 전철역이 예정되어 있으며, 2020도시기본계획에 따르면 모가면 도시계획이 예정된 만큼 이천 투자의 숨은 보석이라 할 수 있다.

설마 아직도 제주도를 단순한 '여행지' 정도로 생각하는 사람이 있을까? 세계 7대 자연경관지이자 우리나라 대표 관광지이기도 한 제주는 국내외 최고의 투자 지역으로 각광받고 있다. 특히 2013년도를 기점으로 1천만 관광객이 방문하고, 각종 기반시설 확충과 인구 유입으로 나날이 지가가 고공행진 중이다. 실제 2013년까지 세종시가 지가상승 최고치를 기록했다면 제주는 2014~2015년 지가상승률 최대치를 기록한 바 있다.

일각에서는 제주도의 높은 투자 열기로 인해 현재 시장에 나온 물건들이 "거품 물건이 아니냐"며 꼬집고 있다. 확실히 제주도의 땅은 없어서 못 파는 것들이 대부분이다. 최근 대박땅꾼 부동산연구소에서도 제주도 답사를 자주 떠나곤 했는데 갈 때마다 곳곳에서 개발되는 모습들이 눈에 띈다. 제주는 관광, 교육, 투자에 있어서 다양한 규제완화와 호재로 가득 차 있다. "문제점은 없을까? 늦지 않았을까?" 고민하는 예비 투자자들을 위해 현지 전문가의 말을 빌리자면 "투자호재가 있다면 악재도 있다. 다만, 제주는 호재가 악재를 덮고 남을 만큼 많다"고 전했다. (자료 도움 : 우리들 공인중개사 강교성 대표)

호재1. 연간 1천만을 너머 2천만으로 향하는 '제주 관광사업'

1천만. 영화 관람 관객수가 아니다. 바로 2013년 제주를 다녀간 관광객 숫자다. 참고로 2014년에는 너무나도 가슴 아픈 세월호 참사에도 불구하고 1천2백만 명이 제주도를 다녀갔으며, 그중 86%가 중국인이었다고 한다. 1천만 명의 관광객이 어느 정도의 효과냐고 생각할 수 있는데 이는 하와이, 발리를 방문한 관광객을 제친 숫자이다. 2015년에는 메르스 사태에도 불구하고 1천3백만 명의 관광객을 유치하면서 그 입지를 더욱 굳건히 다졌다.

이렇게 사람이 많이 찾는 지역은 기반시설이 확충되기 때문에 토지개발 시 유리하다는 장점이 있다. 특히 실수요를 목적으로 하는 일반 투자자들의 경우 더욱 그러하다. 제주도는 그동안 관광사업의 발전을 위해 우수관광 사업체를 지정해왔다. 그리고 이제는 2천만 관광객 시대를 맞이하며 질적 개선에 중점을 두는 단계까지 왔다.

또, 넘쳐나는 관광 수요에 비해 부족한 숙박시설에 대비하여 2014년 관광숙박시설 승인을 내렸다. 이는 전년 대비 13%가 증가한 수치였다. 제주도는 2012년부터 관광 성수기 때마다 되풀이되는 객실 부족난에 대비해 '관광숙박시설 확충을 위한 특별법'을 2015년도 12월까지 시행하기로 한 결과다. 그러나 숙박시설 급증으로 머지않아 공실 사태도 우려됨으로, 임대숙박업을 고려하고 있다면 입지 선정에 있어 까다로운 안목이 필요하다.

대표적으로는 성산일출봉과 주요 관광지 주변에 게스트하우스가 급속도로 증가함에 따라 공급 과잉이 되는 것으로 보인다. 따라서 상대적으로 경쟁이 덜 치열한 곳으로 게스트 하우스를 선점해야 하는데 표선해비치 주변, 곽지과물해변, 협재해수욕장 주변을 추천한다.

참고로 제주도의 투자 가능 지역은 매우 제한적이다. 세계 7대 자연경관에 선정되어 개발 불가능 지역이 70%에 달하기 때문이다.

현지 전문가는 제주도에서 실수요 투자를 한다면, 제주도민을 상대로 하는 사업이나 관광사업이 제주의 미래임으로 간과해서는 안 된다고 했다. 다만 그동안 펜션, 게스트하우스, 이색 맛집 등이 투자 트렌드였다면 관광객을 상대로 하는 와인, 하우스 맥주 등의 주류사업과 제주 트렌드 물품사업이 성장 가능성이 높다고 조언했다.

관광객이 많이 찾는 성산읍 일출봉이나 섭지코지 일대, 서귀포의 경우에는 시세가 많이 올랐다. 이들 지역은 바다 조망권에 해당되는 땅의 경우 3.3㎡당 60~1백만 원, 안쪽으로 들어가면 40~60만 원에 형성되어 있는 걸 발견할 수 있었다. 가끔 외곽 지역에 3.3㎡ 10만 원에 거래되는 매물이 나오기도 하니 눈여겨볼 필요가 있다. 한편, 관광객이 바다만 찾는 건 아니므로 한라산 조망이 잘 되는 땅도 눈여겨보자.

대박땅꾼의 투자 포인트①

 이 땅은 제주 서귀포시 표선면 하천리에 위치한 전이다. 도시지역 내 자연녹지로 436㎡(132평)에 당시 6천5백만 원 정도에 나온 물건을 회원들에게 소개해준 바 있다. 이 땅은 서귀포에 위치한다는 장점 외에도 표선해비치 및 표선읍에서 가까운 4차선 대로변이라 나중에 상가건물, 펜션, 게스트하우스, 음식점 등 다양한 활용 면에서 잠재가치가 더욱 높았던 땅이다. 이때 주변의 시가는 3.3㎡당 1백만 원이었

ⓒ네이버

음에도 상대적으로 저평가된 이 물건은 436㎡(132평)씩 2필지가 한 번에 나온 경우로서 여러 사람이 경쟁하기도 했다.

호재2. 영어교육도시

한때 유명 교육기관은 모두 수도권에 몰려 있다고 생각한 적이 있다. 오죽하면 '서울유학'이라는 말이 있었을까. 그러나 최근 자식 교육에 관심이 많은 학부모들은 제주도를 주목하고 있다. 그리고 그들은 조기 유학 대신 제주도를 선택했다.

제주도에는 현재 영어교육도시 개발이 한창이다. 제주 서귀포시 대정읍 일대에 조성되는 영어교육도시는 국제학교를 비롯해 영어교육센터, 외국교육기관, 주거 및 상업시설 등을 조성하고 미국·캐나다·영국의 명문학교 수업 방식으로 수업을 진행한다. 현재 학교의 경우, 운영이 이루어지고 있으며 학부모의 만족도가 매우 높은 것으

로 나타났다.

부동산에서 교육이라는 호재가 중요한 것은 인구 유입과 밀접한 관련이 있기 때문이다. 그동안 수도권으로 몰리던 사람들이 교육 환경이 좋은 제주로 이동하고 있다. 현재 제주 영어교육도시에는 중학교까지의 시설이 완공되었고 주변에 2개 동이상의 아파트단지가 분양을 마친 상태다.

실제로 지금 제주는 실수요자 용도의 토지나 투자 용도의 토지 모두 매수인은 많은데, 시세에 대비해서 추천할 수 있는 토지가 그렇게 많지 않다. 그러다 보니 자연스레 제주의 지주들 사이에서는 '부르는 게 값'이라는 생각이 자리 잡고 있는 것 같다. 이렇게 제주의 토지 거래 호황이 오랫동안 지속되다 보니, 초보 투자자를 노리는 기획부동산이 활개를 치고 있어 주의가 필요한 상황이다.

특히 영어교육도시의 개발 여파로 한경면과 대정읍의 시세가 많이 올랐다. 건축이 가능한 토지는 3.3㎡당 70~80만 원 이하로는 구하기가 어렵고, 평균적으로 대개 그 이상에 형성되어 있다. 물론 건축 등 개발이 불가한 토지인 경우는 그 이하의 시세다. 토지는 지역에 따라 평균 시세를 잡기보다 실제 현장 사항이 더 우선되기 때문에 현장을 방문하라는 것이 전문가의 의견이다.

영어교육도시 공사 현장 ©네이버

이곳은 2014년 당시 제주시 한림읍 귀덕리에 위치한 땅으로 도시지역 내 자연녹지 548㎡(166평)이 9천8백 만 원에 거래된 전이었다. 이때 당시에는 땅에 붙은 2차선 도로변이 4차선 확장공사를 하는 중이었는데, 내가 보기에는 그 이상의 미래가치가 있다고 판단했다. 특히 바다 조망권이라 해변까지 걸어서 4분 거리밖에 되지 않았다. 또, 주변이 주거지역으로

ⓒ네이버

잡혀 있고, 상업지가 멀지 않아 차후 용도가 바뀌면서 지가상승의 가능성이 매우 높다고 판단된다.

호재3. 투자이민제도와 제주도 투기

 제주도가 국제자유도시라는 것을 한 번씩은 들어봤을 것이다. 국제자유도시는 인력과 자본의 이동, 기업 활동이 자유로운 곳으로서 국제 기준으로 경제활동이 적용되는 지역을 말한다. 대표적으로 홍콩과 싱가포르가 이에 속한다.

 제주도는 국제자유도시를 조성하기 위해 제주 국제자유도시개발센터를 중심으로 총 사업비 35조 원에 달하는 장기 프로젝트를 진행하고 있다. 이곳에는 외국 자본인 중국의 녹지그룹, 란딩그룹 등이 참여하고 아랍, 싱가포르, 말레이시아 등의 외국 자본이 향후 개발에 참여할 것으로 기대를 모으고 있다. 제주는 계속된 외국 자본 유입과 기업 이전 등으로 인한 인구 유입도 상당히 높은 수준이다.

 그런데 지금의 높은 지가상승을 이룩한 데에는 투자이민제도가 한몫했다. 투자이민제도는 법무부 장관이 지정한 공익펀드 혹은 특정 지역에 5억 원 이상 투자한 외국인에게 영주권을 부여하는 제도인데, 실제로 외국인 투자자들이 소유한 토지소유 현황도 지난 2013년 11월 기준으로 전체의 0.6%를 제주도가 차지했다. 토지 보유별 국가 순으로는 근래 미국, 중국, 일본 순이다.

 특히 중국인의 비율이 눈에 띄게 상승하고 있는데, 중국인의 '섬'에 대한 환상과 비

교적 가까운 거리라는 점에 의한 것으로 예상되고 있다. 현지 전문가에 따르면 중국 자본은 부동산 법인 자본이 많고, 투자용도보다 개발용도가 많아 국내 투자자들에게도 좋은 기회가 될 것으로 보인다고 전했다.

그러나 한편, 이렇게 국내외 많은 투자자들이 너도나도 몰려들며 투기가 성행하자 2015년 4월 초부터 정부에서는 제주 농지기능관리 강화방침을 논의했다. 이는 농지를 편법으로 취득하여 다른 목적으로 전용하는 사례를 막기 위함이다. 즉, 제주 비거주자의 제주 농지 소유 면적이 비정상적으로 늘어나자 규제를 강화하기로 한 것이다. 이 강화 방침은 총 3단계에 걸쳐 토지 이용이 불법은 아닌지에 대한 현황을 조사하는 것이며, 외부인의 경우 농취증 발급이 불가능할 전망이다. 그래서 만약 제주에 거주하지 않는 사람이라면 앞으로는 투자할 때 임야 이외에는 투자가 어렵다. 일부 기획부동산 등이 외부인이 거래할 수 없는 전, 답 등 농지를 내놓기도 하는데, 절대 속아서는 안 될 것이다.

또 지금부터 주목해야 할 사항이 있다. 작년에 발표된 제2제주공항이 들어설 제주 서귀포시 성산읍 신산리다. 공항 호재가 이미 확정된 상황에서 제주 성산읍 주변 지역의 미래가치는 귀추가 주목될 정도로 높다. 주의할 점은 제2제주공항이 입지하는 바로 그 근처 토지는 비행기 이착륙으로 인한 소음 등으로 입지가 좋지 않으니 제2제주공항과 인접하되, 공항 소음과 멀며 관광지와 인접한 성산리, 신풍리, 하도리 등이 투자지로서 적합할 것이다.

예전부터 춘천은 가평, 양평, 청평과 함께 관광
도시로 유명한 지역이다. 특히나 춘천 닭갈비 거
리, 낭만의 남이섬 등은 춘천을 대표하는 상징이
기도 하다. 오랜 시간 낭만과 청춘을 대표하는
지역으로 영원할 것만 같던 춘천이 지금 발전하
고 있다.

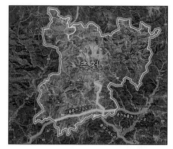
ⓒ네이버

서울-춘천간 고속도로, 경춘선 등으로 그 어느
때보다 춘천 방문이 간편해진 이때, 2017년 레고랜드가 개장을 준비 중에 있다.
춘천역을 중심으로 춘천 평화생태공원은 레고랜드와 함께 춘천 관광의 핵심이 될
것으로 보인다.

남이섬, 김유정 문학촌, 소양댐, 옥광산을 비롯해 레고랜드, 춘천 평화생태공원,
애니메이션 박물관, 로봇 및 우주체험관 등 볼거리와 놀거리가 가득해지면서 투자
자들의 관심이 더욱 높아지고 있다. 강원도 관광산업의 중심으로 커질 춘천에 투
자한다면 지금부터 지역 분석을 눈여겨보자. 왜냐하면 지금 춘천은 관광과 산업이
융화된 최적의 투자처이기 때문이다. 이제 전문가의 조언을 따라 춘천의 투자 포인
트를 알아보자. (자료 도움 : 천리안 공인중개사무소 박미자 대표)

호재1. 큰 기대가 집중되고 있는 '레고랜드'

키덜트(Kidult)라는 말을 아는가? 어린이(Kids)와 어른(Adult)의 합성어로 유년시
절 즐기던 장난감이나 만화, 과자, 의복 등에 향수를 느껴 다시 찾는 어른을 말한
다. 이들을 상대로 한 사업이 전 세계적으로 확대되고 있다. 예를 들어 전 세계적으
로 유명한 디즈니랜드, 유니버설 스튜디오와 마찬가지로 어떤 테마를 가지고 그것

을 관광사업으로 확대하는 것이다. 바로 이런 테마로 유년시절 누구나 한 번쯤은 만져봤을 만한 블록의 대명사인 레고블록이 영국의 멀린사와 강원도의 협약으로 '레고랜드'가 되어 찾아온다.

현재 춘천 의암호 중도 일대 1,289,000㎡(39만 평) 부지에서 조성사업이 진행되고 있으며, 2017년 개장을 목표로 공사가 이루어진다. 이 레고랜드

중도관광지에 들어서는 레고랜드 ⓒ네이버

가 춘천에 조성되면 이는 세계에서는 7번째이며, 동아시아에서는 최초로 조성되는 일이 된다. 이에 따라 연간 2백만 명 이상의 국내외 관광객이 춘천을 방문할 것이고 9천8백여 명의 신규 일자리 창출이 이루어지며, 44억 원의 지방세수가 증대하는 효과를 가져올 것으로 예상하고 있다.

춘천을 글로벌 관광도시로 발돋움시킬 레고랜드는 춘천역에서 10분 거리인 중도 지역에 중도관광지와 호텔 등과 함께 조성될 예정이다. 따라서 레고랜드의 영향은 춘천 일대에 모두 미칠 것으로 보이지만, 그중에서도 가장 수혜받는 지역으로 전문가는 근화동을 꼽았다. 근화동은 레고랜드와 멀지 않아 상가나 건물을 짓는 개발 투자가 목적인 사람들의 투자로 적합해 보인다.

근화동은 레고랜드 발표 전에는 3.3㎡당 3백~4백만 원에 거래가 되었지만, 레고랜드 발표 이후로 3.3㎡당 5백~6백만 원을 호가하고 있으며 레고랜드 기공식 이후로는 매물이 자취를 감춘 상태다.

이에 따라 대안책으로 나온 투자지가 바로 '서면'이다. 서면은 본래 춘천의 대표적인 힐링도시였다. 서면은 춘천역과 중도가 다리로 연결됨에 따라 가장 땅값이 많이 오를 것으로 여겨지고 있어 투자자들의 발길이 끊이질 않는데, 근화동에 비해 상대적으로 지가가 저렴하다는 장점이 있다. 현재 자연녹지 전의 경우 3.3㎡당 80~1백만 원에 거래가 되고 있는 실정이다.

더불어, 그동안 레고랜드가 속해 있던 시내권에 비해 구도심권이었던 곳들은 지가에 큰 변화가 없었으나 퇴계동의 경우 레고랜드의 영향으로 지가상승을 보이고 있다. 또, 춘천시 삼천동에 위치한 사이클경기장 부지 일원에는 '춘천 헬로키티 아일랜드' 조성사업이 계획되어 있다. 2018년까지 3백억 원을 들여 16,573㎡(5,013평)에 캐릭터 헬로키티를 활용한 전시, 체험, 영상관, 캐릭터공원 등을 체험할 수 있는 테마파크 조성으로 춘천 일대의 관광객 유입은 가히 폭발적일 것으로 예상하는 바이다.

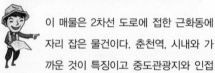

대박땅꾼의 투자 포인트①

이 매물은 2차선 도로에 접한 근화동에 자리 잡은 물건이다. 춘천역, 시내와 가까운 것이 특징이고 중도관광지와 인접해 있어 실수요자라면 관광객들을 상대로 하는 사업을 준비해도 좋을 듯하다. 현재 3.3㎡당 3백~4백50만 원에 거래되고 있다.

ⓒ네이버

호재2. 일자리 창출이 기대되는 산업단지

춘천이 관광산업만 유명한 곳이라고 생각한다면 오산이다. 춘천은 춘천 시내에 위치한 강원도청을 중심으로, 각 IC 주변에 산업단지가 개발되고 있다. 이런 산업단지와 도청의 존재는 인구 유입과 소비자의 증가를 가져오는데, 춘천 시내에 공무원 50%가 유입되었고, 이들을 주 소비층으로 한 환경이 조성되었다. 젊은

네이버첨단산업단지 ⓒ네이버

층의 수요도 적지 않다. 주변에 대학교가 6~7개 위치하고 있기 때문이다. 더불어 유동인구가 많아 상업지역이 더욱 활성화될 것으로 보인다.

산업단지 형성도 춘천 발전에 영향을 끼칠 것으로 보인다. 강촌IC 주변에는 남면 산업단지와 문화복합산업단지가 존재하며 거두리에는 농공단지가 조성되어 있다. 최근에는 네이버가 춘천시 동면에 도시첨단산업단지를 완공했다. 연구소 형식으로 만들어진 도시첨단산업단지는 시내와는 거리가 있지만, 차후 시내권으로 들어올 수 있는 임야지역이다. 2011년 공사에 들어간 네이버첨단산업단지는 1공구에 해당하는 인터넷데이터센터를 2013년도 6월 준공하고, 2공구에 해당하는 연구 및 연수원, 숙소를 2014년 말에 완공했다. 현재는 빅데이터를 기반으로 하는 강원 창조경제혁신센터에서 핵심 역할을 해내고 있다.

대박땅꾼의 투자 포인트②

춘천시 서면은 대표적인 힐링 관광지가 될 듯하다. 지금도 서면 일대에는 카페가 많지만 수려한 경관과 자연을 벗 삼아 살고 싶어 하는 사람들의 세컨하우스 부지로서도 각광받고 있다. 춘천의 중심인 동면 일대는 아니지만 삶의 여유를 찾을 수 있는 고즈넉한 경관과 여유로움이 일품이다. 전문가가 추천한 물건은 서면에 위치한 전이다. 해당 물건 앞으로 6m짜리 도로가 접해 있어 카페나 전원주택, 식당 등을 지어보는 것을 추천했다. 현재 3.3㎡당 80~90만 원에 거래되고 있으며 주변은 1백20만 원까지 거래되고 있다.

기업도시는 민간기업이 자체적으로 개발하는 도시조성사업의 일환이다. 각 기업의 노하우를 활용해 개발계획을 수립하고 다양한 기업들의 투자와 입주로 자급자족형 도시를 건설하는 것이다. 부지 면적 330만㎡ 이상을 원칙으로 하고 산업과 연구, 관광, 레저 등의 비즈니스 기능과 주

©네이버

거, 의료 등의 생활까지 가능한 지역으로 만드는 복합도시가 되는 것이 목표다. 기존의 산업단지와 다른 점이 있다면 주거와 생활시설, 교육시설이 함께 개발된다는 점이 차이점이다. 또, 민간기업이 개발의 중심이 되어 조성과 분양이 동시에 진행되는 특징이 있다.

2005년 선정된 전국의 6개 시범도시는 원주 지식기반형 기업도시, 태안 관광레저 기업도시, 무안 산업교역형 기업도시, 영암·해남 관광레저형 기업도시, 무주 관광레저형 기업도시 그리고 충주 지식기반형 기업도시였다.

그중 충주 기업도시는 2008년 착공을 시작해 진행속도가 가장 빠른 곳으로, 2012년 말 조성공사가 완료된 상태다. 현재 70%가 넘는 분양률을 자랑하며 우량기업들이 입주해 있어 고용창출에도 이바지하고 있다. 전문가에 따르면 충주 기업도시는 자급자족 형태의 도시로 개발되어 택지 내 투자가 더 적합하다고 전한다.

(자료도움 : 충주 김태현 공인중개사 사무소)

호재1. 충주 기업도시

충주는 기업도시라는 타이틀에 걸맞은 도시개발을 이어나가고 있다. 특히 지식기반형 기업도시로서 연구개발과 산업생산 등 경제활동을 위한 기능은 물론 주거,

교육, 의료, 문화 등 기업 종사자들의 질을 높이기 위한 최첨단 도시 기능까지 함께 갖춘 자급형 복합 신도시로 나아가고 있는 것이다. 충북 충주시 주덕읍, 대소원면, 가금면 일원에서 '넥스폴리스'라는 이름 아래 IT(정보기술산업), BT(생명공학산업), NT(나노기술산업) 중심의 최첨단 부품소재 산업도시로 발전 중이다.

넥스폴리스에서 유치하는 업종은 첨단 전자정보와 부품·소재산업으로 주로 지식산업용지, R&D, 상업·업무용지, 지원시설 및 공공용지, 공동주택용지, 주상복합용지와 단독주택용지 등이다. 기대 효과로는 2020년까지 약 3조의 생산유발 효과와 3만 명의 고용창출 효과를 기대하고 있다.

충주 기업도시가 주목받는 이유는 서울 주변 지역 중에서는 가장 저렴한 토지 가격을 가지고 있기 때문이다. 3.3㎡당 40만 원대의 공장 분양가와 입지 보조금이 50%까지 지원되고 세금 감면 혜택이 있다.

한편, 기업도시 내 일반 주거지역 부지는 평균 3.3㎡당 1백30~1백40만 원이다. 기업도시 가시화 전에는 그저 시골 지역 중 하나로 취급되었던 충주의 농지와 임야가 평균 3.3㎡당 20~30만 원에서 현재 40~50만 원으로 거래량까지 상승되었다.

대박땅꾼의 투자 포인트①

충주 대소원면 본리에 위치한 이 물건은 일반 주거지역 단독주택지로 점포 겸용이 가능한 곳이다. 317㎡ (96평)의 땅으로 대소원면과 첨단산업단지, 기업도시까지 이어지는 중간도로를 끼고 있으며 현재 1억8천만 원에 거래되고 있다.

호재2. 첨단산업단지와 메가폴리스

충주 기업도시의 특징은 주변에 충주 첨단산업단지와 메가폴리스가 자리 잡는다

는 점이다. 충주 첨단산업단지는 200만㎡ 부지
에 2천억 원의 투자 규모로 개발되어 재료, 소재,
정밀기계, 전기전자, 정보 분야를 담당하는 산업
단지로 현재 유한킴벌리, 대유디엠씨 등 30여 개
업체를 유치하고 있다.

　메가폴리스는 충주의 기업유치 증가에 따라 산
업용지 해결과 신산업단지 신설을 선담하기 위함으로 SK건설, 한국투자증권, 토
우건설, 토명종합건설 등이 참여했다. 메가폴리스의 조성으로 4조 원의 생산유발
효과와 1만여 명의 고용유발 효과, 2천억 원의 경제효과가 예상된다. 메가폴리스
의 주요 사업은 생명공학, 신소재, 녹색사업 등 미래성장동력에 관련된 업종이 입주
할 것으로 보인다.

　충주 메가폴리스 산업단지에는 생명공학과 신소재를 중심으로 한 기업을 유치했
고, 당뇨바이오도시 특화와 에코폴리스 지구에는 영국 세인트던스턴스칼리지 한국
분교설립 양해각서를 체결했다. 10만㎡(30,250평) 부지에 분교가 신축되면 상당한
인구 유입이 이루어질 것으로 예상된다.

　더불어 인구의 경우 충주 자체는 인구 이동이 거의 없던 편이었다. 그러나 3년 전
부터 기업도시의 영향으로 인구 유입이 증가하면서 아파트 값이 상승하는 현상을
보였다. 기업도시 완공 시 5만 명이 더 유입될 것으로 보고 있으며, 단지 안에서 자
급자족이 가능하다 보니 주변 지역보다는 단지 안 구획정리가 되어 있는 곳을 투
자하는 것이 좋다는 것이 전문가의 의견이다. 더불어 메가폴리스의 경우 단지 안에
공장만 자리 잡을 예정으로 단지 내 근로자들을 상대로 한 주택 수요가 부족할 것
으로 보인다. 따라서 실수요자들은 근로자들을 대상으로 한 임대사업을 해볼 것
을 추천했다.

호재3. 충주의 교통

충주 기업도시와 함께 눈에 띄는 변화가 있다면 교통 인프라의 개선이다. 서울 출발을 기준으로 충주에 도착하려면 중부내륙고속도로를 이용하게 되는데 평균적으로 1시간이 걸린다.

ⓒ네이버

지난 2013년에는 경기도 평택과 제천을 연결하는 고속도로의 음성-충주 구간이 개통되어 1시간 걸리던 시간이 약 30분 정도로 단축되었다. 또 충북 충주시 노은-북충주IC 간 2차선 도로도 2016년까지 4차선으로 확장된다. 신니-노은, 가금-칠금, 가금-북충주IC 4차로 순환도로의 연결로 충주 도심권과 외곽의 이동이 편리해질 것으로 보인다. 더불어 충청내륙고속화도로가 2017년 완공될 예정이기에 해당 지역의 경제적 가치도 더욱 오를 것으로 전망된다.

여기에 철도교통이 신설될 예정이다. 이천-충주-문경 철도가 신설되면 성남-여주를 잇는 복선전철 및 경북선과 연계해 수도권과 경남권까지 이어지고, 청주국제공항과의 거리도 40분이면 왕래가 가능하다. 또 주변에 산악, 온천, 호반, 레저시설 등이 갖춰져 있다는 점은 충주의 미래가치를 가늠해볼 수 있는 좋은 단서가 될 것으로 보인다.

필자는 투자를 떠나 평창이라는 지역을 개인적으로 좋아한다. 여름에는 일부러 일주일 정도 머리를 식히러 다녀오기도 한다. 평창은 여름철에도 모기가 없고 선선해 에어컨을 안 틀어도 될 정도로 지내기 좋다. 그래서 매년 여름휴가 때는 투자도 투자지만 머리 식히러 다녀오는 지역이 바로 평창이다.

지금도 평창의 투자 분위기는 뜨겁다. 동계올림픽 개최까지 2년 밖에 남지 않았고 2014 소치 동계올림픽이 끝나면서 다시 한번 동계올림픽에 사람들이 관심을 가지게 되어, 평창 지역의 땅을 문의하는 투자자들이 늘었다고 한다. 필자는 평창 지역 중 역세권 인근으로 투자하기를 권유한다. 왜냐하면 기존 IC에서도 가깝고 2018년 동계올림픽 개최 전까지는 완공되는 단기간 투자라는 장점에 특히 박근혜 정부에서 가장 공을 들이고 있는 사업 중의 하나이기 때문이다.

다만 평창의 아쉬운 점은 농지비율보다 덩어리가 큰 임야가 많아 소액투자가 힘들다는 것이다. 투자 동호회나 카페를 통한 공동투자를 이용하는 것을 추천하지만, 지분투자보다는 도로를 낀 상태의 필지분할로 투자해 추후 매도가 수월할 수 있도록 해야 한다.

또, 투자를 하게 된다면 2018년 전후로 매도하고 나와야 하기 때문에 지금 시기가 마지막 투자 적기라고 볼 수 있다.

평창은 천신만고 끝에 동계올림픽 유치에는 성공했지만, 두 번의 유치 실패가 가져온 부동산 하락세는 좀처럼 해결되지 않고 있었

ⓒ네이버

다. 그러나 2015년 1월 10일 문화체육관광부에서 사업비 3조3천억 원을 투입해 '올림픽 명품도시'를 조성한다고 발표해 다시 또 평창권이 술렁거리고 있다. 지역·

환경적으로 울창한 산림과 상쾌한 공기, 맑은 물이 샘솟는 평창은 오래전부터 관광지 및 전원주택지로 인기를 끌던 지역이었다. 현재는 동계올림픽 개막일이 서서히 다가오고 정부의 개발 발표가 이어지자 등을 돌렸던 투자자들이 되돌아오는 회귀현상이 일어나고 있다.

평창은 동서의 가교역할을 하고 있다. 도로망이 발달해 서울 수도권과 동해권 모두 2시간 남짓이면 도달할 수 있으며, 고산이 많아 다수의 스키장과 리조트가 활성화되어 있다. 따라서 삼림욕장과 같은 힐링센터, 자연 속에서 생활하는 전원주택사업, 겨울 스포츠를 보다 알차게 보낼 수 있는 스키용품 및 주택임대사업 등이 각광받고 있다. (자료 도움 : 신평창 공인중개사 조기덕 대표)

호재1. 올림픽 명품도시 조성

소치 동계올림픽이 성공리에 폐막하자 차기 개최지인 평창은 이보다 나은 성공을 위해 일사불란한 모습을 보이고 있다. 여태까지 다소 지지부진했던 개발사업들이 정부, 지자체, 시민의 뜻이 한마음 한뜻으로 모여 박차를 가하기 시작해, 톱니바퀴처럼 탄탄한 호흡을 자랑하고 있다.

©네이버

평창, 강릉, 정선 3개 시·군 일대 27.4㎢ 지역이 입지 특성과 보유자원, 올림픽 대회 활용 기능성 등에 따라 5개 특구 11개 사업지구로 지정될 예정이다. 5개 특구는 설상 경기와 개·폐회식이 열리는 평창군 대관령·진부면 일원의 '평창 건강올림픽 종합 특구', 강릉 빙상경기장과 경포호 인근에 '강릉 문화올림픽 종합 특구', 스노보드 경기가 개최되는 봉평면 일원의 '봉평 레저·문화 창작 특구', 강릉시 옥계면에 '금진 온천 휴양 특구', 정선 중봉 활강스키 경기장 일원에 '정선 생태체험 특구'다. 이 사업에는 관광개발과 진흥, 올림픽 지원, 주거·도시경관, 교통·생활 인프라 부문 등으로 구성됐으며 향후 20년간 총 3조3천억 원의 사업비가 투입될 계획이다.

무엇보다 이번 특구 지정은 경기장 및 도로 등과 같은 대회 관련 시설에 비해 민간투자 의존도가 높아 상대적으로 준비가 미진했던 올림픽 숙박시설 등의 관광 인프라 확충에 기폭제가 될 것으로 보인다. 따라서 강원도는 대회직접시설과 특구를 제외한 지역에 '토지거래계약허가 구역' 설정 해제를 조속히 추진할 예정이다.

호재2. 겨울 스포츠와 교통 인프라

동계올림픽 유치로 인해 평창은 겨울 스포츠의 중심지로 우뚝 서게 된다. 이미 휘닉스파크, 용평리조트, 웰리힐리파크 등의 대표적인 스키 리조트가 이곳에 소재하고 있다. 따라서 임대주택, 펜션, 장비용품 상가 등의 겨울 스포츠 목적의 사업들이 크게 활성화될 것이다. 또한 동계올림픽 시즌이 도래하기까지 많은 관광객 수요를 충당할 수 있는 먹거리 장터, 테마파크, 아울렛 등이 연이어 조성될 것이기에 관광보다 미래도시의 이미지가 더욱 부각될 전망이다.

원주-강릉 복선전철 개발은 이와 같은 특구 지정에 날개가 될 전망이다. 거주민들의 발 역할과 함께 관광객의 교통 편의를 확보할 수 있기 때문이다. 평창역의 경우는 대화면 일대에 특구가 조성됨으로 휘닉스파크를 이용하려는 관광객이 많이 애용할 것으로 예측된다. 특히 원주-강릉간 복선전철의 정차역인 둔내역, 평창역, 진부역 일대 1㎞ 이내를 눈여겨봐야 한다.

또한, KT&G는 봉평면 유포리 일대에 고려인삼의 우수성을 홍보하고 체험, 휴식할 수 있는 대규모 홍삼힐링센터를 조성할 계획이다. 총 407만㎡(약 123만 평) 부지로 개발되며 농장·체험시설·인삼박물관·치유의 숲, 400여 실 규모의 자연건강휴양촌, 물 놀이터, 야영장, 루지 코스 등이 설치될 계획이다.

그 외에도 6번 국도를 확장해 서울에서 평창까지의 접근성을 보다 높이고, 홍천-봉평간 도로를 신설하며, 서울춘천고속도로 등도 예정돼 있다. 제2영동고속도로 역시 인접지인 원주까지 계획돼 있어 평창으로의 접근성은 더욱 강화될 것으로 보인다.

대박땅꾼의 투자 포인트①

Ⓒ네이버

봉평면 무이리 계획관리지역에 지목이 전인 토지다. 총 31,400㎡(약 9,500평) 크기로 3.3㎡당 가격은 12만 원이다. 토지 투자 목적 외에 펜션, 전원주택, 야영장 등으로도 충분히 개발이 가능하다. 인근 지역 지가가 3.3㎡당 25~30만 원인 것과 비교하면 매우 저렴해 가격 경쟁력의 우위를 갖추고 있고, 향후 지가상승도 기대할 수 있다. 거리 역시 동계올림픽 경기장인 휘닉스파크에서 2.5㎞에 불과하다.

대박땅꾼의 투자 포인트②

Ⓒ네이버

봉평면 무이리 인근에 4,100㎡(약 1,240평) 크기의 전 매물도 있다. 계획관리지역이면서 개발진흥지구, 제2종 지구단위계획구역이다. 1층은 상업시설인 콘도형 펜션으로 운영하거나 빌라 등으로 조성할 수 있다. 3.3㎡당 가격은 1백80만 원이지만 인접지 토지 거래가가 3.3㎡당 2백만 원을 상회하는 것과 비교해보면 결코 비싸다고 볼 수 없다. 휘닉스파크에서 0.8㎞ 떨어진 거리에 위치하고 있으며 중심도로인 408번 2차선 도로에 인접해 있다.

'평택지원특별법'을 아는가? 평택지원특별법은
주한미군기지 이전에 따른 평택 등의 지원에 관한
특별법이다. 이 특별법에 따라 평택에는 고덕국
제신도시, 평택항 등에 수혜가 돌아가 주민들의
생활이 개선되고, 투자처로서도 각광받고 있다.
더불어 KTX, GTX, 평택-원주 복선전철, 산업철

©네이버

도를 포함한 총 6개의 교통망 확충으로 광역복합환승센터까지 설립될 예정이다.
이제부터 수도권 토지 투자처 중 가장 인기 있는 지역인 평택의 투자호재에 대해서
알아보자. (자료 도움 : 롯데1번지 부동산 유승호 대표)

호재1. 대기업의 영향권, 고덕국제신도시

대한민국 경제에서 대기업이 차지하는 비중은 절대적이다. 대기업이 망하면 나라
가 흔들린다는 말처럼 그들의 힘은 막강하다. 이러한 대기업 중에서도 우리나라 최
고 기업인 삼성이 평택 고덕지구 392만㎡(120만 평)에 1백조 원을 투입하여 산업
단지를 건설한다. 이는 기존 수원 사업장의 2.4배이고, 화성 사업장의 2.6배, 아산
탕정사업장의 1.6배에 달하는 큰 규모다.

삼성산업단지가 들어서는 고덕국제화계획지구는 서정리역을 중심으로 현재 1단
계 사업인 446만㎡(135만 평)가 착공에 들어간 상태로, 삼성전자의 배후 주거도시
가 될 예정이다. 차차 행정타운이 들어서는 2단계와 국제교류특구로 지정되는 3
단계도 순차적으로 마무리될 예정이다. 즉, 자족형 신도시로서의 역할을 하게 되는
것이다. 사정이 이렇다 보니 고덕면의 계획관리 농지도 3.3㎡당 1백50~3백만 원에
거래가 되고 있으며 최고 6백만 원에 이르는 곳도 있다.

또 진위면에는 LG전자가 존재한다. LG전자는 기존 56만㎡(17만 평)에서 추가로 112㎡(34만 평)의 산업단지를 확장할 계획이다.

고덕면의 경우 현재 창고와 공장부지는 3.3㎡당 1백20만 원에 거래되고 있는데, 실수요자라면 주택용지보다는 산업단지를 고려한 창고나 공장부지를 추천한다. 더불어 진위면은 근린상가용지와 식당, 원룸 등의 수요가 부족해 실수요 투자자들이 사업을 한다면 위와 같은 사업을 추천한다. 진위산업단지 안 부지는 3.3㎡당 2백50만 원 선에 거래되고 있고, 수요가 많은 것에 비해 공급이 없는 실정이다. 따라서 인근 견산리와 하북리로 시선을 돌려보는 것도 좋다. 공장부지로 적합한 계획관리 땅이 3.3㎡당 1백30~1백60만 원에 거래되고 있지만 단, 투자자들은 최소 5년이 지난 후 되팔 것을 추천하는 바이다.

대박땅꾼의 투자 포인트①

평택 고덕면 궁리 계획관리지역에 자리 잡은 이 물건은 379㎡(114평)의 전과 임야다. 고덕국제신도시와 삼성전자 고덕산업단지 남측 경계에 인접해 있고, 2차선 도로에 접해 있어 투자가치 높은 입지 조건을 가지고 있다. 38번 국도까지 3분이 걸리며, 주변 실거래 시세가 3.3㎡당 2백~2백50만 원에 거래되는 것에 비해 저렴하게 나온 상태다. 이유는 필지에 봉분이 한 개 존재하는데, 협의에 따라 조정이 가능할 수 있을 것으로 보이며 총 8천2백만 원에 거래되고 있다.

호재2. 팽성, 제2의 이태원 되나?

2016년 주한미군기지 이전을 위해 공사가 진행 중인 팽성을 주목해야 하는 이유는 동북아 최대의 기지로 미군 및 그 종사자 8만여 명이 이동할 것이라는 전망 때문이다. 이 인구 유입으로 팽성이 제2의 이태원과 한남동 같은 상업지역으로 거듭날

것이라는 기대감도 존재한다. 그동안 주한미군
기지 이전 문제가 몇 차례나 연기됨에 따라 5~6
년 전에 활기를 띠던 렌탈하우스들이 경매로 우
르르 쏟아져 나오기도 했지만 그 경매물건도 최
근에는 잡기가 힘들 정도로 인기가 높다.

팽성 주한미군기지, 두정리, 신대리,
노양리, 아산호 다리 위치 ⓒ네이버

  현재 팽성읍은 농지가 대다수로, 다른 지역에
비해 2~3년 정도의 단기투자가 가능한 지역으로
탈바꿈하고 있다. 농지의 시세는 3.3㎡당 90~1백만 원에 거래가 되고 있으며 팽
성읍 안정리의 인구밀집지역은 도시지역으로, 제1종 일반주거지역이 3.3㎡당 2백
50~3백만 원에 거래된다. 그 외 관리지역은 3.3㎡당 70~80만 원에 지가가 형성되
어 있다. 전문가들은 해당 지역의 토지 구입 후 음식, 상가 등으로 수익을 내는 것
이 실수요자들에게 도움이 될 것이라고 전했다.

  추가적으로 주목해야 할 지역은 바로 신대리, 노양리, 두정리 일대다. 이 일대는
아산호와 접해 있는데, 팽성이 미군의 주둔지가 됨에 따라 현덕면과 도두리에 아산
호를 가로지르는 다리가 놓이게 된다. 다리의 효과로 경유지가 되는 신대리, 노양
리, 두정리는 지가상승이 불가피할 것으로 보인다. 아산호는 호수의 역할뿐만 아
니라 미군의 대형 함대가 들어섬에 따라 주요 군사거점으로 성장할 것으로 보인다.

대박땅꾼의 투자 포인트②

강변에 인접한 입지 조건을 가진 이 물건은 팽성읍
노양리에 위치한 1,894㎡(572평) 생산관리지역의 답
이다. 현재 3.3㎡당 50만 원에 거래 중이며 주변이
조용하고 시내와 떨어져 있어 미국인이 선호하는 고급주택지로도
최적의 위치. 미군기지와 차로 5분 거리에 있어서 외국인 임대
주택에 적합하고 3필지로 분할 매매도 가능하다.

호재3. 평택항의 잠재력

평택항이 있는 포승읍은 개발호재가 다양한 평택 지역 내에서도 저비용, 고수익이 예상되는 지역이기도 하다. 황해경제자유구역에 속하는 포승지구는 이미 보상 착수에 들어간 상태고, 현덕지구는 기업 공모 중이다. 포승읍에 해당하는 평택항은 애초에 인천의 1.5배에 해당하는 규모로 계획되어 있으나 완공 부두는 40%에 그친 상태다.

우리가 주목해야 하는 점은 과거 무역의 중심이 태평양을 건너는 데 초점이 맞춰져 있었던 것에 비해, 지금은 중국과의 거래가 중요하게 이루어지고 있다는 점이다. 기존의 항만과 비교해 평택항은 중국과의 거리가 가깝다.

평택항이 자리 잡은 평택 서부권은 안중읍, 현덕면, 포승읍이 속한 지역으로 이곳에서 충남 당진까지는 금방이다. 이 서부권을 중심으로 현대제철, 동국제강 등의 철강산업단지와 국가산업단지인 고대, 부곡, 송산지구 등에 공장들이 만들어지고 있다.

더불어 안중읍과 오성면도 훌륭한 투자처가 될 곳이다. 이들은 고덕국제신도시와 평택항의 후광에 가려진 저평가된 지역이었으나 서해안 복선전철이 자리 잡게 됨에 따라 평택항과 안중역세권이라는 시너지로 앞으로의 전망이 더 밝은 곳이다.

따라서 투자자들은 이 평택항을 중심으로 투자 포인트를 잡는 것이 중요한데, 산업단지의 수혜지역으로 각광받는 포승 지역의 계획관리 농지는 보통 3.3㎡당 50~1백만 원에 지가가 형성 중이지만 앞으로 두 배 정도의 시세차익을 기대할 수 있다. 공장부지의 경우 3.3㎡당 70~80만 원에 거래가 가능하고, 추천 사업인 원·투룸 임대사업이나 숙소부지들은 기반시설 유무에 따라 3.3㎡당 1백50~2백50만 원에 거래할 수 있다. 이 일대는 향후 5년 동안 호황을 누릴 것으로 예상되기 때문에 5년 이후 매도하는 것이 적합하다고 현지 전문가는 조언했다.

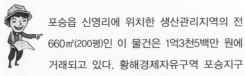

포승읍 신영리에 위치한 생산관리지역의 전 660㎡(200평)인 이 물건은 1억3천5백만 원에 거래되고 있다. 황해경제자유구역 포승지구 수용 지역 바로 옆에 있는 토지로 평택항의 배후 지역으로 지가상승이 예상된다. 고덕국제신도시 인근 지역에 대비해 상대적으로 저렴한 가격을 자랑하고, 저평가되어 있다

는 점도 매력적이다. 특히 이 물건은 즉시 주택이나 제1종 근린생활시설이라면 바로 건축이 가능하고, 도로와 수평이라 건축 시에 토목비용도 절감되는 곳이다. 4m 도로와 접해 있으며 구거 점용도 가능하다. 경지정리가 되지 않은 농지고, 생산관리지역이기는 하지만 평택항 배후 지역 개발로 인해 개발용지가 부족하게 되면 용도지역 종상향의 가능성도 있다.

호재4. 제2서해안고속도로

고덕국제신도시에서 멀지 않은 지제역은 앞으로 신평택역이라는 이름으로 탈바꿈하게 된다. 앞서 설명한 광역복합환승센터로서 KTX, GTX 등이 이곳에서 모인다.

서해안 복선전철만큼이나 중요한 것이 바로 제2서해안고속도로다. 지난 2013년 개통한 시흥에서 시작된 이 도로는 평택을 지나 홍성까지 연결되는 11.9㎞ 고속도로다. 그간 정체가 극심했던 서해안고속도로의 교통량을 분산하고, 송산그린시티와 시화멀티테크노밸리(시화MTV) 등 서해안 신도시의 교통 수요를 받아내기 위해 이루어진 것이다. 더불어 황해경제자유구역, 평택항의

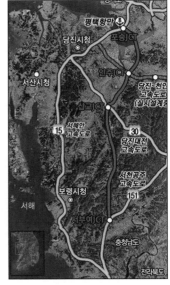

제2서해안고속도로 ⓒ네이버

기간도로망으로서 충남도청 이전 도시의 광역도로가 되었다.

특히 제2서해안고속도로에서 가장 떠오를 지역은 서평택IC다. 과거만 해도 서평택IC 인근 땅은 별 볼 일 없었다. 그러나 평택항이 커지면 물자를 이동시킬 수 있는 가장 가까운 고속도로가 서평택IC라는 점에서 중요성이 커졌다. 또, 평택항 인근 평택포승2일반산업단지와 5만 명이 입주한다는 화양지구 호재로 서평택IC 주변에는 배후 주거지가 부족해질 전망이다. 따라서 자연녹지와 계획관리지역에 투자한다면 앞으로 개발 압력에 따라 순차적으로 용도지역의 종상향도 이루어질 것으로 보인다.

서해선 복선전철, 유니버설 스튜디오, 각종 택지개발로 투닥거리는 소리가 화성에 울려퍼진다. 수많은 개발사업으로 바쁜 화성이지만 그중에서도 관광과 레저의 도시로 도약하기 위해 준비하는 송산과 트리플역세권으로 개발되는 향남이 단연 돋보인다.

©네이버

송산의 경우 유니버설 스튜디오, 해양산업단지를 비롯해 서해안 벨트의 거점으로 육성되며 많은 투자자가 관심을 보이고 있는 투자처. 특히 평택-시흥 고속도로와 화성 매송면 천천리에서 송산면 고정리까지 이어지는 4차선, 상수도 등의 기반시설이 작업 중이어서 추후 인구 유입과 일자리 창출에도 크게 기여할 곳으로 알려져 있다.

또, 향남의 경우 화성시에서 인구 1백만 유입과 계획도시 발전을 위해 중심지로 개발한다는 플랜을 가진 곳이다. 최초 기본계획에 따라 동탄과 남양이 1도심, 향남이 1부도심이 돼야겠지만, 지난 2012년 향남을 1도심으로 격상시킨다고 발표하기도 했다.

지금부터 수도권에서 가장 뜨거운 관심과 역동적인 움직임으로 가득한 지역 중 하나인 화성에 대하여 알아보자. (자료 도움 : 친구부동산 김제형 대표, 조은토지연구소 김영권 대표)

호재1. 화성의 복합도시 송산그린시티

먼저 송산은 '그린시티'로 유명하다. 송산그린시티는 정부가 시화호를 중심으로 생태환경보전과 관광, 주거를 결합시킨 도시로 만들고자 하는 곳이다. 송산그린시티 내 자리 잡게 될 유니버셜 스튜디오와 국립자 연사박물관은 화성 관광의 주역이 되어줄 것으로 보인다. 그중에서도 투자자의 입장에서 주목해야 하는 것은 시화MTV의 존재다.

시화호 너머 멀리 멀티테크노밸리가 보인다.

시화MTV 개발사업은 시화호에 복합산업단지를 조성하는 것이다. 송산그린시티는 시화MTV 와 안산 근로자들의 배후 주거지가 될 곳으로 예상하고 있다. 게다가 산업단지로 인해 실수요 사업자들의 사업부지로도 손색이 없다. 하지만 송산그린시티 주변의 지가는 매력적인 만큼 높은 편이다. 대지의 경우 3.3㎡당 1백~1백10만 원에 형성되어 있다. 계획관리지역 농지와 임야의 경우도 3.3㎡당 60~70만 원이 대부분이다. 그러나 송산그린시티와 인접한 송산면 고정리 일대 토지는 투자 시 가장 큰 수혜를 받을 지역으로 각광받고 있다.

이 지역에서는 산업단지 근로자들을 위한 전원주택과 원룸사업, 산업단지의 영향을 받는 공장과 창고사업을 추천한다고 전문가는 전했다. 이 일대에 공장허가가 나올 수 있는 땅의 경우 3.3㎡당 70만 원 이상을 호가하지만 평택과 시흥을 잇는 고속도로가 존재해 교통의 큰 이점으로 작용해 투자에 도움이 될 것으로 보고 있다.

송산그린시티 안에는 서해안 복선전철의 시발점이자 종착지이기도 한 송산역세권이 존재한다. 현재 이 일대는 다수의 기획부동산이 활개를 치고 있어 특히 주의가 요구된다.

송산역은 공룡알 화석지와 문호리의 경계선상에 위치하는데, 송산역사가 들어섬에 따라 문호리, 시리, 원천리가 송산역의 수혜지가 될 것으로 예상하고 있다.

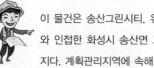

이 물건은 송산그린시티, 유니버셜 스튜디오 개발지와 인접한 화성시 송산면 고정리의 945㎡(286평) 대지다. 계획관리지역에 속해 있으며 농가주택 82㎡(25평)를 포함하고 있다. 주변의 시세가 3.3㎡당 1백20~1백50만 원에 거래되고 있음에도 3.3㎡당 1백10만 원에 나온 매물이다. 향후 송산그린시티로 인해 최고 수혜지로 부각될 예정이다.

호재2. 전망이 밝은 산업단지들

화성 지역의 전망이 밝은 것은 관광뿐만의 이야기는 아니다. 송산과 인접한 서신면 전곡리에 위치한 해양산업단지는 185만㎡(55만9천 평)의 부지에 해양산업의 육성과 발전을 위해 선박설계, 수리, 제조, 연구를 담당하는 곳으로 육성될 예정이다. 이 일대는 이미 지난 2013년 첫 입주 기

화성 송산그린시티 인근 산업단지 ©네이버

업이 착공에 들어갔다. 이에 따라 서신면 일대의 대지는 3.3㎡당 90~1백10만 원에 지가가 형성 중이다. 농지는 3.3㎡당 50~60만 원, 임야는 3.3㎡당 40~50만 원에 형성되어 있으며 전문가는 산업단지가 인접해있는 만큼, 공장과 제조장부지로 활용하는 것을 추천했다. 또 주변 경관이 아름다워 전원주택지와 세컨하우스 등으로도 손색이 없다.

더불어 한화에서 개발한 바이오밸리도 주목해야 하는 사업이다. 마도면 청원리 일대는 2013년에 비해 2015년 1월 기준으로 지가가 조금 올랐다. 가장 큰 호재인 바이오밸리에는 170여 개의 기업이 입주 예정인데 이 일대의 단점은 주거공간이 적다는 점이다. 따라서 원룸과 주택 수요가 클 것으로 보여, 토지 투자 후 건물을 건

축하여 수익형 부동산을 활용하는 것도 방법이라고 전문가는 전했다. 마도면의 대지는 3.3㎡당 1백~1백20만 원에 달하며 농지 3.3㎡당 60~70만 원, 임야는 3.3㎡당 50~60만 원이다.

대박땅꾼의 투자 포인트②

이 토지는 서신면 홍법리에 위치한 750㎡(277평)의 관리지역 답이다. 2차선 도로에 접해 있는 코너 땅으로 도로와 땅의 높이가 동일하다. 해양산업단지와 마도면 청원리 바이오밸리의 중간쯤에 위치해 있다. 3.3㎡당 73만 원에 지가가 형성 중이지만, 광고효과가 좋고 위치가 좋아 앞으로 시세차익이 기대되는 땅이다.

호재3. 결국에는 될성부른 땅, '향남역 예정지'

화성에 있어 가장 뜨거운 투자처는 향남역세권이다. 서해안 무역이 증가하면서 만들어지는 서해안 복선전철의 종착역이 송산이 된다면, 향남역 역시 이 서해안 복선전철이 지나가게 된다. 또, 강남과의 거리를 30분으로 줄여주는 분당선과 신분당선이 향남역으로 모인다. 즉 향남역은 화성의 트리플역세권이 되는 셈이다.

향남역 예정지 ⓒ네이버

특히 서해선 복선전철은 주요 국책사업의 일환이다. 2000년대에 들어서며 중국과의 무역량이 심화됨에 따라 동해와 남해에 모여 있던 무역항들이 서해로 이동하기 시작했다. 이에 따라 서해안을 중점으로 한 내륙 교통의 발전은 경부선에 집중된 물동량을 분산시키게 했다. 특히 향남은 각종 산업, 공업단지 등의 배후 주거지로서의 성장 가능성에 따라 3도심권으로 격상된 것이다.

향남역세권은 하길리, 제암리, 평리를 아우르며 영향을 끼칠 것으로 보인다. 이에 해당하는 생산녹지의 경우 3.3㎡당 90~1백10만 원에 지가가 형성되어 있는 상태다. 현지 부동산 전문가의 조언으로는 향남2택지지구와 이마트가 들어설 예정인 방축리를 투자 포인트로 잡아주었다.

향남2택지지구는 현재 공사가 진행 중인 곳으로 이미 향남1택지지구를 통해 기반시설 등이 갖추어져 있어 빠른 진행률을 보이고 있다고 전했다. 또 이마트가 함께 들어오면서 교통이 원활해져 대도시로의 준비 과정을 밟고 있다. 택지지구 개발이 완료되면 화성 외곽에 주둔해 있는 각종 공장들의 배후 주거지로서의 역할을 향남이 담당하게 된다. 다만, 현재 국책사업의 예산이 2018년도에 있는 평창 등으로 몰리면서 송산과 향남 모두 예산지원이 더뎌졌지만 서해선 복선전철과 새만금사업이 원활하게 이루어지기 위해서는 개발이 필연적인 곳이다.

하길리의 경우는 작은 공장부지로 적합하여 도로변에 붙은 곳이 3.3㎡당 1백50만 원 이상을 호가한다. 화리현리의 경우, 대지는 3.3㎡당 2백만 원, 공장부지는 3.3㎡당 1백~1백50만 원에 형성되어 있으며 앞으로 방축리와 함께 최대 수혜지역으로 꼽힌다.

대박땅꾼의 투자 포인트③

해당 사진은 향남2택지지구로 역세권 부근에 개발이 진행되고 있는 모습을 볼 수 있다. 제암리의 생산녹지인 이곳은 3.3㎡당 60만 원에 형성되어 있다. 주변 역세권의 영향을 그대로 받아들이게 될 것으로 보이며, 차후 최대 수혜지역이기도 하다.

향남역 예정지 ⓒ네이버

1장

1번 〉 전(밭), 답(논) 같은 농지는 임야보다는 비싸지만 도심권과 가까울 확률이 높다. 또 농지에 투자하면 소작농으로부터 경작물의 10∼20%를 받을 수 있는데 쌀은 991∼1,322㎡(300∼400평) 당 80㎏ 정도 되기 때문에 이 역시도 쏠쏠한 수익이라고 볼 수 있다. 농지에 투자하는 경우 별도의 추가금을 들이지 않기 위해 답(논)보다 10∼20% 더 비싼 전(밭)을 구입하는 경우가 많은데, 답은 주변보다 땅이 꺼져 있는 경우가 많음으로 성토 비용을 주가로 생각해야 한다.

임야는 농지의 절반 가격 이하로도 구입할 수 있다는 장점이 있지만 땅의 경사가 있고 나무가 많다면 손을 댈 곳도 많아서 추가비용이 많이 든다는 단점이 있다. 만약 임야를 구입해 건물을 짓겠다고 생각한다면 땅을 평평하게 만들기 위해 경사도를 줄이는 정지작업과 나무를 벌목하는 작업을 해야 한다. 당연히 추가비용이 들 수 있기 때문에 땅을 구입하기 전에 건축 사무실에 의뢰한 후 구입하는 것이 현명하다.

2번 〉 땅은 봄, 여름, 가을, 겨울 사시사철 살 수 있지만 땅을 살 때 계절별로 확인하기 쉬운 것이 있고 확인하기 어려운 것이 있다. 우선 겨울에는 다른 계절에는 쉽게 확인할 수 없는 '언 땅'인지를 확인할 수 있다. 땅이 언다는 것은 해당 토지 주변에서 미끄러움으로 인한 사고가 잘 날 수 있고, 건물 건축 시에도 햇볕이 잘 들지 않는다는 이야기가 된다. 이는 전원주택 건축 시 일조권과 난방과 관련되는 문제이기 때문에 매우 중요하다. 더불어 겨울의 특성상 임야는 낙엽이 떨어지고, 농지는 수확을 마친 상태여야 땅 모양을 잘 살필 수 있다.

반면 여름에는 겨울과 달리 주변에 축사가 있을 경우 냄새 여부를 바로 확인할 수 있다. 또, 다른 계절과 달리 '장마'라는 특수성을 가지고 있어 장마 기간이 지난 후에는 답사를 통해 땅이 꺼지는 곳이 어딘지 확인할 수 있다. 장마로 꺼진 땅은 평소에도 튼튼한 지반이 아니라는 뜻이기에 투자 시 주의해야 한다.

3번 〉 역에서 무조건 가까운 곳이 답이라고 생각하는 사람들도 많겠지만, 만약 두 곳의 가격이 차이가 크지 않다면 2번이 정답이다. 역사와 가까운 곳은 강제수용을 당할 가능성이 높다. 우리가 흔히 역에서 볼 수 있는 부대시설과 주차장, 광장들이 역사와 가까운 곳에 조성되기 때문이다. 이때 보상이 이루어지더라도 투자 금액에 훨씬 못 미치는 금액일 확률이 높기 때문에 역세권에 투자할 때는 500m∼1㎞ 이내의 땅을 주목하자. 단, 수도권에서 벗어난 지방으로 갈수록 역세권 근방 1㎞가 넘으면 개발이 되지 않을 수도 있으니 이 점도 주의해야 한다.

4번 〉 정답은 1번이다. 산업단지 설립이 예정된 지방 IC 인근 땅이 더 좋다. 부동산을 전문적으로 하는 사람 중에는 수도권만이 답이라고 말하는 사람들을 종종 볼 수 있다. 하지만 수도권은 사실상 토지의 지가상승이 더 이상 어려운 지역임을 알아야 한다. 반면, 산업단지가 설립된다는 것은 향후 지가상승의 호재 역할을 할 수 있는 확실한 재료가 되어주기 때문에 1번 땅을 선택하는 편이 차익을 노릴 수 있다.

나의 큰어머니 사례를 소개해 보자면 큰어머니는 오래전 대전–당진간 고속도로 고덕IC 인근 땅 6,611㎡(2,000평)을 2000년 초반부터 가지고 계셨는데, 처음 구매를 할 때는 3.3㎡당 10만 원도 안 되는 땅이었으나, 2008년도에 IC가 뚫리며 현재는 3.3㎡당 40만 원까지 올랐다.

땅 투자라면 IC와 함께 챙겨서 확인해야 할 것이 바로 산업단지의 조성이다. 사실 IC가 생기는 것만으로도 지가는 두 배로 뛸 수 있지만, 산업단지가 함께 있으면 몇 배로 더 오르기 때문이다. 산업단지가 없는 당진 면천IC 인근 땅의 시세와 산업단지를 품고 있는 고덕IC 인근 땅의 시세 차이를 생각해 본다면 땅에 대해서 모르는 사람도 아마 고개를 끄덕일 것이다.

2장

1번 〉 실제로 현장답사를 사람들과 함께 나가보면 대부분 물길이 보이면 무조건 안 좋게 보는 경향이 있다. 그러나 구거 점용허가를 받아 복개(덮개를 씌워 겉으로 보이지 않게 하는 일) 공사를 해주면 토지가 넓어지고 시세가 회복되거나 차후 상승할 가능성이 높아진다. 바로 땅의 활용도가 높아지기 때문이다. 더불어 일부 구거와 닿아 있는 4m도로는 2차선 도로로 확장될 여지가 있다.

2번 〉 1번은 가드레일 때문에 현장감도 좋지 않을뿐더러 오히려 가드레일 때문에 주변 시세보다 지가가 낮은 경우가 대부분이다. 하지만 가드레일을 없애면 시세가 회복되면서 차익을 얻을 수 있다. 또 도로 주변에 땅이 꺼져 있는 경우는 추락위험 때문에 가드레일을 설치하기도 하는데, 성토를 하면 다시 시세가 오를 수 있다. 즉 약간의 보수를 통해 땅의 가치를 높일 수 있는 방법이 있다는 사실을 기억하자.

2번의 경우도 언덕이 있어서 현장감이 좋지 못하다. 이런 경우에는 1번과는 반대로 절토 작업을 하기도 하는데, 만약 건축을 생각한다면 언덕진 땅을 있는 모습 그대로 활용하기도 한다. 해안가 주변, 관광지 주변 땅에 건축하는 경우에는 이렇게 언덕진 땅을 찾는 사람도 많다. 제주도처럼 해안가가 평탄한 지역일수록 언덕은 조망권을 확보하기에 적합한 땅이 될 수 있기 때문이다. 단순하게 언덕진 땅을 피할 것이 아니라 지역적 특성까지도 고려해 땅의 활용법을 생각하는 것이 바람직하다.

3번 〉 이번 문제는 답이 정해져 있지 않다. 그러나 만약 미래가치를 중요하게 생각한다면 1번이 좋다. 지적도상에서 도로는 현재 4m 정도의 작은 도로지만, 빨간선이 계획대로 도로확장이 된다면 시세의 두 배까지 오를 수 있다. 당장은 눈에 띄지 않아 현장감이 느껴지지 않지만 토지이용계획도로 볼 때는 가치가 높은 토지다. 단, 계획도로가 계획대로 확장된다는 전제 하에서. 또, 내가 사려는 땅의 전체 면적 중 절반 이상을 계획도로가 차지하는 경우에는 주의해야 한다. 도로 확장 후 면적이 작아 건축이 안 되는 쓸모없는 땅만 남겨질 수 있기 때문이다. 도로 건설 후 남는 땅이 얼마나 되느냐를 미리 살 따져보고 투자해야 한다.

반면, 현황도로도 무시할 수 없다. 현황도로는 특히 당진·서산·태안 등의 지방에 많은데, 현황도로가 있는 경우에는 지적도상에 도로가 없어도 건축이 가능한 지역이 있다. 당장 토지를 사용하거나 건축 등의 행위를 할 사람이라면 지적도상 도로가 아니라는 이유로 저평가된 현황도로에 접한 땅을 눈여겨보는 것이 좋다. 물론 모든 현황도로가 건축이 용이한 것은 아니니 지자체 건축과에 우선 문의하는 것을 추천한다.

4번 〉 '접도구역'이라는 말을 아는 사람은 아예 1번은 생각지도 않았을 것이다. 접도구역은 도로구조의 보존 등을 위해 지정되는 구역으로 토지의 형질을 변경하거나 신축, 개축하는 행위가 금지된 구역이기 때문이다. 그러나 1번처럼 노란 네모 정도 크기의 접도구역은 좋은 투자지가 될 수 있다. 만약 661㎡(200평)의 대부분이 접도구역에 닿아 있다면 구입해서는 안 되지만, 이러한 접도구역이 사고자 하는 땅의 3분의 1 미만으로 속해 있다면 투자를 진행할 만하다.

발상의 전환을 해보자. 내 땅 중 접도구역을 제외한 곳에만 건물을 세우고, 접도구역은 주차장으로 활용하면 오히려 가게를 차리거나 건물을 세웠을 때 이 땅을 더욱 용이하게 사용할 수 있다. 또 만약, 2차선이 4차선으로 늘어나게 된다면 접도구역이 도로에 편입되는 것이기 때문에 내 땅이 도로에 접한 땅이 되면서 훨씬 많은 차익을 기대할 수 있다. 단, 접도구역에 속한 땅 역시 계획도로처럼 전체 면적의 2분의 1이 넘어가면 투자가치는 높지 않으니 주의해야 한다.

3장

1번 〉 정답은 2번이다. 만약 전형적인 땅 투자 초보자라면 1번을 선택했을 것이다. 초보자들은 보전관리지역에 대한 의미를 잘 모르기 때문이다. 초보 투자자라면 땅에 투자할 때는 반드시 용도지역을 확인해야 한다. 보전관리지역은 보전을 위한 지역이기 때문에 이곳에 지을 수 있는 것이라고는 농가주택 정도가 전부다. 반면 신도시의 배후 주거지로 주로 편입되는 계획관리지역의 경우에는 원룸, 다가구, 근린생활시설 등을 건축할 수 있기 때문에 소액투자로도 메리트가 있다는 사실을 기억하자. 더불어, 도시의 확장 시에도 종상향의 가능성이 높다.

2번 〉 투자 목적에 따라 답이 달라진다. 개발지 인근 계획관리지역과 개발지 인근 자연녹지지역은 저마다의 장점을 갖고 있으므로 용도에 따라 맞게 매입하는 것이 현명하다. 계획관리지역 땅은 건폐율 40%, 용적률 100%이므로 건축이 용이하지만 자연녹지지역 땅은 건폐율 20%, 용적률 80%이기 때문에 건축을 위해서는 평수가 661㎡(200평) 이상은 되어야 효율적이다. 그래서 실제로 건축할 투자자라면 평수가 작아도 계획관리지역에 투자하는 것이 적합하며, 시간이 걸리더라도 높은 시세차익을 생각하는 투자자라면 주거지 편입 시 건폐율 200%, 용적률은 세 배 이상으로 증가할 수 있는 미래가치가 높은 자연녹지지역에 투자하는 것이 옳다.

3번 〉 보기에 좋은 땅과 수익을 주는 땅은 다르다. 1번과 2번 두 가지 땅 중에서 투자 수익이 높은 곳은 바로 1번, 개발지에서 1㎞ 거리의 삼각형 모형의 땅이다. 우선 네모반듯한 땅보다 삼각형 모양의 땅이 매입할 때 더 저렴하다. 모양새는 다소 비실용적으로 보일 수 있지만 건물을 올리고 남은 면적을 주차와 조경부지로 활용하면 오히려 되팔 때 많은 차익을 남길 수 있다. 반면에 2번 땅은 3㎞ 법칙에도 해당되지 않는 데다 개발지와 먼 곳은 아무리 땅 모양이 예뻐도 시세가 잘 오르지 않는다. 개발지에서 1㎞ 이내의 땅에 건축물을 올리는 것이 임대수익도 좋고 매도할 때 차익이 많이 남는다.

4번 〉 땅에 대해서 잘 모른다고 하더라도 도로에 붙은 땅이 좋다는 이야기는 다들 한 번쯤 들어봤을 것이다. 이런 이유 때문에 초보 투자자들의 대부분은 1번을 선택했으리라 생각한다. 우선 도로에 붙은 330㎡(100평)의 땅은 좋다. 그러나 그보다 앞서 봐야 할 것이 바로 국유지다. 국유지는 놓쳐서는 안 될 장점들이 존재한다. 국유지는 점용허가를 받아 사용하다가 3~5년 정도가 지나면 지자체와 수의계약을 통해 매수할 수 있다.
이처럼 매수한 국유지는 주변 시세가 3.3㎡당 20만 원일 때, 5만 원 정도로도 구입이 가능하고, 불하를 받으면 주변 시세만큼 회복되기 때문에 차익이 남는 좋은 재테크 물건이 될 수 있다는 사실을 알아두자.

특별 부록

한눈에 보는 토지 위에 내 집 짓기

이 책을 통해 토지 투자를 하였거나, 혹은 기존에 가진 땅이 있다면 이제는 때에 따라 땅을 활용해보자. 땅을 가장 많이 활용하는 것이 바로 집이다. 투자용으로 토지를 매매하는 사람만큼이나 집을 지을 생각으로 땅을 사는 사람 역시 많다. 가능하면 소액으로 집을 지을 수 있다면 참 좋을 것이다. 그럼 이제 토지 위에 저렴하게 집을 짓는 방법을 알아보자.

소액으로 집을 짓는다면 우선 어떤 용도로 사용할 것인지 구분할 필요가 있다. 지금 당장 살기 위한 것인지, 주말이나 여가 활동을 위해 잠시 머무르기 위한 것인지, 귀농을 준비하기 위한 것인지 말이다. 목적을 분명히 해야 쓸데없이 새는 돈을 막을 수 있다.

실제로 현장답사를 할 때 회원들이 "여기에 집도 지을 수 있나요?"라며 물어본다. 일단 투자용으로 구입해두지만, 입지나 주변 환경이 좋으면 나중에 전원생활을 해볼 심산이기 때문이다.

이제부터 우리는 소액 투자용 토지가 있는 저평가된 지역의 주택 형태를 알아볼 것이다. 이런 지역에 있는 집을 소위 시골 주택이라고 말한다. 시골 주택은 크게 농촌형 주택과 농업인 주택으로 나눌 수 있다.

농촌형 주택은 누구나 해당 토지에 농지전용 절차에 따라 건축허가 신청을 할 수 있다. 시골에 있는 대부분의 일반 주택이 농촌형 주택에 해당한다. 즉, 농촌형 주택은 농지에 건축하는 단독주택이라는 뜻으로 봐도 무방하다.

반면, 농업인 주택(농가주택)은 나라에서 지정한 무주택 농업인이 농지 소재지에서 농업경영을 위해 건축허가를 받은 주택이다. 나라에서는 농업인에게 농지 200평까지 농지전용비와 각종 세금을 감면해주어 농업인 주택을 건축할 수 있게 하며, 무주택 농업인이 단독주택을 건축할 때는 농지전용 비용을 면제해준다. 농촌형 주택과 가장 큰 차이점은 농업인 주택은 농림지역 내 농업진흥구역에서도 건축할 수 있다는 점이다. 단, 농지 소재지에 거주하는 무주택 농업인의 명의로만 가능하다.

자 본격적으로 이제, 단순히 '전원주택'에 투자하는 것이 아닌 1억 미만 소액으로 토지 투자를 하고, 농촌형 주택과 농업인 주택을 짓는다는 목표를 기준으로 내 땅 위에 집을 짓는 법을 알아보자.

일단 받을 수 있는 지원은 모두 받는 것이다. 일반 아파트를 분양받을 때도 부양가족이 많거나 신혼부부인 경우 혜택을 받는다. 이처럼 농촌에 있는 주택을 찾거나 집을 지을 때도 꼭 챙길 건 챙겨서 지원받자. 농촌에서는 인구 유입을 위한 활성화 지원을 많이 펼치고 있다. 그 지원 정책 중 하나가 빈집 지원이고, 나머지는 농지보전부담금을 면제해주는 것이다. 특히, 농업인 주택을 건축할 때 지원을 요청하면 농지전용신고와 허가 시 부담하는 농지보전부담금(공시지가의 30%로 ㎡당 최대 5만 원을 납부한다.)을 면제받을 수 있다.

지원 방법까지 알아보았다면, 남아 있는 집을 활용할 것인지, 직접 주택을 지을 것인지를 결정한다. 우선, 남아 있는 주택을 활용하는 방법부터 살펴보자.

남아 있는 집 활용하기

빈집과 기존 농가주택을 활용하려면 우선 지원 정책을 잘 알아본다. 귀농귀촌종합센터나 자산관리공사 온비드 홈페이지, 카페와 블로그를 통해 빈집 정보를 얻을 수 있다. 빈집을 구했다면 각 지자체 지원 기준에 따라 500만 원가량 수리비를 지원받을 수 있다. 또 귀농, 귀촌자에 한하여 주택 매입자금을 4,000만 원 외에도 이사비, 정착 장려금, 주택 설계비 등까지 지원하기 때문에 이를 활용하면 큰 도움이 된다.

빈집을 알아보는 또 다른 방법은 지역의 현지인, 대표적으로 이장의 도움을 받는 것이다. 복잡한 도시와는 달리 시골은 비어 있는 집이 많고, 당장 입주가 가능할 정도로 상태가 좋은 집이 상당하다. 이런 집은 리모델링 비용도 적게 드니 염두에 두자.

농지에 집을 지을 때 필요한 신고와 허가 사항

집을 지을 때는 어떤 과정을 거칠까? 집을 짓는 일련의 과정을 간단하게 알아보자. 농지에 집을 지을 때 필요한 신고와 허가 사항부터 이야기하자면, 순서는 다음과 같다.

① 개발행위허가

주택을 새로 지을 때, 그 땅이 농지인 경우가 태반이다. 이럴 때는 우선 농지전용허가를 받아 대지로 전환해야 한다. 보통 대지전용 절차 시, 661㎡(200평)가량을 전용하면 건물과 여유 면적이 생겨 활용하기가 편하다. 단, 도시 지역에 주택이 있는 경우에는 661㎡(200평) 미만으로 전용해야 1가구 2주택 중과세에 해당하지 않는다는 것을 기억하자. 전용면적은 일반 주택의 경우 991㎡(300평), 농가주택의 경우 661㎡(200평)로 정하고 있으나, 해당 토지가 있는 지자체에 문의하여 확인하는 것이 좋다.

보통은 건축물의 연면적이 200㎡(60평) 이상일 경우 건축허가를 받고, 이하일 경우에는 건축신고를 하도록 한다. 건축허가는 지자체에 허락을 구한다고 보면 되고, 건축신고는 모든 것을 완료한 후에 '통보'를 하는 정도로 이해하면 간단하다.

건축허가 시에는 평면도, 좌우측 입면도 등 도면과 농지전용신고증을 들고 지자체 민원과에서 개발행위허가를 받는데, 소요 기간은 최대 1주일 정도 걸린다. 이때 농지보전부담금은 보통 '전용 농지의 개별 공시지가 × 30% × 전용면적(㎡)'으로 지급한다.

더불어, 집을 짓기 위해서는 진입로를 확보해야 하는데, 분명 필자는 앞서 많은 사례에서 도로와 접한 토지 투자를 예로 들었기 때문에 진입로 설계와 허가는 도로가 있다면 필요 없는 사항이다. 하지만 도로가 없다면 진입로 설계와 허가를 받아야 한다는 걸 기억하자.

② 경계측량 및 분할측량

측량신고는 직접 방문하거나 온라인으로 신청하는 두 가지 방법이 있다. 방문 시에는 시, 군, 구 민원실 지적측량 접수창구나 우리공사 관할 지사에 의뢰하면 된다. 온라인 신청 시에는 지적측량바로처리센터(c4c.lx.or.kr)를 이용하면 지적공사에서 측량하러 온다. 개발행위 범위만큼 분할하여 그 안에 건축해야 하고, 조금이라도 범위를 넘으면 추후 허가가 취소된다. 비용은 토지면적 및 공지지가, 필지 수에 따라 차이가 있으므로 대략적인 가격을 알아보기 위해선 지적측량바로처리센터 콜센터(1588-7704)에 문의하거나 해당 사이트에서 간단한 수수료계산서비스를 확인해보는 것도 도움이 될 것이다.

③ 건물 신축

개발행위허가서에 지정한 기간까지 건물을 지어야 하며, 기간이 연장될 시에는 재신고해야 한다. 건물을 짓기 전에는 가능하면 산재 신청을 하는 것이 좋다. 근로복지공단(www.kcomwel.or.kr)에서 산재 신청을 할 수 있으며, 이때 건축허가증이 필요하다. 대게 2~3일 정도가 소요되고, 100㎡(30평) 기준으로 45만 원 정도 발생한다.

④ 현황측량 및 오수합병 정화조 필증

집을 완공하면 집이 전용허가 지역 내에 건축되었다는 현황측량을 해야 한다. 공사하다 보면 대부분 설계도면과 다른 경우가 대부분이라, 이를 바로잡기 위해 현황측량을 해야 한다. 오수합병 정화조는 지자체별 기준과 집 규모에 부합하는 것으로 설치 후 필증을 받는다.

이외에 기반 시설, 예를 들어 지하수, 하수도, 정화조, 전기공사 등의 공사가 진행될 수 있다. 전기공사는 현장에서 200m 이내에 한전주가 있으면 전기 인입비와 예치금 등을 납부하는 데 보통 30~40만 원 정도다. 만약 한전주까지의 거리가 200m 이상이면 1m당 5만 원가량 비용이 추가된다.

지하수 개발은 인허가 비용을 포함해 소형 관정은 150~200만 원, 중형 관정은 800~900만 원, 대형 관정은 1,500만 원 정도 든다. 물론, 지역과 입지 여건에 따라 다를 수는 있으나 평균적인 비용이 이와 같다는 것이다. 하수도는 가까이에 배출할 곳이 없을 때는 인접한 토지 지하로 매설해야 하는 경우가 있어, 이때 토지주의 사용 승낙을 반드시 받은 후에 시공해야 한다.

이외 정화조는 해당 지역에 하수종말처리시설이 있다면 관로까지 연결하는 비용만으로 충분하지만, 시골의 단독주택은 30평까지는 5인용 1톤의 오수합병 정화조를 설치해야 한다.

⑤ 건축물 등록신고

건축물 등록신고는 해당 지자체의 건축과에서 하면 된다. 이때 필요한 서류로는 현황측량성과도, 정화조 필증, 개발행위허가서, 토지대장, 주택 설계도, 신분증, 도장이 있다. 민원 처리 기간은 2주 정도 소요되며, 직원이 직접 현장으로 실사를 온다.

⑥ 취득세, 등록세 자진신고

건축물 등록까지 완료되면 취득세는 건축물대장신고부터 30일 이내에 납부하고, 등록세는 건축물 보존 등기 이전까지 납부하면 된다.

⑦ 지목변경

건축물이 완료되면 건축물대장 한 부와 개발행위서 한 부를 지적과에 제출하여 지목변경 신청을 해야 한다. 더불어 지목변경에 대한 취득세를 납부한다.

⑧ 건축물 보존등기

건축물 등기는 해당 등기소에서 할 수 있고, 건축물대장, 건물사용승인서, 주소 이력이 있는 주민등록초본, 등록세 영수필 확인서, 도장, 신분증 대지원 필증이 필요하다. 1주일 정도 후에 건축물 보존등기가 완료되며, 이로써 주택 건축이 완료된다.

저렴하게 집 짓는 법

집을 짓는 방법을 간략하게나마 알게 되었다면, 이제부터는 실전이다. 땅을 소액으로 투자하려는 것은 자금을 조금이라도 아끼기 위한 것이다. 최대한 저렴하고, 탄탄하게, 만족스러운 집을 짓는 것은 내 집을 얻고자 하는 이의 마음과 같을 것이다. 이제부터 소액으로 나만의 집을 갖는 방법을 알아보자.

〈이동식 주택〉

이동식 소형주택 이용하기

소액으로 얻을 수 있는 주택을 찾는다면, 이동식 소형주택이 답이다. 보통 이동식 주택은 별다른 건축허가가 없이 컨테이너를 사다가 밭이나 대지에 두고 사용할 수 있다고 생각하는 이들이 적지 않다. 간단하게 말해 이동식 소형주택은 공장에서 만든 완성된 조립 상태의 집을 옮긴 것을 말한다. 이동식 주택이라고 해도 주거용으로 쓸 때는 진입도로, 상하수도, 전용 가능한 농지 여부 등을 엄격하게 심사받아야 한다.

이동식 소형주택은 진입도로 사정상 폭이 3m 정도로 직사각형 형태가 많다. 대개 30㎡(9평) 이하 초소형 규모의 주택은 3.3㎡당 200~350만 원 수준으로 다양하다. 요즘에는 소비자의 요구를 반영해 목조나 황토 등 다양한 자재를 이용해 만든 경우도 많으니 자신의 취향에 따라 선택의 폭도 넓힐 수 있다. 일반적으로 주택 주

문 후 10일 정도 제작 기간이 걸리고, 기초 시설이 준비되어 있다면 곧바로 전기와
상하수도 시설 모두 사용할 수 있다.

〈다양한 조립식 주택이 혼재된 제주도 펜션촌〉

	장점	단점	평당 예상 가격
컨테이너	빠른 시공, 저렴한 단가	단열성, 내구성, 내수성이 떨어짐	100만 원 이상
목조	단열성, 습도조절, 설계 및 디자인 변경 용이	내화성 약함, 뒤틀림, 갈라짐 등	250만 원 이상
황토	습도조절, 항균, 탈취 등	물에 약함, 황토 외의 재료와 부합이 어려움	300만 원 이상
스틸	철강재 재활용, 내구성 및 내진성 좋음	단열성, 차음성이 나쁨	350만 원 이상

〈이동식 주택 비교〉

비슷한 의미로 조립식 주택도 존재한다. 이동식 주택이 공장에서 완성된 집을 원하는 장소에 두는 것이라면, 조립식 주택은 제작 과정이 조립식 건축으로 이루어진 것이다. 쉽게 말해 재료를 공장에서 생산하고, 현장에 운반하여 완성하는 방식이다. 하지만 조립식의 경우 시공할 때는 편리하지만, 환기가 잘 안 되고, 내구성이 떨어진다. 그래서 요즘은 목재나 스틸로 골조를 세우고, 패널로 벽을 맞추는 형태나 전통 공법을 사용한다. 공장에서 기본 설계에 맞춘 규격화된 자재를 어느 정도 제작하면 현장에서 조립만 하면 된다.

농막을 전원주택처럼

농막은 원두막 혹은 가설 건축물에 농기구 등을 보관할 수 있는 임시 시설로, 먹고 자는 주거 공간이 아니라 농사짓는 데 편리하도록 간단하게 지은 공간이다. 그러나 지금은 귀농 전 적응 시간을 갖거나, 주말농장을 운영하면서 간단하게 잠을 잘 수 있는 곳으로 꾸미기 위해 농막을 찾는 이가 적지 않다. 최근 들어 농막에 상하수도를 연결하는 것이 가능해졌지만, 몇 년 전까지는 전기와 상하수도를 사용할 수 없었다.

주말주택을 마련하는 것 자체가 부담스러운 경우, 농막을 활용하는 것도 소액으로 집을 짓는 방법 중에 하나다. 2012년 11월부터 농막 규제가 풀리면서 전기, 가

〈창고용으로 활용되는 컨테이너형 농막과 간이 화장실〉

스, 수도 연결과 욕실, 싱크대 설치가 가능해졌다. 단, 바닥 면적이 20㎡(6평)를 넘으면 안 되고, 화장실을 설치할 수 없다. 이 때문에 대부분 농막 근처에 간이 화장실을 두는 경우가 많다.

소형주택은 대지에만 가능하지만, 농막은 집을 짓지 못하는 전답에도 설치할 수 있고, 건축허가 대신 해당 관청에 설치신고만 하면 그만이다. 가격 역시 총비용이 500~700만 원 정도로 저렴한 편이다. 이 때문에 농막은 1, 2인이 주거하는 서민들의 전원주택 대용으로도 활발하게 그 입지를 높여가고 있다. 농막을 세컨드하우스나 레저용 하우스 대용으로 활용하는 것도 좋은 방법이 될 수 있다.

〈전원주택이나 세컨드하우스용으로 이용하는 농막〉

도심지 자투리땅, '협소주택'으로 활용하기

요즘 사생활을 중요하게 생각하고, 전원생활을 원하는 이들이 많아지면서 협소주택을 짓는 사람이 점점 늘고 있다. 사실상 이동식 주택과 조립식 주택도 협소주택의 하나라고 볼 수 있다. 농막은 법규상 '주거용'이 아니라 배제했다. 아마 지방에 있는 토지에 이동식 주택이나 조립식 주택을 설치하고, 농가주택으로 허가를 받는다면 대지 자금과 주택 소유까지 1억 원이 들지 않을 수도 있다. 1억 원으로 집을 짓는다는 것은 대지값은 포함되지 않고 '건축비'만 해당하는 경우가 많다. 다시 말해, 지방에 있는 토지에 이동식 주택과 조립식 주택을 잘 활용하면 1억 원으로 집을 짓는다는 게 가능하다는 이야기다.

이번에는 시골이 아니더라도 도시화가 이루어진 지역에 작은 평수의 땅을 얻게 된 상황을 예로 들어보겠다. 도시에 있는 땅을 경매를 통해 저렴하게 구입했다고 하자. 그런데 이 땅을 활용하기에 애매한 부분이 있다. 예를 들면 도심지의 자투리땅은 모양이 예쁘지 않다. 정삼각형도 아니고, 얇고 긴 직삼각형 모양이 많다. 이는 건물을 세우면서 자연스럽게 남은 것이기 때문이다. 또 이렇게 남은 땅은 크기가 50㎡(15평) 정도로 작은 경우가 허다하다.

이렇게 작고, 사용하기 곤란한 땅을 최대한 활용하여 협소주택을 짓기도 한다. 그

〈서울 용산구에 있는 협소주택 ⓒ네이버〉

나마 다행인 것은 토지를 활용할 수 있는 건폐율과 층을 높게 올릴 수 있는 용적률이 주로 농지가 위치한 녹지지역과 관리지역보다는 높게 측정되어 있다는 점이다. 또, 연면적이 50㎡(15평) 이하인 경우에는 주차장을 설치하지 않아도 된다.

협소주택은 한 층에 여러 개의 방이 있는 주택과 달리 1층을 거실, 2층을 침실 등으로 나누어 공간 활용을 극대화한다는 특징이 있다. 홍대, 마포, 이태원 등 높은 지가상승률을 보이는 곳에서 협소주택은 좁은 공간을 현대적인 디자인으로 재탄생하면서 서서히 유행을 타고 있다. 이미 일본과 일부 국가에서는 협소주택의 인기가 높다.

특히, 협소주택 건축자가 공통되게 말하는 것은 협소주택의 단점인 작은 평수를 커버하기 위해서는 최대한 디자인에 집중한다는 것이다. 협소주택 역시 훗날 매도할 경우를 생각하여 감각적이고, 공간 활용도를 높게 지으면 매수자가 빨리 나타나기 때문이다.

작지만 나만의 공간, 적은 액수로 최대의 만족을 원한다면 위와 같은 방안이 있음을 기억하고 활용하여 꿈에 그린 내 집을 만나기를 바란다.

특별 부록

부의 지도를 바꿀
급등 지역

2018년 4월 27일. 전세계가 숨죽이며 한반도를 주시했다. 전세계 남아있는 유일한 분단국가인 한반도의 두 정상이 만나는 순간이기 때문이다.

"나는 언제쯤 넘어갈까요?"

"그럼 지금 넘어가 볼까요?"

남북의 두 정상이 군사분계선을 넘나들며 감동의 드라마를 연출했다. 이를 지켜보고 있던 시청자들과 세계 각국은 눈시울을 붉히며 역사적인 장면을 지켜 보았고 입에서는 끊임없는 감탄사가 절로 흘러 나왔다. 11년만에 두 정상이 만나는 순간은 파격의 연속이었다. 한반도는 종전선언과 평화통일의 미래를 그리게 되었다.

이 남북정상회담과 2018년 6월 12일 싱가포르에서 열린 북미정상회담은 우리나라에 많은 변화를 가져오고 산업 전반에도 큰 영향을 끼쳤다. 그중 하나가 주식에 끼친 영향이다. 남북정상회담으로 남과 북을 잇는 철도산업 관련 주식이 오르기 시작했다.

주식 다음으로 가장 크게 요동친 것이 바로 '땅'이다. 국내 부동산 규제로 새로운 투자처를 찾는 이들에게 토지 투자는 돌파구였기 때문이다. 자연히 남북접경지역, 통일이 되었을 때 반사이익을 볼 수 있는 지역이 주목받기 시작했다. 그 대표적인 지역이 바로 '파주', '연천', '철원', '고성' 등이다.

실제로 같은 시기 파주, 연천, 고성 등 남북접경지역의 땅값 상승률은 전국 최고 수준을 나타냈다. 4월 정상회담 이후 서울 토지 가격은 0.3%상승한데 비해, 경기도 파주는 1.77%, 연천은 1.01% 상승했다. 직접 현장답사를 갈 수 없는 민통선 안쪽의

남북철도 연결 예상 ⓒ네이버

토지는 로드맵으로 대강 위치만 보고 사는 사람도 있었다.

혹자는 통일이 되려면 그래도 시간이 많이 걸리지 않을까? 하고 주저하겠지만 이 지역은 꼭 통일이 되어야만 메리트가 있는 것이 아니다. 실제로 정상회담 이후 남북은 '동해선, 경의선 철도 연결 및 현대화'를 약속했다. 한동안 "와~ 이제 우리도 기차 타고 러시아로 여름 휴가 가겠어~" 했던 이유가 바로 여기에 있는 것이다. 더불어 러시아와 남한을 연결하는 천연가스관 건설 역시 구체적으로 이야기가 오고가면서 북한 영토를 거쳐 남한으로 액화천연가스를 수입할 가능성이 제시되기도 했다. 이처럼 통일 전에도 이 지역은 많은 호재를 가지고 있다.

파주

　파주는 사실 이번에 뜬 지역이 아니다. 몇 년 전부터 파주에 땅을 사놓을 이유는 많았다. 다만 이번 정상회담으로 며칠만에 땅값이 2~3배가 오르고, 땅주인들은 팔려고 했던 땅을 거두어 들이면서 더욱 희소성이 높아진 것이다. 전통적으로 파주는 남북이 화해모드가 될 때마다 영향을 많이 받는 지역이다. 북한에 접한 '시'이기도 하고, 개성공단으로의 진출입로가 가깝기 때문이다.

　과거 남북의 분위기가 좋았을 때 파주는 제2의 개성공단 예정지로 각광을 받았다. 파주 문산읍 지역은 개성공단과 직접 닿은 남북경협단지의 다리 역할을 하는 곳이다. 그래서 경의선(서울 – 개성)과 '문산개성고속도로'가 추진되면 이곳은 천정부지로 오를 것이다.

　필자가 최근 파주지역을 방문하였을 땐, 5억 미만으로 투자할 수 있는 토지가 그리 많지 않았다. 시장에 나온 땅들이 평수가 큰 것들이라 그렇기도 하지만 그보다는 땅 주인들이 토지의 대부분을 다시 거둬들였기 때문이다.

　필자의 파주 답사 경험을 기반으로 몇 군데 파주의 투자 포인트를 꼽자면 다음과 같다.

　남북접경지역이 아니더라도, 수도권 광역급행철도 GTX A (운정 – 동탄)와 제2외곽순환도로, 서울문산고속도로(2020년 예정) 등 교통망 주변을 주목해볼 필요가 있다.

　먼저 '수도권 광역급행철도 GTX A노선'은 말 그대로 수도권을 빠른 속도로 연결하는 급행철도의 노른자다. 파주 운정 신도시에서 서울 삼성역을 거쳐 화성 동탄

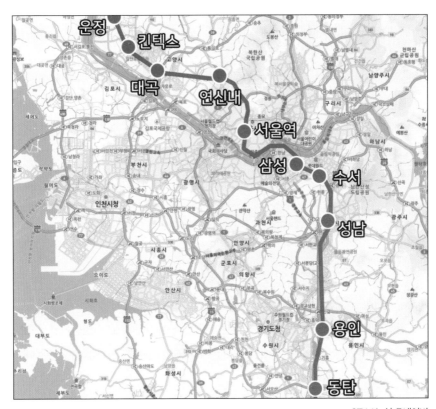

GTX A노선 ⓒ네이버

까지 이어진다. 그동안 지지부진했던 것과 달리 2018년 김현미 국토부 장관이 "연내 GTX A 노선을 착공하겠다"고 밝히며 속도가 붙었고, 2019년 말에 착공될 예정이다. 2023년 완공되면 '삼성역 – 동탄'은 19분, '삼성역 – 일산'은 20분 생활권이 된다. 생활권이 짧아진다는 것은 해당 지역의 토지 투자 가치도 상승한다는 의미기도 하다.

또 제2개성공단이라고도 불리는 '통일경제특구'는 기존 개성공단의 5배 규모로 추진될 예정이다. 통일경제특구에는 미국, 중국, 일본, 러시아가 참여하며, 첨단산업과

4차산업 관련 기술이 도입될 예정으로 기대를 모으고 있다. 이미 LG디스플레이와 LG화학 등이 일대 단지를 만들고 있는데, 통일경제특구 조성시 생산유발 9조 원, 고용유발 7만 명이라고 전해지고 있다.

더불어 2011년 무산된 '파주 희망프로젝트'의 재추진도 주목할 만하다. 파주 희망프로젝트는 주한미군 공여구역 주변지역 등 지원 특별법에 따라 추진되는 사업으로, 파주 봉암리와 백석리 일대 첨단산업단지와 연구개발단지 등이 조성되는 것이다. 이 첫 번째 단계로 센트럴밸리 일반사업단지 조성을 위해 토지보상협의회가 2018년 8월 중 개최되기도 했다.

이처럼 남북통일 분위기와 함께 각종 호재 등을 고려해 보았을 때 그 가치가 가장 높은 곳은 파주 문산읍, 탄현면, 장남면 일대라고 볼 수 있다.

문산읍은 북한에 가장 가깝게 닿아있는 지역임과 동시에 각종 산업단지가 밀집한 탄현과도 인접하며, 제2외곽순환도로와 3km 이내의 거리를 유지하는 곳이기 때문이다. 이미 지가 상승이 형성되어 있지만, 문산읍은 앞으로 개성 – 평양의 교류로 인한 가치상승이 이루어질 곳으로 기대된다. 같은 이유에서 위험을 감수한다면 경의선에 해당되며 최북단에 위치한 도라산역이 위치한 장남면도 육로와 철도가 모두 연결되는 접점지로서 투자가치가 있는 곳이라 보여진다.

또한 탄현면의 토지도 눈여겨볼 만하다. 탄현면 역시 높은 지가상승률을 보이고 있지만, 이미 조성된 LG디스플레이 공장을 비롯하여 각종 크고 작은 산업단지와 급속도로 확충되고 있는 교통망(강화 – 간성간 고속도로, 제2외곽순환도로가 이 지역을 지나거나 접해 있다), 계획관리지역과 같은 관리지역의 활용 자체 등 많은 호재를 지니고 있는 지역이라 추가 상승을 기대할 수 있다.

연천과 철원

파주는 2018년 가장 높은 지가상승을 보이며 돈을 싸들고가도 살 수 없는 곳이 되었다. 자연히 '제2의 파주' 지역을 찾게 되는데 바로 연천과 철원이다.

지리적으로 파주 바로 옆이고, 연천의 경우 경기도에 위치해 있어 파주 다음가는 통일 특수를 누릴 수 있다. 그런데 막상 이들 지역에 가면 투자를 고민하게 된다. 파주에 비해 교통사정이 좋지 않고, 산업단지 조성이 잘 되어 있지 않기 때문이다.

파주에서는 5억 미만의 토지를 찾기 어렵지만 연천에서는 자주 볼 수 있는 이유가 여기에 있다. '싼 맛에 통일까지 길게 보고 투자한다'라고 하는 사람과 '싼 게 비지떡이지 뭐'라고 생각하는 사람. 크게 이렇게 두 부류로 나뉘는데 필자는 가까운 미래를 봐도 나쁘지 않다는 입장이다.

연천은 서울과의 거리 사이에 의정부, 양주시, 동두천 등의 시가 위치해 있을 만큼 외곽에 속한다. 그래서 개발의 손길도 멀고 실제로도 그저 시골이나 다름없다. 그래서 연천이 통일분위기를 타고 있다고 하여 아무 땅이나 투자해서는 안되고 발품을 팔아 돌아보고 잘 골라야 한다.

필자는 연천의 전곡읍을 주목하고 있다. 현재 소요산이 종점인 1호선 전철이 연천까지 이어질 예정이기 때문이다. 경원선 전철은 동두천역에서 연천역까지 연장되는 것으로 2019년 11월 개통을 앞두고 있는 등 교통호재가 있다. 단 연천 지역의 역사는 서울의 기차역이나 전철역과는 달리 상당히 작은 간이역 형태를 취하고 있으므로 최대 1km가 넘지 않는 선에서 투자물건을 고르는 것이 중요하다.

연천과 맞닿아 있는 강원도 철원도 주목할 만하다. 평화산업단지 등의 수혜가 예상되기 때문이다. 현재 남북통일경제특구는 경기도와 강원도에 조성될 예정이다. 강

원도의 적극 지지를 받고 있는 철원은 평화산업단지라는 이름으로, 남쪽에 산업단지를 만들어 북한의 근로자가 출퇴근하는 시스템으로 진행될 예정이다. 철원 평화산업단지가 조성 예정인 곳은 철원군 대마리, 중세리 일대다.

남북통일이 되면 철원은 누구도 따라올 수 없는 가장 큰 수혜지역이 된다. 경원선의 마지막역인 연천의 신탄리역이 철원의 백마고지역까지 이어져 서울 용산 – 경기 의정부 – 강원 철원의 교통망을 보유하고 있다. 중요한 건 달리고 싶다던 철마가 백마고지를 넘어 '백마고지 – 월정리 – 평강' 26km가 이어진다면 완전한 경원선이 완성된다는 사실이다.

경원선의 개통은 관광 활성화와 함께 양주, 동두천, 포천의 전기 및 전자기기 제조업, 섬유 및 가죽제품 제조업의 북한 진출에 영향을 끼칠 것으로 보인다.

고성

남북정상회담과 북미회담을 거치면서 민통선 안쪽 땅까지 투자문의가 이어지고 있다. 고성은 강원도 최북단에 위치해 있다. 고성은 평평한 땅보다 산세가 우거진 땅이 더 많은 곳이지만 남북 관계의 호전에 따라 많은 호재를 갖고 있다.

가장 큰 호재는 동해선이다. 동해선은 부산부터 북한 안변을 연결하는 노선으로, 경의선의 현대화보다 빠른 속도로 남북철도가 연결될 것이라고 전문가들은 내다보고 있다. 특히 동해선과 맞닿은 시베리아 횡단철도는 곧바로 모스크바로 이어질 수 있기에 화물철도 운행시 통관절차를 최소화할 수 있는 최적의 노선이다.

더불어 동해고속도로(고성 - 부산)도 빼놓을 수 없는 주요 도로망이 된다. 동해고속도로는 부산에서 고성까지 예정되어 있으나, 사실상 속초에서 고성까지의 구간이 진행이 되지 않았다. 하지만 남북통일을 위한 인프라 구축 압박으로 고성 - 속초 구간의 기대가 커지고 있는 상황임은 분명하다.

다른 지역과 마찬가지로 이 지역은 물류역사를 주목해야 한다. 그저 사람만 실어 나르는 역사에 비해 고용창출과 경제의 성장을 함께 일으키기 때문이다. 고성은 동해안을 끼고, 현실적 활용도가 풍부한 철도가 함께한다는 점에서 투자가치가 높은 지역이라고 볼 수 있다.

접경지역의 경우 정치적 변수에 따라 민감하게 반응하는 만큼 신중하게 접근해야 한다. 실제 파주시 땅값은 과거 남북정상회담이 개최되거나 개성공단이 가동되는 등의 상황이 있을 시기에 급등세를 보였다. 하지만 2008년 남북관계가 냉각되자 급격한 하락세로 돌아서기도 했다.

통제보호구역과 제한보호구역 ⓒ네이버

　또 이들 접경지역 대부분은 군사시설 보호구역에 해당된다는 점도 주목해야 한다. 군사시설 보호구역은 군사시설을 보호하고, 군작전을 수행하기 위한 규제구역이다. 그래서 이들 지역을 개발할 때는 군과 협의를 해야 한다. 군사시설 보호구역은 크게 통제보호구역과 제한보호구역으로 나뉜다. 민간인통제선(민통선)을 기준으로 북쪽은 통제보호구역, 남쪽은 제한보호구역이다. 제한보호구역은 개발행위의 규제가 통제보호구역보다는 덜하고, 사전 동의를 받으면 신축도 가능하다.

　파주, 연천, 철원, 고성이 많은 호재를 가지고 있지만 이 지역이 속한 경기북부와 강원북부 대부분이 군사시설 보호구역에 해당된다는 점을 주의해야 한다. 따라서 이들 지역에 투자를 할 경우에는, 첫 번째로 토지이용계획 확인원에 '군사시설 보호구역'이 지정되어 있는지를 확인하고, 해당 관청이나 군부대를 통해 개발 가능 여부를 확인하는 것이 가장 중요하다.

4차 혁명시대를 맞이하여 똑똑해지는 도시 세종 5-1생활권, 부산 에코델타시티

요즘 화두로 떠오르는 것이 4차 산업혁명이다. 4차 산업혁명이란 무엇일까? 1차 산업혁명의 기계화, 2차 산업혁명의 대량생산화, 3차 산업혁명의 정보화에 이은 4차 산업혁명은 사물인터넷(IoT), 로봇공학, 가상현실(VR) 및 인공지능(AI)과 같은 혁신적인 기술이 우리가 살고 일하는 방식을 변화시키는 현재 및 미래를 의미한다. 디지털 혁명(Digital Revolution)이라고 하는 3차 산업혁명이 일으킨 컴퓨터와 정보기술(IT)의 발전이 계속 이루어지고 있는 형태이지만 발전의 폭발성과 파괴성 때문에 4차 산업혁명이라는 새로운 시대로 여겨진다. 사람과 사물, 공간을 연결하는 산업의 발달인데 로봇, 인공지능, 증강현실, 빅데이터 등이 이에 해당한다.

지난 2018년 1월부터 정부는 혁신성장 사업 중 하나로 스마트시티를 추진하고 있다. 국내 스마트시티 국가 시범도시로 '세종시'와 '부산 에코델타시티'를 선정했다. 스마트시티 시범도시는 4차 산업혁명 기술을 실험하고, 활용 도입해 보는 도시로서, 미세먼지, 환경오염, 교통 및 안전 같은 현재 우리 사회가 직면한 도시문제를 해결하여 삶의 질을 향상시키고 다가오는 혁신산업 분야를 키워가고자 한다.

정부가 1조7천억 원 이상의 자금을 쏟아 부어 2021년까지 부산시(1조 원)와 세종시(7천억 원)에 스마트시티 시범도시를 조성할 방침이다. 4차 산업혁명 관련 기술을 총망라한 최첨단 기술 도시를 만들어 전 세계가 박차를 가하고 있는 스마트시티 경쟁에 뒤처지지 않겠다는 각오다.

이 두 지역은 앞으로 모든 면에서 4차 산업과 관련된 것들이 발전하고, 교육시설, 관련기업 등이 몰릴 것이다. 그리고 많은 부분이 지원될 것이다. 이로서 발생하게 되는 인구유입, 소비, 기반시설의 풍요는 자연히 토지 가격에 영향을 미치게 된다.

세종 5-1생활권

세종시는 서울과 약 140km 거리에 있으며 전국을 약 2시간 내로 이동할 수 있다. 정부의 지원으로 수도권 버금가는 교통망이 구비되고 기반시설이 확충됨에 따라 2012년 7월 약 10만3천 명이었던 세종시 인구는 6년만인 2018년 7월 30만 명이 넘음으로 세 배가 증가했다.

대부분 인근 공주, 천안, 대전 등에서의 인구유입으로 볼 수 있다. 신도시 특성상 신규 기반시설을 포함하여 교육 거주 인프라 등이 형성되어 대전등지로 출퇴근하는 인구가 많아졌다는 분석이다. 토지의 지가상승은 인구유입이 가장 많은 영향을 끼친다는 점에서 세종시는 기본적 원칙이 잘 세팅되어 있는 셈이다.

세종시 자체는 북쪽으로는 천안, 서쪽으로는 공주, 남쪽으로는 대전, 동쪽으로는 청주가 위치한다. 조금더 세부적으로 행정기관이 있는 정부 청사를 중심으로 왼쪽으로 아름동, 고운동, 도담동, 새롬동 등에 주거단지가 밀집되어 있다. 실제로 이들 지역의 입주는 모두 끝마친 상태고 실제 거주를 하다보니 상업시설도 모두 이쪽을 중심으로 발전해 있다.

세종시는 정부 청사 이전으로 크게 발전한 도시. 정부 청사 이전으로 주변 KTX 오송역과 경부/호남고속철도, 경부고속도로, 중부고속도로를 비롯해 2025년에는 서울세종고속도로도 개통되는 등 교통망의 발전이 급물살을 타고 있다.

정부 청사 이전으로 인한 가장 큰 수혜지역은 장군면이다. 행복도시 계획선에 인접한 장군면 토지는 2010년대 초만 해도 계획관리지역 농지가 3.3㎡(평)당 30만 원이었는데, 현재는 3.3㎡(평)당 300~400만 원으로 지가 상승률이 엄청나다. 하지만 세종시의 개발이 완성되지 않았고 현재도 진행중이므로 여기서 그치지 않고 차후에도 지가는 계속 상승할 것으로 기대된다.

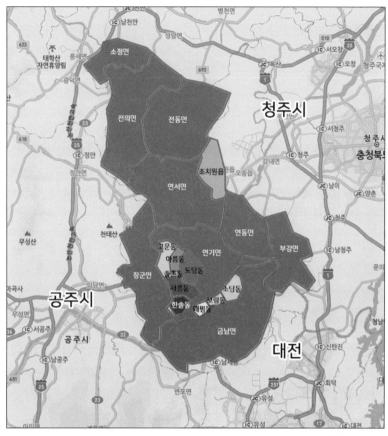

세종시 ©네이버

또 장군면 다음으로 땅값이 많이 오른 곳은 행복도시 기준 남쪽에 접한 금남면이다. 금남면은 호가는 높지만 실제 거래가 많지 않은 지역인데, 그린벨트로 묶인 곳이 많아 실제로 개발할 수 있는 땅이 적기 때문이다.

그 다음으로 거래량이 많고, 투자가치가 높은 곳은 연기, 연동, 연서면이다. 이들 지역은 지도를 보아도 알 수 있듯이 정부 청사와 같은 중앙기관을 중심으로 파도 효과가 서서히 일어나고 있다.

リビング ▶ 소셜 ▶ 퍼블릭

리빙
주택
사무실
소규모 근린생활시설
어린이집
소규모 공원

소셜
중규모 근린생활시설
유치원
공원
소규모 공연장
체육시설

퍼블릭
학교(초중고 각 2개)
도서관
전시 및 공연장
중규모 병원
마트
컨벤션 센터

팜 밸리
도시기반 건물형 스마트팜
에너지팜
테스트베드

Over Path

원형보존지

내부도로 구조 리빙, 소셜, 퍼블릭 구조

이노베이션 밸리 : 행복도시와 가까운 위치에 분포
코워킹 공간 도시데이터 분석 센터
스마트 빌딩 테스트베드
R&D센터 숙소

세종 스마트시티 구상안 ©국토부

세종시 최대 사업은 행복도시 건설이고 그 내부적으로는 정부 청사의 이전 완료, 연구단지 조성, 그리고 명학일반산업단지와 인접한 5-1생활권에서 진행되는 스마트시티 사업 등이 남아있다. 세종시가 이미 많이 올랐다고 주저하는 분들이 있는데 세종시의 발전은 아직 1단계밖에 도달하지 않았다. 2단계로 넘어가고 있는 지금이 저평가된 주변지역을 선점하기에 가장 적절한 시기다. 특히 스마트시티 선정으로 인해 세종시는 지금의 발전보다 더 빠른 속도로 발전할 것으로 기대된다.

세종 5-1생활권 2,743,801㎡(83만 평)에 에너지 및 교통을 중심으로 한 스마트시티가 조성된다. 정부 청사 이전보다 더 큰 호재다. 뇌과학자로 유명한 정재승 KAIST 교수가 마스터플래너(MP)를 맡아 인간적이고 자연 중심적인 스마트시티를 조성해나갈 계획이다. 세종 5-1생활권은 용도 혼합 도시, 공유 자동차 기반 도시를 특징으로 정했다. 5G(5세대), 자율주행차, 블록체인, 디지털트윈, 딥러닝 등 4차 산업혁명

438 대박땅꾼 전은규의 집 없어도 땅은 사라

기술을 적용해 시민의 행복을 높이고 창조적 기회를 제공하는 지속 가능한 플랫폼을 지향한다.

모빌리티, 헬스케어, 교육, 에너지 및 환경기술이 대핵심요소가 될 것으로 보인다. 더불어 드론과 무인교통수단을 이용한 택배배송기술도 도입된다고 한다.

세종시 인근에는 국책연구단지를 비롯해 오송 생명과학단지와 첨단산업단지 등이 위치해 있다. 스마트시티는 이점을 적극 활용해 헬스케어와 교육서비스 해결을 위한 신기술을 접목하여 개인맞춤형 의료시스템을 운영하고, 드론 응급지원, 사물인터넷 기반 응급의료시스템 등을 구축할 예정이다.

필자는 세종시 자체가 주거, 행정, 연구, 산업 등 다양한 기능이 융복합된 자족도시로 조성된 만큼 에너지 중심의 스마트시티를 구현할 수 있을 것으로 예상하고 있다.

세종 스마트시티의 컨셉은 에너지관리시스템, 전력중개판매 서비스 도입 등 제로에너지단지 조성으로 주거 비용을 절감시키는 것에 초점이 맞춰진다. 이어 자율주행 정밀지도와 3차원 공간정보시스템 등을 활성화하여 대중교통 등에도 활용하는 자율주행 특화도시로 조성할 예정이다. 이외에도 스마트팜, 미세먼지모니터링, 재난대응 인공지능 시스템 등을 도입할 예정이다.

2018년 8월 국토부 발표에 따르면 국가산단후보지가 7곳(원주, 충주, 영주, 청주, 논산, 나주, 세종)이 선정되었다. 이중 세종시는 첨단 신소재 및 부품 상용화 거점역할을 수행하는 곳으로, 스마트시티 국가 시범도시와 자율주행차 실증단지 등의 국책사업과 연계하여 발전시킨다고 발표한 바 있다. 규모는 약 3,305,785㎡(100만 평)으로 국가산업단지가 확정된다면 일대에 지대한 영향력을 끼칠 수밖에 없다. 바로 이와 같은 소식이 스마트시티 조성으로 지가상승을 주도하는 전형적인 호재라고 볼 수 있다.

부강면의 위치 ⓒ네이버

　스마트시티 조성으로 인한 가장 큰 수혜지역은 어딜까? 결론부터 말하자면 세종시 부강면이다. 세종시의 장점이자 단점은 아직 개발단계의 도시로 기반시설이 풍족하지 않다는 것이다. 스마트시티가 조성될 5-1생활권은 세종시의 주요 주거타운과 정 반대에 위치한다. 때문에 조성단계에 유입되는 근로자들이나, 신도시 조성 후의 근로자들이 부강면으로 유입될 가능성이 크다. 명학일반산업단지와 접해 있고, 5-1생활권으로 향하면서 동시에 중앙부처로 이어지는 96번 지방도가 부강면에서 이어진다.

　현장답사 결과 세종 4생활권은 대학교와 연구단지로 조성되는바, 스마트시티 조성과 더불어 세종시 경제활동을 이끌 산업단지 조성지인 5, 6 생활권의 사람 대다수가 부강면에서 둥지를 틀고 있다는 사실을 알게 되었다.

　세종시에 속한 외곽지역 중에서도 기반시설이 풍부한 부강면의 평당가는 계획관

부강면에 위치한 부강역

리 토지가 3.3㎡(평)당 200~300만 원 정도로 장군면 등 보다 저렴한 편이다. 특히 이 지역에는 원룸촌이 잘 조성되어 있는데 주거단지에 있는 행복도시 아파트보다 공실이 적고, 인기가 많아 차후 5년 이상은 원룸수요가 계속적으로 증가할 것이라 전망한다.

단 부강면에 투자할 때는 부강면에 위치한 부강역의 정문 방향으로 투자를 해야 한다. 후문쪽은 기반시설이 풍족치 않기 때문에 지가 상승이 다른 곳보다 늦을 가 능성이 높다.

부산 에코델타시티

에코델타시티는 스마트워터시티로서 부산 강서구 명지동 및 강동동 일원에 2,181,818㎡(66만 평)로 조성된다. 바다를 낀 지리적 특성과 더불어 부산 신항만을

비롯하여 김해국제공항, 제2남해고속도로 등 국가 교통망이 교차하는 교통요충지이며 사상 스마트밸리 등 도시기반시설과도 인접하고 있다. 이점을 활용하여 4차 산업혁명 관련 첨단산업을 유치하고 육성해 지역경제를 활성화시키려고 하는 것이다. 첨단 정보통신기술(ICT)이 적용된 미래형 유비쿼터스시티, 자연환경과 조화를 이룬 친환경 스마트시티가 탄생하는 것이다.

부산 에코델타시티는 △혁신 산업생태계 도시 △친환경 물 특화 도시 △VR과 증강현실(AR), BIM(건축정보모델) 기술과 3차원 지도를 활용한 가상도시 구축 등 3대 특화전략을 내세운다. 도심을 인공 물길로 연결하고 수변카페를 조성해 인간과 자연이 어우러지는 친환경 도시 구축부터 스마트시티 테크샌드박스를 운영, 스타트업의 적극적인 육성으로 신성장 산업 기반의 일자리 창출 중심 도시로 만들 계획이다. 또한 낙동강, 평강천 등 도시에 인접한 물과 수변공간을 활용한 도심 운하와 수변 카페 등 하천 중심의 도시로 꾸며지며, 시범도시 내 세물머리 수변공간도 활용할 방침이다. 수자원 관리를 위한 스마트 상수도, 빌딩형 분산정수, 수열에너지, 에코필터링, 저영향개발(LID) 등 물 관리 첨단 기술의 도입도 눈길을 끄는 부분이다. 이밖에 해당 지역 어디서나 수변과 공원을 접할 수 있게 하고 차량 없이도 편리한 생활이 가능하도록 공공교통을 활성화시킬 계획이다. 도시 내에서 주요 교차로의 교통량을 감지하여 신호를 자동으로 제어하고, 전광판을 통해 교통 상황, 사고 등 교통정보를 실시간으로 제공한다. 지능형 CCTV, 지진 및 홍수 통합관리시스템을 구축하여 시민생활과 안전에 스마트 기술을 접목한다. 이외에는 드론 실증구역 및 R&D밸리 등을 조성할 예정이다. 모든 공공시설물의 조명도 LED로 설치된다. LED 조명을 통해 전기 사용량을 줄이고 태양광 지열 시스템을 도시 내에 도입해 도시의 동력으로 신재생에너지를 사용한다. 또 전국 광역시 최초로 물 공급에서도 첨단화가 이뤄진다. 에코델타시티에 공급되는 수돗물은 정보통신기술을 접목, 수량과 수질을 과학적으로 관리해 믿고 마실 수 있게 할 방침이다.

스마트시티는 각종 4차 산업혁명 기술을 담아내는 플랫폼으로 우리 경제의 새로운 성장 동력이 될 것이다.

세종은 세종시의 발전계획과 더불어 아직 성장중인 신도시로서 그 폭발잠재력이 무궁무진하다는 장점이 있고 부산의 에코델타시티는 사상 스마트밸리 등이 밀집된 산업벨트, 이미 완성된 대도시권에 위치하고 있다는 장점이 있다.

스마트시티가 들어오는 곳에는 벌써 부동산 가격이 꿈틀거리고 있다. 부산 에코델타시티의 아파트 값은 입주당시보다 약 31.25% 상승한 금액으로 거래되고 있다. 스마트시티 주변으로 국토부의 토지보상이 이미 끝났다고는 하지만 시범사업지의 상승세는 계속되고 있다. 완공이 가까워질수록 상승세는 더 가파르게 치솟을 것으로 보여진다.

대박땅꾼의 주요 토지 투자 경력

구매 시기	구매 방법	지목	매물
2007년	경매	농지	충남 보령시 430㎡
2008년	매입	농지	전북 부안군 상서면(새만금) 992㎡
	경매	임야	전북 부안군 변산면(새만금) 2,975㎡
	경매	임야	전북 김제시 진봉면(새만금) 3,967㎡
	경매	대지	전북 부안군 보안면(새만금) 496㎡
	경매	농지	전북 군산시 개정면(새만금) 397㎡
2009년	매입	농지	충남 서산시 부석면 992㎡
	매입	임야	충남 당진시 고대면 2,975㎡
	공매	임야	강원 춘천시 신동면 20,496㎡
2010년	매입	임야	전북 부안군 하서면 장신리 1,983㎡
	매입	농지	전북 부안군 계화면 창북리 2,810㎡
2011년	매입	임야	경기 평택 안중읍 1,653㎡
	매입	대지	충남 당진시 합덕 역세권 2,480㎡
2012년	경매	농지	충남 태안 안면읍 680㎡
	매입	농지	제주 조천읍 1,200㎡
2013년	매입	임야	충남 당진시 석문면 660㎡
	매입	농지	충남 세종시 전동면 680㎡
2014년	매입	농지	전북 부안군 부안읍 선은리 360㎡
	경매	농지	전북 부안군 진서면(새만금) 480㎡
2015년	매입	농지	전북 군산시 비응항 주변(새만금) 360㎡
	매입	임야	제주 서귀포 대정읍 800㎡
2016년	매입	임야	충남 서산 팔봉면 호리 바닷가 인근 990㎡
	매입	농지	전북 부안군 선은리(새만금) 1,652㎡
	경매	농지	충남 당진 석문면 991㎡
	경매	임야	제주 서귀포 한경면 661㎡
	매입	임야	경기 평택 안중읍 1,487㎡
2017년	매입	농지	경기 안성시 남풍리 647㎡
	매입	농지	경기 용인시 처인구 원삼면 783㎡
2018년	매입	농지	경기 안성시 보개리 991㎡
	매입	대지	전북 부안군 행안면 역리(새만금) 595㎡

대박땅꾼의 미래 부동산 투자 계획

(단위 원)

투자 시기	투자 계획	예상 자산가치
2020년 (44세)	- 새만금, 평택, 당진, 제주 등 주요 지역 토지 누적 661,157㎡ (20만 평) 투자 확보 - 강남과 송파 내 다세대 원룸, 오피스텔 투자로 월수익 8천만 원 확보 - 태안과 제주 지역 대박땅꾼 전원주택단지 1호 건축 - 부동산 전문경제지 '토지뉴스' 배포(경제지 TOP6 목표) - 대박땅꾼 부동산 도서 시리즈 중국어 번역 출간 - 수익 5%, 대박땅꾼 장학기금 설립(매년 중·고등학생 및 대학생 지원)	80억
2025년 (49세)	- 전국 주요 지역 토지 누적 1,652,892㎡(50만 평) 투자 확보 - 대박땅꾼 부동산 및 임대관리사업 런칭 - 강남과 송파 내 다세대, 상가 투자로 월수익 3억 원 확보 - 제주, 태안 지역 전원마을 설립 및 분양 - 부동산 및 재테크, 자기계발 교육 훈련 학원사업 오픈 - 수익 7%, 대박땅꾼 장학기금 운용 - 대박땅꾼 꿈나무 골프교실 설립	150억
2030년 (54세)	- 전국 주요 지역 토지 누적 2,644,628㎡(80만 평) 투자 확보 - 강남과 송파, 강동, 하남 등 상가 및 다가구 건물 추가 투자로 월수익 5억 원 확보 - 서울, 평택, 당진 등 원룸과 빌라 건설 및 분양 - 부동산 및 재테크, 자기계발 교육 수료생 1천 명 확보 - 수익 10%, 대박땅꾼 장학기금 운용 - 대박땅꾼 꿈나무 축구교실 설립	200억
2035년 (59세)	- 전국 주요 지역 토지 누적 3,305,785㎡(100만 평) 이상 투자 확보 - 강남, 용산, 홍대 지역 중소형 빌딩 투자로 월수익 10억 원 이상 확보 - 대박땅꾼 게스트하우스와 셰어하우스 체인사업 운용 - 대박땅꾼 셰어오피스 운영 - 대박땅꾼 재테크 스터디카페 체인사업 운영 - 대박땅꾼 장학기금 운용과 부동산 전문가 취업센터 지원 - 대박땅꾼 컨트리클럽 개관 및 운영	300억

토지 투자에서 가장 중요한 것은 바로 '현장'이다.

서류상으로는 보이지는 않는 땅의 장점과 단점이

현장에 가면 한눈에 들어오기 때문이다.

그래서 토지 투자는 '발품'으로 돈을 버는 것이다.

66 현재 대박땅꾼 부동산연구소에서는
도서 구입 독자 대상 〈땅을 드립니다〉 도서 이벤트를 진행하고 있습니다.
자세한 내용은 [대박땅꾼 부동산연구소]에서 확인하세요. 99